랭체인 입문

RAG 챗봇부터 에이전트까지

랭체인 입문

초판1쇄 인쇄 | 2025년 3월 5일
초판1쇄 발행 | 2025년 3월 10일

지 은 이 | 오승환

발 행 인 | 이상만
발 행 처 | 정보문화사

책 임 편 집 | 노미라
편 집 진 행 | 명은별

주 소 | 서울시 종로구 동숭길 113 정보빌딩
전 화 | (02)3673 - 0114
팩 스 | (02)3673 - 0260
등 록 | 1990 년 2 월 14 일 제 1 - 1013 호
홈 페 이 지 | www.infopub.co.kr

I S B N | 979 - 11 - 991473 - 0 - 0

RAG 챗봇부터 에이전트까지

랭체인 입문

오승환 지음

LANG CHAIN

정보문화사
Information Publishing Group

머리말

인공지능 기술의 비약적인 발전과 함께 대규모 언어 모델(LLM)을 활용한 애플리케이션이 그 어느 때보다도 빠르게 확산되고 있다. 이 중에서도 랭체인(LangChain)은 LLM과 다양한 도구들을 유기적으로 연결하여 실질적인 애플리케이션을 구축할 수 있는 강력한 프레임워크로 주목받고 있다. RAG(Retrieval-Augmented Generation) 시스템과 같은 LLM 기반 애플리케이션들은 이론적으로는 매력적이지만, 관련 경험이 있는 개발자가 절대적으로 부족한 상황이다. 실제로 LLM 애플리케이션을 구현하는 과정에서 많은 이들이 어려움을 겪는다.

인공지능과 데이터 분석 분야에서 일하면서, 생성형 AI와 LLM 기술이 얼마나 급속도로 발전하는지, 그로 인해 얼마나 많은 새로운 가능성이 열리는지 실감하고 있다. 동시에, 이러한 혁신적인 기술들이 복잡하게 느껴지기도 하고 이를 제대로 이해하고 실무에 적용하는 과정이 결코 쉽지 않다는 사실도 경험하고 있다. 특히 최근에 뜨겁게 주목받고 있는 RAG 시스템을 처음 접했을 때, 그 개념을 이해하고 시스템을 구현하는 데 상당한 시간과 노력을 들여야 했다. 이런 개인적인 경험이 많은 사람들에게 이 기술을 쉽게 전달하는 방법에 대해 고민하게 만들었다.
이 입문서는 바로 그 고민에서 출발했다. 이 책은 랭체인을 중심으로 챗봇 스타일의 대화형 RAG 시스템을 구축하는 과정과 LLM 기반 애플리케이션의 전반적인 흐름을 초보자도 이해할 수 있도록 쉽게 설명하고, 실습을 통해 직접 따라 해볼 수 있도록 구성했다.

랭체인은 LLM 생태계를 효율적으로 활용하기 위한 다양한 도구와 기능들을 제공하며, 이를 잘 이해하고 적절하게 사용하는 것이 LLM 애플리케이션의 성공적인 구축에 필수다. 하지만 많은 초보자들이 이러한 도구의 복잡한 구조나 개념적 장벽 때문에 쉽게 다가가지 못하고 있는 것이 현실이다.

이 책이 다루는 내용과 목표

이 책은 랭체인을 처음 접하는 분들을 위해 기획되었다. 복잡한 개념을 하나씩 단계적으로 풀어가며, 각 장마다 직접 코드를 작성하고 결과를 확인할 수 있게 구성했다. 이는 단순히 이론을 설명하는 데 그치지 않고, 실제로 시스템을 구축해 보면서 그 원리를 체득할 수 있도록 하기 위함이다. 특히, RAG 시스템을 구현하는 데 필요한 전반적인 과정—문서 로딩, 임베딩 생성, 벡터 저장소 구축, 검색 및 질의응답—을 하나씩 차근차근 다루며, 이 시스템이 실제로 어떻게 작동하는지에 대한 구체적인 이해를 돕고자 한다.

또한 이 책은 랭체인의 주요 컴포넌트와 최신 기능을 다루어, 독자들이 LLM 기반 애플리케이션을 보다 효율적이고 확장 가능하게 구축할 수 있도록 도울 것이다. LLM과 프롬프트 템플릿, 출력 파서, 채팅 히스토리 관리와 같은 핵심 요소들을 이해하고, 이를 유기적으로 결합하여 복잡한 애플리케이션을 구성하는 방법을 설명한다.

▌도구(Tool) 시스템의 활용

랭체인의 강력한 기능 중 하나는 도구(Tools) 시스템이다. 도구는 LLM이 단순히 텍스트를 생성하는 것에 그치지 않고, 다양한 외부 도구와 상호작용할 수 있도록 하는 중요한 개념이다. 이 책은 도구 시스템을 깊이 있게 다루며, 내장된 도구들을 어떻게 사용하는지부터 사용자 정의 도구를 만들어 원하는 기능을 추가하는 방법까지 설명한다. 이를 통해 LLM 애플리케이션을 특정한 목적에 맞게 확장하고, 다양한 작업을 자동화하는 데 활용할 수 있다.

더 나아가, 이러한 도구들을 LLM 체인과 결합하여 복잡한 작업을 단계적으로 자동화하는 방법도 설명한다. LLM 체인은 여러 도구를 연결하여 데이터 처리 흐름을 설계할 수 있도록 도와주며, 이를 통해 더 강력하고 유연한 시스템을 구축할 수 있다.

▌에이전트(Agent) 시스템의 적용

도구 시스템과 더불어, 에이전트(Agent)는 LLM 애플리케이션에서 중요한 역할을 한다. 에이전트는 도구를 적절하게 사용하여 문제를 해결하는 방식으로 동작하며, 다양한 상황에서 자동으로 결정을 내리도록 설계된다. 이 책에서는 랭체인의 기본적인 에이전트 구현 방법부터 시작해서 에이전트를 활용한 RAG 챗봇을 구현해 본다.

특히, 에이전트에 도구를 통합하여 보다 지능적이고 자율적인 시스템을 구축하는 방법에 중점을 둔다. 에이전트가 도구들을 조합해 특정 문제를 해결하거나 여러 작업을 자동으로 처리하도록 설계하는 과정은 실무에서 매우 유용하며, 독자들이 이 개념을 제대로 이해하고 응용할 수 있도록 차근차근 설명한다.

▌Gradio 챗봇 인터페이스 구현

각 챕터마다 Gradio 라이브러리를 활용하여 랭체인으로 구현한 LLM 시스템을 웹 기반 챗 인터페이스로 구현하는 과정을 다룬다. 이를 통해 독자들은 복잡한 자연어 처리 모델을 사용자 친화적인 애플리케이션으로 변환하는 방법을 학습할 수 있다. Gradio의 직관적인 API를 사용하여 기본 챗봇부터 에이전트 기반의 RAG 질의응답 챗봇까지 구축해 본다. 이를 통해 단순히 LLM 시스템뿐만 아니라, 독자들이 자신만의 AI 기반 대화형 인터페이스를 개발하는 데 필요한 실질적인 지식과 기술을 제공한다.

많은 AI 프레임워크와 툴킷 중에서 랭체인이 주목받는 이유는 랭체인이 단순히 LLM을 사용하는 데 그치지 않고, 이를 다양한 데이터 소스, 도구, 외부 시스템과 유연하게 연결할 수 있는 기능을 제공하기 때문이다. 이러한 확장성 덕분에 랭체인은 특히 RAG 시스템이나 챗봇, 문서 처리 애플리케이션 등 다양한 LLM 기반 프로젝트에서 널리 사용되고 있다.

마무리하며

이 책의 목표는 단순히 여러분이 기술을 이해하는 데서 멈추지 않고, 실제로 동작하는 시스템을 만들어가며 기술적 성장을 이룰 수 있도록 돕는 것이다. AI와 LLM 기술이 변화하는 속도는 매우 빠르며, 그 흐름에 발맞추기 위해서는 꾸준한 학습과 실습이 필요하다. 이 책을 통해 복잡한 개념을 단계별로 소화하고, 실습을 통해 실질적인 성취감을 얻을 수 있을 것이다.

랭체인을 배우는 여정은 새로운 가능성의 세계로 들어가는 첫걸음이라고 생각한다. RAG 시스템과 LLM 애플리케이션 구축을 통해 AI 기술의 미래를 이끌어가는 주체로 성장할 수 있기를 바란다. 도전!!!

저자 오승환

이 책을 보는 방법

이 책은 Python 3.11을 기반으로 작성되었으며, 대규모 언어 모델(LLM)과 랭체인(LangChain)에 관심 있는 초중급 개발자를 위한 입문서다. 이 책은 랭체인의 기본 문법과 LLM을 이해하고자 하는 독자들에게 적합하다. 특히, 생성형 인공지능을 직접 서비스에 통합해 보고, 챗봇과 RAG 시스템을 직접 구축해 보고 싶은 독자를 대상으로 한다. 이 책은 파이썬의 기본 문법을 알고 있다는 전제 하에 집필되었다. 따라서 기초적인 파이썬 문법에 대한 설명은 생략한다.

대상 독자

- 파이썬을 사용하여 생성형 AI/LLM 애플리케이션을 처음 구현해 보려는 분
- LangChain을 통해 RAG 시스템과 에이전트를 구축하고자 하는 분
- 다양한 LLM 공급자(OpenAI, Anthropic, Google 등)의 서비스를 이해하고 배우고 싶은 분
- 효율적이고 확장 가능한 RAG 시스템을 직접 설계하고 구현해 보고 싶은 분

이 책을 보는 방법

이 책을 보는 방법은 크게 두 가지로 나눌 수 있다. 각자 목적과 상황에 맞춰 선택하기 바란다.

❶ **순서대로 읽기** 이 책은 Part 1부터 순서대로 읽으면서 각 개념을 차근차근 쌓아가는 방식으로 구성되어 있다. 처음부터 끝까지 순차적으로 학습할 경우, 기본적인 랭체인 개념부터 도구와 에이전트를 통합하는 고급 기능까지 자연스럽게 익힐 수 있다. 특히, Part 1은 예제 실행 결과 뒤에 라인별 해석이 이어져 코드를 이해하기 더욱 수월하다. Part 2부터는 코드를 구조적으로 설명한 뒤 예제를 실습할 수 있게 했다. 초보자는 순서대로 읽는 방법을 추천한다.

❷ **관심사에 맞춰 선택적으로 학습하기** 만약 특정 분야에만 관심이 있다면, 필요한 부분을 선택적으로 학습할 수 있다. 예를 들어, RAG 시스템 구축에 집중하고 싶다면 Part 4를 먼저 읽고 실습할 수 있고, 에이전트와 도구의 활용법에 관심이 있다면 Part 5와 Part 6을 우선적으로 읽어도 좋다.

이 책은 입문자들이 LLM과 랭체인을 사용하여 실질적인 애플리케이션을 구축하는 경험을 하게 하는 것에 중점을 두고 있다. 각 파트는 실습을 통해 이론을 체득할 수 있도록 구성되어 있어, 독자가 LangChain의 최신 기능을 익혀 실무에서 바로 적용할 수 있는 능력을 길러줄 것이다.

개발 환경

랭체인을 활용해 LLM 기반 애플리케이션을 개발하기 위해서는 먼저 적절한 개발 환경을 설정해야 한다. 이 과정에서 가상환경을 사용하여 프로젝트마다 독립적인 환경을 구성하고, API 인증키를 발급받아 외부 LLM 서비스와 연동하는 방법을 익히게 될 것이다. 이 섹션에서는 가상환경 설정 및 OpenAI API 인증키 발급을 중점적으로 설명한다.

가상환경 설정(Conda 기준)

가상환경은 하나의 컴퓨터에서 여러 프로젝트를 관리할 때, 프로젝트마다 다른 파이썬 버전이나 패키지를 충돌 없이 사용할 수 있도록 도와주는 기능을 한다. 특히 LLM 관련 라이브러리들은 버전 호환성이 중요하기 때문에 가상환경을 사용하면 매우 유리하다. 여기서는 Conda를 사용한 가상환경 설정 방법을 소개한다. Conda는 간편한 패키지 관리와 가상환경 구성을 지원하는 툴로, Anaconda 또는 Miniconda를 통해 설치할 수 있다.

[설치 안내 유튜브 동영상(윈도우 운영체제, Miniconda 기준)]

• https://youtu.be/x1ioyg1PS34

▌Conda 설치

Conda를 사용하기 위해서는 먼저 Conda를 설치해야 한다. Conda는 Anaconda나 Miniconda를 통해 사용할 수 있으며, Anaconda는 여러 가지 데이터 분석, 과학 컴퓨팅 관련 패키지가 포함되어 있고, Miniconda는 필요한 최소한의 패키지로만 구성되어 가볍다는 특징이 있다.

[Anaconda 설치]

- Anaconda 공식 홈페이지(https://www.anaconda.com/)에서 운영체제에 맞는 설치 파일을 다운로드한다.

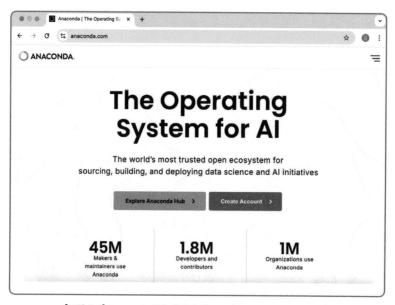

[그림 0-1] Anaconda 공식 홈페이지(https://www.anaconda.com/)

- 설치 후, 터미널이나 명령 프롬프트에서 conda 명령어가 동작하는지 확인한다. 다음과 같이 Conda 버전을 확인해 볼 수 있다.

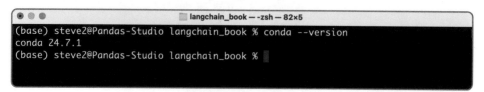

[그림 0-2] Conda 버전 확인

[Miniconda 설치]

- Miniconda 공식 홈페이지(https://docs.conda.io/en/latest/miniconda.html)에서 Miniconda를 다운로드한다.

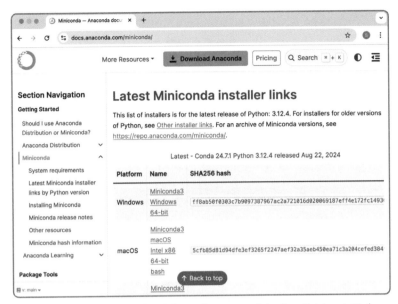

[그림 0-3] Miniconda 공식 홈페이지(https://docs.conda.io/en/latest/miniconda.html)

- 설치 후 터미널에서 conda 명령어를 입력해 설치 여부를 확인한다. 다음과 같이 Conda 버전을 확인해 볼 수 있다.

[그림 0-4] Conda 버전 확인

가상환경 생성

Conda가 설치되었으면 이제 프로젝트에 맞는 가상환경을 생성해 본다. 가상환경을 사용하면 각각의 프로젝트가 고유의 라이브러리와 파이썬 버전을 사용할 수 있다. 이 책의 실습은 Python 3.11을 기준으로 테스트하였다.

【터미널】
```
conda create --name langchain-env python=3.11
```

'langchain-env'라는 이름(예시)의 가상환경이 생성되고, Python 3.11 버전이 설치된다. 가상환경의 이름은 자유롭게 지정할 수 있다.

▌가상환경 활성화 및 비활성화

가상환경을 생성한 후에는 이를 활성화하여 해당 환경에서 작업을 진행할 수 있다.

[터미널]
```
conda activate langchain-env
```

가상환경을 활성화한 상태에서 필요한 패키지를 설치하고 프로젝트를 진행할 수 있다. 작업이 끝나면 다음 명령어로 가상환경을 비활성화할 수 있다.

[터미널]
```
conda deactivate
```

requirements.txt 파일을 이용한 패키지 일괄 설치

파이썬 프로젝트에서는 여러 라이브러리와 패키지를 사용하게 되며, 이러한 패키지들을 체계적으로 관리하는 것이 중요하다. 특히, 프로젝트를 다른 사람과 공유하거나 새로운 환경에서 실행할 때 필요한 패키지들이 명확히 정의되어 있어야 하다.

'requirements.txt' 파일은 프로젝트에서 사용하는 패키지와 그 버전 정보를 저장해 두는 파일로, 프로젝트에서 필요한 모든 패키지를 한 번에 설치할 수 있다.

깃헙 리포지토리(https://github.com/tsdata/langchain-tutorial-book) 또는 정보문화사 홈페이지 (infopub.co.kr) 자료실에서 'requirements.txt' 파일을 다운로드해, 필요한 패키지를 한 번에 설치한다. 새로운 가상환경을 만들고, 가상환경을 활성화한 상태에서 이 파일을 사용하면 해당 환경에 맞는 패키지들을 자동으로 설치할 수 있다. 다음 명령어는 'requirements.txt'에 명시된 패키지와 동일한 버전의 패키지를 설치한다.

[터미널]
```
pip install -r requirements.txt
```

OpenAI API 인증키 발급

랭체인은 다양한 LLM 공급자와 연동할 수 있으며, 가장 대표적이고 많이 사용되는 공급자 중 하나가 OpenAI다. OpenAI의 GPT 모델을 사용하기 위해서는 OpenAI에서 제공하는 API를 호출할 수 있어야 하고, 이를 위해선 API 인증키가 필요하다. 이 섹션에서는 OpenAI API를 사용하기 위한 인증키를 발급받는 방법을 단계별로 설명한다.

▌OpenAI 계정 생성

먼저 OpenAI API를 사용하려면 OpenAI 계정이 필요하다. OpenAI의 공식 홈페이지(https://openai.com/index/openai-api/) 에 접속하여 계정을 생성한다. 이메일 주소를 입력하거나 Google 계정, Microsoft 계정으로 로그인할 수 있다. 회원 가입이 완료되면, 이메일로 받은 인증 메일을 통해 계정을 확인한다.

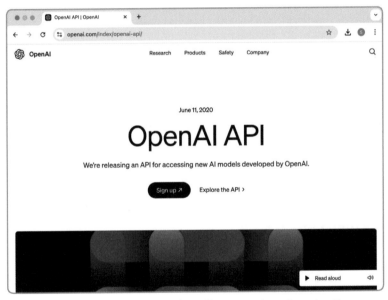

[그림 0-5] OpenAI공식 홈페이지(https://openai.com/index/openai-api/)

▌API 인증키 발급

계정을 만든 뒤에는 API 키를 발급받아야 한다. OpenAI에 로그인한 후, API 키 관리 페이지(https://platform.openai.com/api-keys)로 이동한다. 그리고 [Create new secret key] 버튼을 클릭하여 새로운 API 키를 생성한다. 이 API 키는 OpenAI의 GPT 모델을 호출할 때 필요하다.

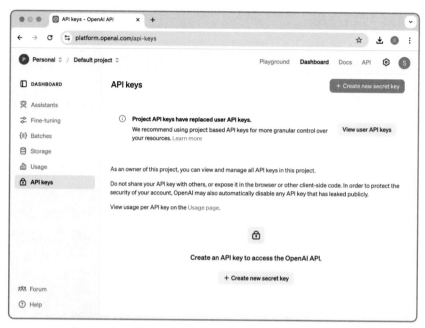

[그림 0-6] API 키 관리 페이지(https://platform.openai.com/api-keys)

'.env' 파일을 사용한 API 키 관리

프로젝트를 진행하면서 API 키를 직접 코드에 입력하는 것은 보안상 바람직한 방법이 아니다. API 키를 안전하게 관리하기 위한 방법이 필요한데, '.env' 파일을 사용하면 API 키처럼 민감한 정보를 코드에서 분리하여 안전하게 저장할 수 있다. 파이썬에서는 이를 간편하게 불러올 수 있는 라이브러리로 python-dotenv를 사용할 수 있다.

이 섹션에서는 OpenAI API 키를 '.env' 파일에 저장하고, python-dotenv를 이용하여 Jupyter Notebook에서 해당 키를 사용하는 방법을 소개하려고 한다(또한 이 교재의 실습 파일은 이 방식으로 작성하여 테스트를 완료하였다).

▌'.env' 파일 생성

먼저 프로젝트 루트 디렉토리(예: ~/my_project/)로 이동한 뒤에, 프로젝트 폴더 내에 '.env' 파일을 생성한다. 파일 이름 앞에 점(.)이 붙는다는 점에 주의한다. 이 파일은 프로젝트의 루트 디렉토리에 위치하며, API 키나 다른 환경 변수를 정의하는 데 사용할 수 있다.

▌API 키 저장

'.env' 파일에 다음과 같이 OpenAI API 키를 등록한다. 'sk-' 등으로 시작하는 OpenAI API 키를 발급받아 입력한다. 다른 중요한 환경 변수가 있다면 함께 저장할 수도 있다.

[파일 경로(예): ~/my_project/.env]

```
OPENAI_API_KEY=sk-XXXXXXXXXXXXXXXXXXXXXXXXXXXXXXXXXXXXXXXXXXXXX
```

▌python-dotenv 설치

Jupyter Notebook에서 '.env' 파일에 저장된 환경 변수를 불러오기 위해서는 python-dotenv 라이브러리를 설치해야 한다. 이전 단계에서 requirements.txt에 명시된 패키지를 일괄 설치한 경우라면 이 단계를 처리하지 않고 패스해도 된다.
가상환경이 활성화된 상태에서 다음 명령어를 입력하여 python-dotenv를 설치한다. 설치가 완료되면, 이제 파이썬에서 '.env' 파일을 불러와 사용할 준비가 마무리된다.

[터미널]

```
pip install python-dotenv
```

▌Jupyter Notebook에서 '.env' 파일 불러오기(.py 파일도 동일)

이제 Jupyter Notebook에서 'python-dotenv를 사용하여 '.env' 파일에 저장된 OpenAI API 키를 불러오는 방법을 살펴보자. 다음 코드를 Jupyter Notebook에서 실행한다.

[주피터 노트북 또는 파이썬 파일]

```
from dotenv import load_dotenv
load_dotenv()
```

load_dotenv() 함수는 프로젝트 디렉토리의 '.env' 파일을 로드하여 그 안에 정의된 환경 변수를 사용할 수 있도록 처리한다. API 키를 제대로 불러왔다면 OpenAI API 호출이 정상적으로 이루어질 것이다. 이제 기본적인 개발 환경 설정이 모두 완료됐다.

차례

01 랭체인(LangChain) 개요

02 채팅 모델(Chat Model) 공급자 및 사용 방법

03 간단한 챗봇 만들기

차례

04   RAG 개념 이해 및 구현

05 Tool Calling

06 Agent

차례

01

랭체인(LangChain) 개요

먼저 대규모 언어 모델(LLM)을 효과적으로 활용하기 위한 가장 대중적인 프레임워크인 LangChain의 기본 개념과 구성 요소를 알아본다. LangChain Expression Language(LCEL)를 통해 프롬프트와 LLM을 조합하는 방법을 학습하고, LLM, Chat Models, Messages 등 주요 컴포넌트들의 역할과 상호작용을 이해한다.

001 LangChain이란?

1-1 대규모 언어 모델(LLM) 생태계를 만들어가는 핵심 프레임워크

랭체인(LangChain)은 해리슨 체이스(Harrison Chase)에 의해 2022년 10월에 오픈 소스 프로젝트로 시작되었다. 그는 머신러닝 스타트업인 로버스트 인텔리전스(Robust Intelligence)에서 근무하면서 대규모 언어 모델(LLM)을 활용하여 애플리케이션과 파이프라인을 신속하게 구축할 수 있는 플랫폼의 필요성을 느꼈다. 이러한 비전을 가지고 개발자들이 챗봇, 질의응답 시스템, 자동 요약 등 다양한 LLM 애플리케이션을 쉽게 개발할 수 있도록 지원하는 프레임워크를 개발했다.

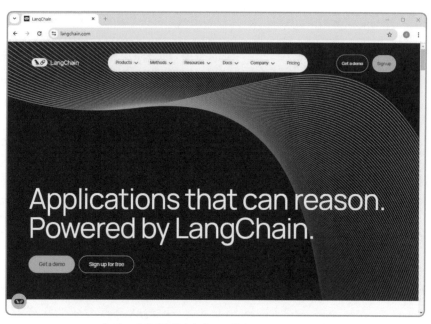

[그림 1-1] 랭체인 웹사이트(https://www.langchain.com/)

랭체인을 사용하지 않고 개발할 경우, 대규모 언어 모델을 활용한 애플리케이션과 파이프라인을 처음부터 끝까지 직접 개발해야 하므로 더 많은 시간이 소요된다. 초기 설정이 복잡하고 LLM 통합, 데이터 흐름 관리, 모델 최적화 등 다양한 기술적 요소를 모두 직접 해결해야 하므로 높은 기술적 역량이 요구된다. 또한 발생하는 버그와 오류를 스스로 찾아 수정해야 하는 부담도 크다.

반면, 랭체인을 사용하면 개발 시간이 단축되고 기술적 난도가 낮아진다.

랭체인의 프레임워크를 활용하면 미리 준비된 기능과 모듈을 사용할 수 있어 신속하게 개발을 시작할 수 있으며, 공식 문서와 커뮤니티 지원을 통한 문제 해결이 용이하다. 하지만 랭체인이 제공하는 기능 내에서 주로 작업하게 되어 특정 요구사항에 맞춘 세부적인 커스터마이징이 어려울 수 있고, 랭체인에서 제공하는 도구와 라이브러리를 사용하게 되어 도구 선택의 자유가 제한될 수 있다.

구분	랭체인 없이 개발	랭체인을 사용하여 개발
개발 시간	– 더 많은 시간 소요 – 복잡한 초기 설정	– 더 짧은 시간 소요 – 빠른 초기 설정
기술적 난이도	– 높은 난이도 – 에러 처리 부담	– 낮은 난이도 – 체계적 지원과 문서 제공
유연성	– 커스터마이징 가능 – 도구 선택의 자유	– 제한된 커스터마이징 – 통합된 도구 사용

[표 1-1] 랭체인 사용의 장단점 비교

하지만 랭체인 사용법을 잘 배우고 나면 랭체인 코드를 기반으로 커스터마이징을 하는 것도 가능하다. 랭체인 자체적으로는 제한적인 커스터마이징을 지원하지만, 일부 기능을 직접 구현하거나 랭체인 코드를 수정하는 방식으로 자유로운 커스터마이징이 가능하다. 따라서 처음 입문하거나 소규모 조직이라면 랭체인으로 빠르게 프로토타입을 개발하고, 이후 점진적인 서비스 최적화를 통해 서비스를 배포, 운영하는 방식으로 접근하는 것을 추천한다.

한편, 랭체인과 유사한 프레임워크로는 람마인덱스(LlamaIndex)가 있다. 람마인덱스 역시 대규모 언어 모델을 기반으로 한 애플리케이션 개발을 지원하는 플랫폼으로, 특히 검색 및 인덱싱 기능에 강점을 가지고 있다. 이 두 프레임워크는 각기 다른 강점과 특징을 가지고 있어, 개발자들이 자신에게 가장 적합한 도구를 선택하여 활용할 수 있게 한다.

구분	LangChain	LlamaIndex
목적	빠른 애플리케이션 개발	데이터 검색
확장성	다양한 AI 기술 및 서비스 지원	여러 데이터 소스 및 플랫폼 통합
유연성	복잡한 워크플로를 지원하는 광범위한 사용자 정의	인덱싱 및 검색에 중점
성능	복잡한 데이터 구조 처리	속도와 정확성에 최적화

[표 1-2] 랭체인 vs. 람마인덱스 비교

1-2 LangChain 버전 변화와 의미

랭체인은 2024년 1월 v0.1 출시를 시작으로 빠르게 발전하고 있다. v0.1에서는 패키지를 langchain-core, langchain, langchain-community, 파트너 패키지로 분리하여 전반적인 안정성과 확장성을 개선했다. v0.2에서는 langchain 패키지의 langchain-community 의존성을 제거하여 각 모듈을 특화하는 방식으로 가볍고 독립적인 구조로 개선했다.

2024년 9월 발표한 최신 버전인 v0.3에서는 Pydantic 2를 전면 도입하고 Python 3.8 지원을 중단했다. 또한 도구 사용 방법을 사용하기 쉽도록 개선하고, ChatModel 유틸리티 추가, 사용자 정의 이벤트 기능 등을 새롭게 추가했다.

향후 랭체인은 langgraph 강화, 벡터 저장소 개선, 문서화 향상에 주력할 예정이라고 발표했다. 이러한 지속적인 발전을 통해 랭체인은 짧은 역사에도 불구하고, LLM 애플리케이션을 구축하기 위한 필수 프레임워크로 빠르게 성장하고 있다. 이 책은 2024년 9월 기준 최신 버전인 v0.3을 활용하여 실습 코드를 구현했다.

> **NOTE**
> 이후 버전 업데이트에 따른 실습 코드의 변경 사항은 깃헙 리포지토리를 통해서 공지할 예정이다.

1-3 LangChain 프레임워크의 구성 요소

앞서 설명한 바와 같이 랭체인은 여러 패키지로 구성된 프레임워크다. 각 패키지는 고유한 목적을 갖지만, 통합적으로 협력하는 방식으로 강력한 LLM 애플리케이션을 구축할 수 있게 해준다. 주요 패키지는 다음과 같이 구성된다.

패키지	설명	주요 특징
langchain-core	핵심 추상화 기능	- 핵심 컴포넌트 인터페이스 정의 - 가벼운 종속성 - 서드파티 통합 미포함
langchain	인지 아키텍처 구성 요소	- 체인(Chains) - 에이전트(Agents) - 검색 전략
langchain-community	커뮤니티 관리 통합	- 다양한 컴포넌트 통합 제공 - 선택적 종속성
파트너 패키지	인기 서비스 특화(전용)	- 특정 서비스에 최적화된 패키지 (예: OpenAI, Anthropic)

[표 1-3] 랭체인 아키텍처 개요

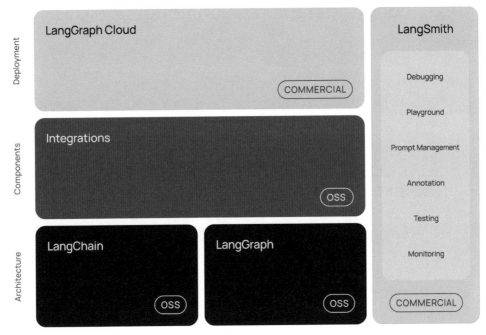

[그림 1-2] 랭체인 제품군[1]

이와 같은 랭체인의 모듈 구조는 개발 단계에서 필요한 컴포넌트만 선택적으로 사용 가능하다는 유연성을 제공한다. 그리고 파트너 패키지 등 외부 서비스와의 통합이나 기능 추가가 상대적으로 쉽다는 점에서 확장성이 양호한 편이다. 또한 각 패키지가 독립적으로 관리되어 유지보수 관점에서 업데이트와 버그 수정이 편리하고, 필요한 기능만 포함하여 리소스 사용을 최소화할 수 있기 때문에 성능 최적화에 유리하다는 특징을 갖는다.

---

1 이미지 출처: https://www.langchain.com/

002 LangChain Expression Language(LCEL) 이해

LCEL은 랭체인의 핵심 문법으로 다양한 컴포넌트를 연결하고 결합하는 기능을 제공한다. 기본적으로 가장 단순한 형태의 "프롬프트 + LLM" 조합부터 복잡한 다단계(Multi-Step) 체인까지, 다양한 스케일의 애플리케이션을 프로토타입에서 프로덕션까지 개발할 수 있도록 지원한다.

2-1 "프롬프트 + LLM" 조합

프롬프트와 LLM으로 구성되는 기본 LLM 체인 구성은 사용자의 입력(프롬프트, Prompt)을 언어모델인 LLM에 전달하고, LLM은 사용자의 입력에 대한 적절한 응답을 생성하는 구조를 갖는다.

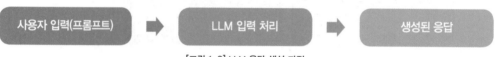

[그림 1-3] LLM 응답 생성 과정

체인의 첫 번째 요소인 프롬프트는 LLM에게 특정 작업을 지시하는 입력으로 정의할 수 있다. 프롬프트를 어떤 구조로 표현하고 어떤 내용으로 작성하느냐에 따라 LLM의 응답이 달라지기 때문에 매우 중요한 과정이다. 이 부분에 관련된 기술을 통칭하여 프롬프트 엔지니어링이라고 말한다. 두 번째 요소인 LLM은 프롬프트를 전달받아 응답을 생성한다. 이처럼 사용자의 입력을 토대로 답변을 생성하는 과정을 "Generation" 또는 "Completion" 단계라고 부른다. 랭체인에서 사용되는 LLM 모델은 각 모델 공급자가 제공하는 API를 통해 이용할 수 있고, 각 모델의 API와 통신을 담당하는 ChatOpenAI[2]와 같은 클래스를 통해 초기화하여 사용하게 된다.

다음 코드는 랭체인을 사용하여 OpenAI의 GPT 모델에 직접 텍스트를 입력하고 응답받는 과정을 보여준다.

---

2 OpenAI의 GPT-4o 모델 등을 지정하여 사용할 수 있는 OpenAI 전용 Chat Model 클래스

```
1    from langchain_openai import ChatOpenAI
2
3    # 채팅 모델 초기화
4    llm = ChatOpenAI(model='gpt-4o-mini')
5
6    # 모델에 직접 텍스트 입력
7    result = llm.invoke("김치찌개에 대한 레시피를 3단계로 설명해주세요.")
8
9    # 답변 출력
10   print(result.content)
```

〈실행 결과〉

김치찌개를 만드는 간단한 3단계 레시피를 소개합니다.

재료
- 잘 익은 김치 1컵
- 돼지고기(삼겹살 또는 목살) 150g
- 두부 1/2모
- 대파 1대
- 마늘 2쪽
- 고춧가루 1큰술
- 국간장 1큰술
- 물 4컵
- 소금, 후추 약간

단계 1: 재료 준비
1. 김치는 한 입 크기로 자르고, 돼지고기는 얇게 썰어 준비합니다.
2. 두부는 깍둑썰기하고, 대파는 어슷하게 썰고 마늘은 다져줍니다.

단계 2: 육수 끓이기
1. 냄비에 돼지고기를 넣고 중불에서 약간 볶아 기름이 나올 때까지 조리합니다.
2. 돼지고기가 익으면 김치를 넣고 2~3분 더 볶아줍니다.
3. 고춧가루, 다진 마늘을 넣고 섞은 후, 물 4컵을 부어 끓입니다.

단계 3: 끓이고 완성하기
1. 국물이 끓기 시작하면 두부와 국간장을 넣고, 약한 불로 15분 정도 끓입니다.
2. 마지막으로 대파를 넣고 소금과 후추로 간을 맞춘 후, 불을 끄고 그릇에 담아 제공합니다.
이제 맛있는 김치찌개가 완성되었습니다! 밥과 함께 즐기세요.

코드의 주요 부분은 다음과 같이 동작한다.

1 ······ `from langchain_openai import ChatOpenAI`: 랭체인의 OpenAI 통합 모듈에서 ChatOpenAI 클래스를 임포트한다.

4 ······ `llm = ChatOpenAI(model='gpt-4o-mini')`: ChatOpenAI 인스턴스를 초기화하여 생성한다. 'gpt-4o-mini'는 사용할 모델의 이름이다. 이 모델은 빠른 처리 속도와 저렴한 비용을 특징으로 하며, 최대 128K의 컨텍스트 창을 지원한다. 한국어를 포함한 다국어 이해 능력도 양호한 편이다.

7 ······ `result = llm.invoke("김치찌개에 대한 레시피를 3단계로 설명해주세요.")`: 모델에 직접 텍스트를 입력하고 응답을 받는다. 'invoke' 메소드는 모델에 프롬프트를 전달하고 결과를 반환한다.

10 ······ `print(result.content)`: 모델의 응답 내용을 출력한다. 응답 객체(result) 중에 content 속성은 모델이 생성한 텍스트 응답만을 포함하고 있다.

여기서 잠깐 **코드 실행 결과가 교재와 달라지는 이유**

앞의 예제와 같이 LLM 체인을 사용할 때 같은 입력에 대해 결과가 달라지는 현상은 자연스러운 것이다. 다음과 같은 여러 가지 이유로 발생할 수 있다.

- **모델의 확률적 특성** LLM은 확률 모델을 기반으로 하기 때문에, 같은 입력에 대해서도 매번 다른 출력을 생성할 수 있다. 확률적 예측으로 인해 실행할 때마다 결과가 달라지는 특성을 갖는다.
- **모델 버전 및 업데이트** AI 모델은 주기적으로 업데이트되며, 모델 파라미터 변경에 따라 같은 질문에 대한 답변이 시간이 지나면서 변할 수 있다. 최신 정보나 개선된 언어 이해 능력이 반영될 수 있다.
- **컨텍스트 및 이전 대화 히스토리** 일부 LLM 시스템은 이전 대화 내용을 고려하여 응답을 생성한다. 따라서 같은 질문이라도 이전 대화 맥락에 따라 다른 답변이 나올 수 있다.

다음 코드는 LCEL의 가장 기본적인 체인을 구성하는 방법이다. 프롬프트 템플릿과 모델을 체인으로 구성하고, 이를 통해 레시피 생성 프로세스를 간단하고 재사용 가능한 방식으로 구현하는 과정을 보여준다. `ChatPromptTemplate`의 사용으로 프롬프트 구조가 명확해지고, 체인을 통해 프롬프트와 모델의 연결이 간단하게 표현된다.

```
1   from langchain_openai import ChatOpenAI
2   from langchain_core.prompts import ChatPromptTemplate
3
4   # 채팅 모델 초기화
5   llm = ChatOpenAI(model='gpt-4o-mini')
6
7   # 프롬프트 템플릿 정의
8   prompt = ChatPromptTemplate.from_template("{food}에 대한 레시피를 3단계로 설명해
9   주세요.")
10
11  # prompt + llm 조합으로 체인을 구성
12  chain = prompt | llm
13
14  # 체인 실행
15  result = chain.invoke({"food": "비빔밥"})
16
17  # 결과 출력
18  print("답변: ", result.content)
```

〈실행 결과〉

입력: 비빔밥
프롬프트: 비빔밥에 대한 레시피를 3단계로 설명해주세요.
답변: 비빔밥을 만드는 간단한 3단계 레시피를 소개합니다.

1단계: 재료 준비
- **주재료**: 밥(2공기), 시금치, 당근, 호박, 무순, 계란(또는 소고기)
- **양념**: 고추장, 참기름, 소금, 후추, 다진 마늘
- **추가 재료**: 깨소금, 김(선택사항)

2단계: 재료 손질 및 조리
1. **채소 손질**: 시금치는 데치고, 당근과 호박은 채 썰어 볶습니다. 각각 소금으로 간을 해 주세요.
2. **계란 조리**: 팬에 기름을 두르고 계란을 프라이하여 반숙으로 익힙니다(소고기를 사용할 경우, 소고기를 간장, 다진 마늘로 양념해 볶아줍니다).
3. **밥 준비**: 따뜻한 밥을 준비합니다.

3단계: 비빔밥 완성
1. **재료 섞기**: 큰 그릇에 밥을 담고, 준비한 채소와 고기를 올립니다.
2. **양념 추가**: 고추장, 참기름, 깨소금을 적당량 넣고, 취향에 따라 소금을 추가합니다.
3. **비비기**: 모든 재료를 잘 섞어서 비빔밥을 완성합니다. 마지막으로 계란 프라이를 올리고, 원한다면 김을 곁들여 즐기세요.
맛있게 드세요!

1······ from langchain_openai import ChatOpenAI: 랭체인의 OpenAI 모듈에서 ChatOpenAI 클래스를 임포트한다.

2······ from langchain_core.prompts import ChatPromptTemplate: prompts 모듈에서 ChatPromptTemplate 클래스를 임포트한다.

5······ llm = ChatOpenAI(model='gpt-4o-mini'): ChatOpenAI 클래스의 인스턴스를 생성한다. 'gpt-4o-mini' 모델을 사용하도록 지정한다.

8······ prompt = ChatPromptTemplate.from_template("{food}에 대한 레시피를 3단계로 설명해주세요."): ChatPromptTemplate을 사용하여 프롬프트 템플릿을 생성한다. 템플릿은 일종의 '틀'을 만드는 기능이고, 이 틀은 나중에 채워 넣을 빈 칸을 가진 문장이라고 생각하면 된다. 예제의 "{food}에 대한 레시피를 3단계로 설명해주세요."라는 문장에서 {food} 부분이 바로 그 빈 칸이다. 이 빈 칸은 나중에 원하는 음식 이름으로 채울 수 있다.

12····· chain = prompt | llm: 프롬프트 템플릿과 모델을 파이프(|) 연산자로 순차적으로 연결하여 체인을 구성한다. 프롬프트가 먼저 처리되고, 그 출력을 모델의 입력으로 전달한다.

15····· result = chain.invoke({"food": "비빔밥"}): 체인에 "비빔밥"을 food 파라미터로 전달하여 실행한다. 결과는 result 변수에 저장된다. 프롬프트 템플릿의 빈 칸에 이 값이 전달되고 프롬프트(prompt)가 완성된다. 그리고 이 프롬프트는 '비빔밥에 대한 레시피를 3단계로 설명해주세요.' 와 같은 완전한 문장이 되고, llm 변수의 모델의 입력 값으로 전달된다. 그리고 모델의 출력이 체인의 최종 출력이 된다.

18····· print("답변: ", result.content): 모델이 생성한 응답의 내용(content)을 출력한다.

2-2 "프롬프트 + LLM + 출력 파서" 조합

프롬프트, LLM, 출력 파서가 순차적으로 결합하는 방식으로, 앞에서 살펴 본 기본 LLM 체인에 출력 파서를 추가한 구조이다. 이 체인은 사용자의 입력(프롬프트)을 LLM에 전달하고, LLM의 응답을 특정 형식으로 파싱하여 최종 출력을 생성한다.

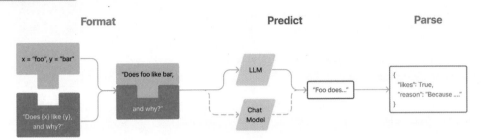

[그림 1-4] 출력 파서가 포함된 LLM 응답 생성 과정[3]

"프롬프트 + LLM + 출력 파서" 조합으로 만드는 체인의 구성 요소는 다음과 같다.

- **프롬프트(Prompt)** LLM에게 특정 작업을 지시하는 입력이다.
- **LLM(Large Language Model)** 프롬프트를 받아 응답을 생성한다.
- **출력 파서(Output Parser)** LLM의 출력을 특정 형식으로 변환한다. 다음 예제에서는 StrOutputParser를 사용하여 LLM의 출력을 문자열로 파싱한다.

다음 코드에서 'prompt | llm | StrOutputParser()'는 프롬프트, LLM, 출력 파서를 연결하여 체인을 구성한다. chain.invoke()를 통해 체인을 실행하면 프롬프트가 LLM에 전달되고, LLM이 생성한 응답이 StrOutputParser를 통해 문자열로 변환되어 최종 출력된다.

〈예제 1-3〉 실습 파일명: LC_001_LCEL.ipynb

```
1   from langchain_openai import ChatOpenAI
2   from langchain_core.prompts import ChatPromptTemplate
3   from langchain_core.output_parsers import StrOutputParser
4
5   # 채팅 모델 초기화
6   llm = ChatOpenAI(model='gpt-4o-mini')
7
8   # 프롬프트 템플릿 정의
9   prompt = ChatPromptTemplate.from_template(
10      """
11      {음식}의 주재료를 3가지만 나열하세요.
12      각 재료는 쉼표로 구분하세요.
13      """
14  )
```

```
15
16   # 체인 생성
17   chain = prompt | llm | StrOutputParser()
18
19   # 체인 실행
20   result = chain.invoke({"음식": "김치찌개"})
21   print(result)
```

<실행 결과>
배추, 돼지고기, 두부

3····· from langchain_core.output_parsers import StrOutputParser: 모델의 출력을 변환하는 파서를 임포트한다. StrOutputParser는 모델의 출력에서 텍스트 부분만 추출한다.

9~14··· prompt = ChatPromptTemplate.from_template(...): 프롬프트 템플릿을 정의한다. 이 템플릿은 {음식}이라는 변수를 포함하며, 해당 음식의 주재료 3가지를 요청한다.

17····· chain = prompt | llm | StrOutputParser(): LCEL을 사용하여 체인을 구성한다. 프롬프트, 언어 모델, 문자열 출력 파서를 순차적으로 연결한다.

20····· result = chain.invoke({"음식": "김치찌개"}): invoke 메소드를 사용하여 체인을 실행한다. '김치찌개'를 {음식} 변수에 대입하여 프롬프트를 완성하고 모델에 전달한다. 모델의 출력은 StrOutputParser의 입력으로 전달되고 문자열 텍스트 부분을 추출하여 result 변수에 담는다.

21····· print(result): 김치찌개의 주재료 3가지가 쉼표로 구분된 문자열이 출력된다.

이러한 방식으로 LCEL은 LLM 기반 애플리케이션의 복잡한 처리 과정을 간단하고 직관적인 체인 구조로 표현할 수 있게 해준다. 출력 파서를 추가함으로써 LLM의 응답을 원하는 형식으로 쉽게 변환할 수 있게 되고 후속 처리나 데이터 활용이 쉬워지는 장점이 있다.

003 LangChain 주요 컴포넌트

랭체인은 언어 모델을 이용한 애플리케이션을 만들 때 필요한 여러 가지 도구들을 제공한다. 이런 도구들을 '컴포넌트'라고 부른다. 이 컴포넌트들은 마치 레고 블록처럼 서로 잘 맞물려 작동하도록 설계되어 있어 개발자들이 쉽게 사용할 수 있다. 그리고 필요에 따라 외부 서비스와 연계하거나 확장할 수 있다.

3-1 LLM(Large Language Models)

LLM은 '대규모 언어 모델'의 약자로, 텍스트를 이해하고 생성하는 AI를 말한다. 랭체인의 LLM 컴포넌트는 주로 긴 문장이나 문단을 입력받아 그에 맞는 응답을 생성한다. 예를 들어, 긴 글을 요약하거나 질문에 대한 답변을 생성하는 데 사용될 수 있다. 초기 모델처럼 오래되거나 기본적인 기능을 가진 모델들이 이에 해당한다. 〈예제 2-1〉처럼 모델 객체를 생성하고 사용할 수 있다.

이 책에서는 LLM보다는, 다음에 설명할 채팅 모델(Chat Models)을 주로 사용한다. 채팅 모델은 LLM의 기능이 확장된 컴포넌트로, LLM의 기능을 포함하기 때문에 LLM을 대체할 수 있다.

〈예제 2-1〉 실습 파일명: LC_002_Component.ipynb

```
1   from langchain_openai import OpenAI
2
3   # LLM 모델 초기화
4   llm = OpenAI(model="gpt-3.5-turbo-instruct")
5
6   # 모델에 텍스트 생성 요청하기
7   response = llm.invoke("한국의 수도는 어디인가요?")
8
9   # 응답 객체 출력
10  print(response)
```

〈실행 결과〉

한국의 수도는 서울입니다.

> **NOTE**
>
> OpenAI에서 현재 시점에서 지원하는 유일한 LLM 모델은 예제에서 사용한 'gpt-3.5-turbo-instruct' 모델이다. 이 모델은 초기 모델로서 활용 가치가 매우 낮은 편이다. 따라서, 다음에 살펴볼 채팅 모델(Chat Models)을 통해 최신 모델을 사용하는 것이 적절하다고 판단된다.

3-2 채팅 모델(Chat Models)

채팅 모델은 챗봇처럼 대화를 나누는 AI를 만들 때 사용된다. 이 모델은 사람과 대화하는 것처럼 메시지를 주고받는 형식으로 만들 수 있다. 예를 들어, 사용자가 "오늘 날씨 어때?"라고 물으면, 채팅 모델은 "오늘은 맑고 따뜻한 날씨입니다."라고 대답할 수 있다. 그리고 일반 문장을 입력해도 이해할 수 있어서, 앞에서 살펴본 LLM 컴포넌트를 대신하여 사용할 수도 있다.

〈예제 2-2〉 실습 파일명: LC_ 002_ Component. ipynb

```
1  from langchain_openai import ChatOpenAI
2
3  # 채팅 모델 초기화
4  chat_model = ChatOpenAI(model="gpt-4o-mini")
5
6  # 모델에 질문하기
7  response = chat_model.invoke("한국의 수도는 어디인가요?")
8
9  print(response.content)
```

〈실행 결과〉
한국의 수도는 서울입니다.

3-3 메시지(Messages)

메시지는 채팅 모델이 대화할 때 사용하는 기본 단위를 나타낸다. 채팅 애플리케이션에서 주고받는 메시지와 비슷하다고 생각하면 된다. 랭체인에서는 다음과 같이 여러 종류의 메시지를 제공한다. 이러한 메시지들을 조합하여 AI와 주고받는 복잡한 대화를 구성할 수 있다.

• HumanMessage 사용자가 AI에게 보내는 메시지를 나타낸다.
• AIMessage AI가 사용자에게 보내는 응답 메시지를 나타낸다.
• SystemMessage AI의 역할이나 행동을 지시하는 메시지를 나타낸다. 예를 들어, '너는 친절한 고객 서비스 직원이야'라고 AI에게 역할을 부여할 수 있다.
• ToolMessage AI가 특정 도구를 사용한 결과를 담는 메시지를 나타낸다.

다음 코드의 8~13라인은 랭체인의 메시지 시스템을 사용하여 AI와의 대화 맥락을 구성하는 과정을 보여준다.

```python
1   from langchain_core.messages import HumanMessage, AIMessage, SystemMessage
2   from langchain_openai import ChatOpenAI
3
4   # 채팅 모델 초기화
5   chat_model = ChatOpenAI(model="gpt-4o-mini")
6
7   # 메시지 리스트 생성
8   messages = [
9       SystemMessage(content="당신은 친절한 요리 전문가입니다."),
10      HumanMessage(content="김치찌개를 만들고 싶어요. 어떻게 시작해야 할까요?"),
11      AIMessage(content="좋은 선택입니다. 먼저 필요한 재료부터 준비해볼까요?"),
12      HumanMessage(content="네, 어떤 재료가 필요한가요?")
13  ]
14
15  # 모델에 메시지 전달하기
16  response = chat_model.invoke(messages)
17
18  # 응답 객체의 자료형 확인
19  print("자료형: ")
20  print("-"*50)
21  print(type(response))
22  print("="*50)
23
24  # 응답 객체의 텍스트 부분 확인
25  print("응답 텍스트: ")
26  print("-"*50)
27  print(response.content)
28  print("="*50)
29
30  # 응답 객체의 메타 데이터 확인
31  print("메타데이터: ")
32  print("-"*50)
33  print(response.response_metadata)
34  print("="*50)
```

〈실행 결과〉

자료형:

〈class 'langchain_core.messages.ai.AIMessage'〉
==
응답 텍스트:

김치찌개를 만들기 위해 필요한 기본 재료는 다음과 같습니다:

기본 재료:
1. **김치**(잘 익은 김치가 좋습니다) - 1~2컵
2. **돼지고기**(삼겹살이나 목살) - 200g(선택 사항)
3. **두부** - 1/2 모(선택 사항)
4. **대파** - 1대
5. **양파** - 1개
6. **마늘** - 2~3쪽(다져서)
7. **고춧가루** - 1~2큰술(기호에 따라 조절)
8. **국간장** 또는 **소금** - 맛 조절용
9. **물** - 4컵(조절 가능)

선택 재료:
- **버섯**(표고버섯, 느타리버섯 등)
- **청양고추** - 1~2개(매운맛을 원하시면)

기본 조리 도구:
- 냄비
...
메타데이터:

{'token_usage': {'completion_tokens': 276, 'prompt_tokens': 84, 'total_tokens': 360, 'completion_tokens_details': {'reasoning_tokens': 0}}, 'model_name': 'gpt-4o-mini-2024-07-18', 'system_fingerprint': 'fp_1bb46167f9', 'finish_reason': 'stop', 'log-probs': None}
==

9······ SystemMessage: 대화의 전반적인 톤과 AI의 행동 방식을 설정한다.

그 다음 HumanMessage와 AIMessage를 번갈아가며 대화를 구성한다.

10····· HumanMessage: 사용자(인간)의 첫 번째 메시지로, 사용자가 AI에게 조언을 요청하고 있다.

11····· AIMessage: 이전 대화에서 AI가 생성한 응답을 나타낸다.

12····· HumanMessage: 사용자의 두 번째 메시지로, AI에게 추가 정보를 요청하고 있다.

이렇게 구성된 메시지 리스트는 AI 모델에 입력되어, 모델이 대화의 맥락을 이해하고 적절한 응답을 생성하는 데 사용된다. 최종 응답은 AIMessage 객체로 출력된다(코드 21라인의 자료형의 출력 결과를 확인해 보면 AIMessage 클래스 객체로 표시된다).

모델 응답에 사용한 토큰 사용량

- 앞의 실행 결과 하단의 메타데이터는 여러 가지 응답 생성과 관련한 다양한 정보를 담고 있다. 그중에서 토큰 사용량을 나타내는 token_usage 정보는 다음과 같다.
- **completion_tokens: 276** AI가 응답을 생성하는 데 사용한 토큰 수를 나타낸다.
- **prompt_tokens: 84** 사용자가 입력한 프롬프트의 토큰 수를 나타낸다.
- **total_tokens: 360** 총 사용된 토큰 수로, completion_tokens와 prompt_tokens의 합을 나타낸다.

AI 모델의 응답 생성 과정에서 토큰 사용량은 중요한 지표로 다루어진다. 토큰은 텍스트를 모델이 처리할 수 있는 작은 단위로 나눈 것으로, 단어나 부분 단어에 해당할 수 있다. 토큰 사용량을 이해하는 것은 다음과 같은 이유로 매우 중요하다.

- **비용 관리** 대부분의 LLM 모델 API는 사용된 토큰 수에 따라 요금이 부과된다.
- **성능 최적화** 토큰 사용량을 모니터링하여 프롬프트를 최적화하고 불필요한 토큰 사용을 줄일 수 있다.
- **응답 품질 예측** 일반적으로 더 많은 토큰을 사용할수록 더 상세하고 정교한 응답을 얻을 수 있다.
- **API 제한 관리** 모델의 서비스는 요청당 최대 토큰 수 제한을 두고 있다. 컨텍스트 윈도우(Context Window)는 모델이 한 번에 처리할 수 있는 최대 토큰 수를 의미한다.

컨텍스트 윈도우(Context Window) 관점에서 API 제한 관리의 중요성

LLM 모델은 고유한 컨텍스트 윈도우 크기를 갖는다. GPT-3.5는 4,096 토큰, GPT-4는 8,192 토큰, GPT-4o는 128,000 토큰이다. 컨텍스트 윈도우는 입력(프롬프트)과 출력(응답)의 토큰 수 합계에 적용된다. 즉, 프롬프트와 생성된 응답의 총 토큰 수가 이 제한을 초과할 수 없다. 컨텍스트 윈도우 제한을 초과하면 API 요청이 실패하거나 응답이 잘릴 수 있기 때문에, 이 제한을 고려하여 프롬프트를 설계하고 응답 길이를 관리해야 한다.

3-4 프롬프트 템플릿(Prompt Templates)

프롬프트 템플릿은 사용자의 입력과 다양한 매개변수를 대규모 언어 모델(LLM)이 이해할 수 있는 지시사항으로 변환하는 도구다. 이 도구는 LLM과의 효과적인 상호작용을 위해 중요한 역할을 한다.

프롬프트 템플릿의 주요 특징은 다음과 같다. 먼저, f-문자열 방식을 사용하여 포맷팅을 수행한다. 이는 템플릿 내에 변수를 쉽게 삽입할 수 있게 해주어, 동적으로 프롬프트를 생성할 수 있게 한다.

다음 그림은 프롬프트 템플릿의 포맷 기능을 설명한다. 왼쪽에는 템플릿 문자열 "Does {x} like {y}, and why?"가 있는데, 변수 x와 y를 포함하는 기본 형식으로 정의되다. 그리고, x = "foo", y = "bar"와 같이 정의된 변수가 있을 때, 템플릿의 중괄호 {}로 표시된 부분에 지정된 변수 값이 삽입되어 최종 문자열이 만들어진다. 최종 결과로 문자열 "Does foo like bar, and why?"이 생성된다.

이러한 방식으로 프롬프트 템플릿은 유연하게 다양한 입력을 처리하고 일관된 형식의 출력을 생성할 수 있다.

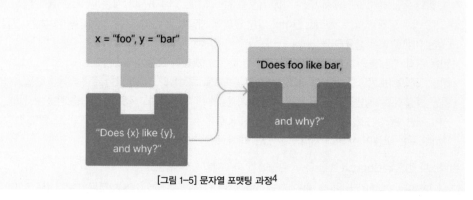

[그림 1-5] 문자열 포맷팅 과정[4]

다음으로, 딕셔너리 형태의 입력을 처리할 수 있다. 키-값 쌍으로 구성된 딕셔너리를 입력받아, 각 키에 해당하는 값을 템플릿의 적절한 위치에 배치한다. 이를 통해 복잡한 구조의 데이터도 효율적으로 프롬프트에 통합할 수 있다.

[그림 1-6] 딕셔너리를 입력받아 프롬프트에 통합하기

마지막으로, 프롬프트 템플릿은 PromptValue라는 출력을 생성한다. 이는 LLM에 직접 입력될 수 있는 형태의 값으로, 사용자의 원래 입력과 추가된 컨텍스트 정보를 포함한다.

이러한 특징들을 통해 프롬프트 템플릿은 사용자의 의도를 정확히 반영하면서도 LLM이 효과적으로 처리할 수 있는 형태의 입력을 생성한다. 결과적으로 이는 LLM의 응답 품질을 높이고, 다양한 상황에 맞는 유연한 프롬프트 생성을 가능하게 한다.

프롬프트 템플릿은 딕셔너리를 입력으로 받으며, 각 키는 템플릿에서 채워넣을 변수를 나타낸다. 템플릿의 출력은 PromptValue이며, 이는 LLM이나 ChatModel에 전달될 수 있고, 문자열이나 메시지 리스트로 변환될 수 있다. 프롬프트 템플릿의 주요 유형은 다음과 같다.

---

4 이미지 출처: https://python.langchain.com/docs/modules/model_io/

- **PromptTemplate** 단일 문자열을 형식화하는 데 사용되며, 주로 간단한 입력에 활용된다.
- **ChatPromptTemplate** 메시지 리스트를 형식화하는 데 사용된다.
- **MessagesPlaceholder** 특정 위치에 메시지 리스트를 추가하는 데 사용된다.

▌ PromptTemplate

다음 예제의 코드는 PromptTemplate을 사용하여 간단한 요리 관련 프롬프트를 생성하는 과정을 보여준다. 이는 AI에게 특정 음식의 주재료를 물어보는 기본적인 형태의 프롬프트를 만드는 방법을 설명한다.

〈예제 2-4〉 실습 파일명: LC_002_Component. ipynb

```
1   from langchain_core.prompts import PromptTemplate
2
3   # 단순 문장 형태의 프롬프트 템플릿 생성
4   # {음식}은 나중에 실제 음식 이름으로 대체될 변수
5   prompt_template = PromptTemplate.from_template(
6       "{음식}의 주재료 3가지를 알려주세요."
7       )
8
9   # 템플릿에 실제 값을 넣어 프롬프트 생성
10  # "김치찌개"가 {음식} 자리에 들어감
11  result = prompt_template.invoke({"음식": "김치찌개"})
12
13  # 생성된 프롬프트 출력
14  result
```

〈실행 결과〉

```
StringPromptValue(text='김치찌개의 주재료 3가지를 알려주세요.')
```

1······ 필요한 라이브러리를 가져온다.

5~7···· PromptTemplate을 사용하여 프롬프트의 기본 구조를 정의한다. 여기서 {음식}은 나중에 실제 음식 이름으로 대체될 변수다. 이 템플릿은 어떤 음식이든 그 주재료를 물어볼 수 있는 일반적인 형태를 제공한다.

11····· prompt_template.invoke() 메소드를 사용하여 템플릿에 실제 값을 넣어 프롬프트를 생성한다. 이 경우, '김치찌개'가 {음식} 자리에 들어가게 된다.

14····· 생성된 프롬프트를 출력한다. 결과는 StringPromptValue 객체로, text 속성에 실제 프롬프트 문자열이 저장된다.

이 방식을 통해 다양한 음식에 대해 일관된 형식의 프롬프트를 쉽게 생성할 수 있다. 예를 들어, '김치찌개' 대신 '비빔밥', '불고기' 등 다른 음식 이름을 넣어 각각의 주재료를 물어보는 프롬프트를 만들 수 있다. 이는 요리 관련 AI 시스템을 개발할 때, 다양한 음식에 대한 정보를 일관된 방식으로 요청하는 데 유용하게 사용될 수 있다.

▌ChatPromptTemplate

채팅 프롬프트 템플릿(ChatPromptTemplate)은 대화형 AI 시스템(챗봇 등)에 사용되는 도구다. 주요 특징은 복합 구조, 유연성, 그리고 간편한 포맷팅이다.

먼저, 복합 구조 측면에서 ChatPromptTemplate은 여러 메시지 템플릿을 포함할 수 있다. 단순한 질문–답변 형식부터 복잡한 다중 턴 대화까지 다양한 시나리오를 구현할 수 있어, 풍부한 대화 경험을 만들어낼 수 있다.

또한 사용자(Human), AI, 시스템(System) 메시지 등 여러 종류의 메시지를 자유롭게 포함할 수 있어, 실제 대화와 유사한 구조를 만들 수 있다. 이러한 유연성은 다양한 대화 상황에 맞춤화된 프롬프트를 설계할 때 유용하게 쓸 수 있다.

마지막으로, ChatPromptTemplate은 간편한 포맷팅 기능을 제공한다. 개발자는 입력 변수를 쉽게 사용할 수 있으며, 전체 대화 흐름을 한 번에 포맷팅할 수 있다. 이를 통해 프롬프트 설계 과정을 간소화하고, 효율적인 개발을 가능하게 한다.

[그림 1-7] 채팅 프롬프트 템플릿(ChatPromptTemplate)의 주요 특징

다음 코드는 ChatPromptTemplate을 사용하여 대화 형식의 요리 관련 프롬프트를 생성하는 과정을 보여준다. 이는 AI에게 특정 음식의 레시피를 요청하는 더 복잡한 형태의 프롬프트를 만드는 방법을 설명한다.

```
1   from langchain_core.prompts import ChatPromptTemplate
2
3   # 대화 형식의 프롬프트 템플릿 생성
4   prompt_template = ChatPromptTemplate.from_messages([
5       # 시스템 메시지: AI의 역할 정의
6       ("system", "당신은 유능한 한국어 요리 전문가입니다."),
7       # 사용자 메시지: 실제 질문 형식. {음식}은 변수
8       ("user", "{음식} 레시피를 5개의 간단한 단계로 설명해주세요.")
9   ])
10
11  # 템플릿에 실제 값을 넣어 프롬프트 생성
12  # "김치찌개"가 {음식} 자리에 들어감
13  result = prompt_template.invoke({"음식": "김치찌개"})
14
15  # 생성된 프롬프트 출력
16  result
```

〈실행 결과〉

```
ChatPromptValue(messages=[SystemMessage(content='당신은 유능한 한국어 요리 전문가
입니다.', additional_kwargs={}, response_metadata={}), HumanMessage(content='김치
찌개 레시피를 5개의 간단한 단계로 설명해주세요.', additional_kwargs={}, response_metada-
ta={})])
```

1······ 필요한 라이브러리를 가져온다.

4~9···· `ChatPromptTemplate.from_messages()` 메소드를 사용하여 대화 형식의 프롬프트 템플릿을 생성한다. 이 템플릿은 두 개의 메시지로 구성된다.

- **시스템 메시지** AI에게 '유능한 한국어 요리 전문가'라는 역할을 부여한다. 이는 AI가 한국 요리 전문가의 관점에서 답변하도록 유도한다.
- **사용자 메시지** 실제 레시피를 요청하는 부분으로, {음식}이라는 변수를 포함한다.

13····· `prompt_template.invoke()` 메소드를 사용하여 템플릿에 실제 값을 넣어 프롬프트를 생성한다. 이 경우, '김치찌개'가 {음식} 자리에 들어가게 된다.

16····· 생성된 프롬프트를 출력한다. 결과는 `ChatPromptValue` 객체로, 두 개의 메시지(System Message와 HumanMessage)를 포함한다.

이 방식은 단순한 문자열 템플릿보다 더 복잡한 대화 구조를 만들 수 있게 해준다. 시스템 메시지를 통해 AI의 역할을 명확히 정의하고, 사용자 메시지를 통해 구체적인 요청을 할 수 있다. 이는 요리 레시피를 요청할 때 AI가 한국 요리 전문가로서 답변하도록 유도하며, 5단계로 구성된 간단한 레시피를 제공하도록 지시한다.

▌MessagesPlaceholder

MessagesPlaceholder는 ChatPromptTemplate에서 유용하게 사용되는 기능으로, 템플릿 내에서 유동적으로 메시지를 삽입할 수 있는 자리를 미리 지정해두는 데 사용한다. 예를 들면, 챗봇 시스템에서 사용자와 AI 사이의 대화 기록(Chat History)을 ChatPromptTemplate에 동적으로 삽입하는 데 활용할 수 있다. 이전 대화 내용을 컨텍스트로 포함시킬 수 있기 때문에 챗봇이 과거 대화를 기억하고 있는 상태에서 연속성 있는 대화를 구성할 수 있다.

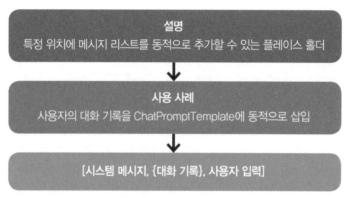

[그림 1-8] MessagesPlaceholder

그림의 예시를 보면 MessagesPlaceholder의 구조는 [시스템 메시지, {대화 기록}, 사용자 입력] 형태로 정의되어 있다. 여기서 {대화 기록} 부분이 MessagesPlaceholder가 위치하는 곳으로, 실제 대화 내용이 동적으로 채워지게 된다. 사용자와의 이전 대화 내용을 고려하여 응답을 생성함으로써, 보다 자연스러운 대화 경험을 제공할 수 있게 된다.

다음 예제는 ChatPromptTemplate과 MessagesPlaceholder를 사용하여 더 유연한 대화 형식의 프롬프트를 생성하는 과정을 보여준다. 이 방식은 다양한 메시지를 동적으로 삽입할 수 있는 프롬프트 구조를 만드는 방법을 설명한다.

〈예제 2-6〉 실습 파일명: LC_ 002_ Component. ipynb

```python
1  from langchain_core.prompts import ChatPromptTemplate, MessagesPlaceholder
2  from langchain_core.messages import HumanMessage
3
4  # 대화 형식의 프롬프트 템플릿 생성
5  prompt_template = ChatPromptTemplate.from_messages([
6      # 시스템 메시지: AI의 역할 정의
7      ("system", "당신은 유능한 한국어 요리 전문가입니다."),
8      # MessagesPlaceholder: 여러 메시지를 삽입할 수 있는 위치 지정
9      MessagesPlaceholder("msgs")
10 ])
```

```
11
12    # 템플릿에 실제 값을 넣어 프롬프트 생성
13    # HumanMessage 객체를 리스트로 만들어 "msgs" 자리에 삽입
14    result = prompt_template.invoke({
15       "msgs": [HumanMessage(content="김치찌개 레시피를 알려주세요.")]
16    })
17
18    # 생성된 프롬프트 출력
19    result
```

<실행 결과>

ChatPromptValue(messages=[SystemMessage(content='당신은 유능한 한국어 요리 전문가입니다.', additional_kwargs={}, response_metadata={}), HumanMessage(content='김치찌개 레시피를 알려주세요.', additional_kwargs={}, response_metadata={})])

1~2···· 필요한 라이브러리와 클래스를 가져온다.

5~10·· ChatPromptTemplate.from_messages() 메소드를 사용하여 대화 형식의 프롬프트 템플릿을 생성한다. 이 템플릿은 두 부분으로 구성된다.

- **시스템 메시지** AI에게 '유능한 한국어 요리 전문가'라는 역할을 부여한다.
- **MessagesPlaceholder** 'msgs'라는 이름으로 여러 메시지를 삽입할 수 있는 위치를 지정한다.

14~16· prompt_template.invoke() 메소드를 사용하여 템플릿에 실제 값을 넣어 프롬프트를 생성한다. 여기서는 HumanMessage 객체를 생성하여 'msgs' 자리에 삽입한다. 이 메시지는 '김치찌개 레시피를 알려주세요.'라는 내용을 담고 있다.

19····· 생성된 프롬프트를 출력한다. 결과는 ChatPromptValue 객체로, 시스템 메시지와 사용자가 삽입한 HumanMessage를 포함한다.

이러한 접근 방식은 다양한 상황과 맥락에 따라 적절한 프롬프트를 동적으로 구성할 수 있어, 더 자연스럽고 맥락에 맞는 AI 응답을 유도할 수 있다.

3-5 출력 파서(Output Parsers)

출력 파서는 AI의 복잡한 응답을 사용자가 쉽게 다룰 수 있는 형태로 바꿔주는 도구다. AI 모델이 생성하는 긴 문장이나 문단 형식의 텍스트를 리스트, 표, JSON 같은 정돈된 모양으로 만들어준다. 이런 파서들 중에서 주로 많이 사용되는 세 가지 유형을 살펴보자.

JSON 파서
AI 응답을 JSON 형식으로 변환

Pydantic 파서
미리 정의된 구조에 따라 AI 응답
정리

XML 파서
AI 응답을 구조화된 XML 문서로
변환

[그림 1-9] 출력 파서(Output Parsers)

JSON Parser

먼저, JSON 파서는 AI의 대답을 JSON이라는 데이터 형식으로 변환한다. 그리고 Pydantic 파서는 사용자가 미리 정해둔 틀에 맞춰 AI의 대답을 정리한다. 마지막으로 XML 파서는 AI의 답변을 XML이라는 구조화된 문서 형태로 바꿔준다. 이를 추출한 정보를 미리 정의해 둔 원칙에 따라 내용물을 구분하고 각각 별도의 서랍장에 수납하는 것에 비유할 수 있다.

이렇게 파서를 사용하면 AI 모델이 생성하는 줄글 형식의 답변을 컴퓨터가 이해하기 쉬운 형태로 바꿀 수 있다. 이렇게 처리하며 AI 모델의 대답을 다른 프로그램에서 쉽게 사용할 수 있게 해주고, 정보를 분석하거나 처리하는 데 도움이 된다.

<table>
<tr>
<td valign="top">

김치찌개 레시피
재료:
김치 300g, 돼지고기 150g, 두부 1/2모, 대파 1대, 고춧가루 1큰술, 다진 마늘 1큰술, 물 2컵
조리 방법:
1. 김치를 적당한 크기로 썬다.
2. 돼지고기를 썰어 준비한다.
3. 냄비에 김치와 돼지고기를 넣고 볶는다.
4. 물을 붓고 끓인다.
5. 두부를 넣고 더 끓인다.
6. 고춧가루와 다진 마늘을 넣어 맛을 낸다.
7. 대파를 썰어 올려 마무리한다.

</td>
<td valign="top">

```
{
"name": "김치찌개",
"ingredients": [
   "김치 300g",
   "돼지고기 150g",
   "두부 1/2모",
   "대파 1대",
   "고춧가루 1큰술",
   "다진 마늘 1큰술",
   "물 2컵"
],
"instructions": [
   "김치를 적당한 크기로 썬다.",
   "돼지고기를 썰어 준비한다.",
   "냄비에 김치와 돼지고기를 넣고 볶는다.",
   "물을 붓고 끓인다.",
   "두부를 넣고 더 끓인다.",
   "고춧가루와 다진 마늘을 넣어 맛을 낸다.",
   "대파를 썰어 올려 마무리한다."
   ]
}
```

</td>
</tr>
</table>

다음 예제에서는 요리 레시피를 AI에게 물어볼 때 앞의 그림과 같이 이런 과정을 거치는 것을 보여준다. 먼저 필요한 도구들을 준비하고 AI 모델을 설정한다. 그리고 요리 레시피의 구조를 미리 정해두고, AI의 대답을 이 구조에 맞게 변환할 준비를 한다. 이 모든 과정을 하나로 연결하여 AI에게 김치찌개 레시피를 물어보고, AI가 대답하면 그 대답을 사용자가 미리 정해둔 구조에 맞게 정리한다. 이렇게 하면 레시피의 재료 목록과 조리 순서를 깔끔하게 분리해서 볼 수 있다.

〈예제 2-7〉실습 파일명: LC_002_Component. ipynb

```python
from langchain_core.output_parsers import JsonOutputParser
from langchain_core.prompts import PromptTemplate
from langchain_openai import ChatOpenAI
from pydantic import BaseModel, Field

# ChatOpenAI 모델 초기화
model = ChatOpenAI(temperature=0)

# 데이터 구조 정의 - AI의 응답을 파싱할 때 사용됨
class Recipe(BaseModel):
    ingredients: list[str] = Field(description="요리에 필요한 재료 목록")
    steps: list[str] = Field(description="요리 과정을 순서대로 나열")

# AI의 응답을 JSON 형식으로 변환하고, Recipe 클래스 구조에 맞게 파싱함
parser = JsonOutputParser(pydantic_object=Recipe)

# 프롬프트 템플릿 정의
# {format_instructions}는 파서의 지침을 포함
# {query}는 사용자의 실제 질문을 나타냄
prompt = PromptTemplate(
    template="다음 요리의 레시피를 알려주세요.\n{format_instructions}\n{query}\n",
    input_variables=["query"],
    partial_variables={"format_instructions": parser.get_format_instructions()},
)

# 체인 구성 - 프롬프트 템플릿, AI 모델, 출력 파서를 순차적으로 연결
chain = prompt | model | parser

# 체인 실행
# 사용자 쿼리를 입력으로 제공하고 결과를 얻음
result = chain.invoke({"query": "김치찌개 레시피를 알려주세요."})

# 결과 출력 - 파싱된 JSON 형식의 레시피 정보가 출력됨
print(result)

# 재료 목록 출력
print("\n재료:")
print(result["ingredients"])
```

```
39
40    # 조리 단계 출력
41    print("\n조리 단계:")
42    print(result["steps"])
```

<실행 결과>

{'ingredients': ['김치 2컵', '물 4컵', '돼지고기 200g', '두부 1/2모', '대파 1대', '양파 1/2개', '고추장 2 큰술', '고춧가루 1큰술', '다진마늘 1큰술', '소금 약간', '참기름 1큰술'], 'steps': ['냄비에 물을 붓고 김치를 넣어 끓인다.', '돼지고기, 대파, 양파, 고추장, 고춧가루, 다진마늘을 넣고 끓인다.', '두부를 넣고 끓인다.', '소금과 참기름을 넣고 간을 맞춘다.', '끓인 김치찌개를 그릇에 담아 맛있게 즐긴다.']}

재료:
['김치 2컵', '물 4컵', '돼지고기 200g', '두부 1/2모', '대파 1대', '양파 1/2개', '고추장 2큰술', '고춧가루 1큰술', '다진마늘 1큰술', '소금 약간', '참기름 1큰술']

조리 단계:
['냄비에 물을 붓고 김치를 넣어 끓인다.', '돼지고기, 대파, 양파, 고추장, 고춧가루, 다진마늘을 넣고 끓인다.', '두부를 넣고 끓인다.', '소금과 참기름을 넣고 간을 맞춘다.', '끓인 김치찌개를 그릇에 담아 맛있게 즐긴다.']

1~4····· 필요한 라이브러리와 클래스를 임포트한다.

7······ ChatOpenAI 모델을 초기화한다. temperature를 0으로 설정하여 답변의 다양성을 최소화 하고 일관된 출력을 얻을 수 있도록 한다.

10~12·· Pydantic의 BaseModel을 상속받아 Recipe 클래스를 정의한다. AI 모델에게 바라는 답변 의 구조를 지정한다. Recipe라는 새로운 형태의 데이터 구조를 만들 때 이 레시피 구조에 는 두 가지 중요한 정보가 포함된다. 'ingredients'는 요리에 필요한 재료들의 목록으로 list[str]로 정의되어 있어, 여러 개의 문자열(재료 이름)을 담을 수 있는 리스트 형태이 다. 'steps'는 요리를 만드는 과정을 순서대로 나열한 목록으로, 각각의 조리 단계를 문자열 로 담은 리스트 구조를 갖는다. Field(description="...")는 각 항목에 대한 설명을 나타 내고, AI 모델이 이 구조를 이해하는 데 도움을 주기 때문에, 구체적으로 작성하면 좋다.

15····· JsonOutputParser를 초기화하여 AI 응답을 JSON 형식으로 파싱할 준비를 한다.

20~24·· PromptTemplate을 사용하여 AI에게 전달할 프롬프트의 구조를 정의한다. 이것은 AI에게 요리 레시피를 물어볼 때 사용할 질문의 틀이 되는데, AI에게 어떤 형식으로 대답해달라고 요청하는 지침(format_instructions)과 실제 물어볼 요리 이름을 넣을 자리(query)가 있 다. 이렇게 정해진 템플릿을 이용하면, 여러 가지 요리 레시피를 물어볼 때마다 같은 형식으 로 답변을 받을 수 있게 해, 정보를 정리하고 활용하기 쉽게 만든다.

27······ 프롬프트 템플릿, AI 모델, 출력 파서를 체인으로 연결한다.

31······ invoke 메소드를 사용하여 체인을 실행한다. 즉, 김치찌개 레시피를 AI 모델에게 답변하도
록 요청하고 결과를 받는다.

34~42·· 전체 결과, 재료 목록, 조리 단계를 각각 출력하여 김치찌개 레시피를 구조화된 형태로 보
여준다. 실행 결과를 보면, 먼저 전체 레시피 정보가 JSON 형식으로 표시된다. 그 다음, '재
료'와 '조리 단계'가 별도로 나열된다. 재료 목록에는 각 재료가 리스트에 담기고, 조리 단계
는 순서대로 나열된 조리 방법을 리스트 형식으로 보여준다.

이 방식을 통해 AI의 자연어 응답을 구조화된 JSON 형식으로 변환하고, 이를 프로그래밍에서 쉽
게 활용할 수 있는 객체로 변환할 수 있다. AI의 복잡한 설명을 간단하고 쓰기 쉬운 정보로 바꿀
수 있기 때문에, 요리 앱을 만들거나, 레시피를 데이터베이스에 저장하는 등 다양한 용도로 활용할
수 있게 된다.

▌Pydantic Parser

다음 예제의 코드는 AI를 이용해 요리 레시피를 구조화된 형태로 얻는 과정을 보여준다. Pydantic
파서를 사용하여 AI의 답변을 미리 정의한 Recipe 클래스 구조에 맞게 정리한다. 이는 AI의 자유
로운 텍스트 응답을 정해진 형식의 데이터로 변환하는 것과 같다.

〈예제 2-8〉 실습 파일명: LC_002_Component.ipynb

```
1   from langchain_core.output_parsers import PydanticOutputParser
2   from pydantic import BaseModel, Field
3   from langchain_openai import ChatOpenAI
4   from langchain_core.prompts import ChatPromptTemplate
5
6   # Pydantic 모델 정의: AI의 응답을 이 구조로 파싱할 예정
7   class Recipe(BaseModel):
8     ingredients: list[str] = Field(description="요리에 필요한 재료 목록")
9     steps: list[str] = Field(description="순서대로 나열된 조리 단계")
10
11  # PydanticOutputParser 초기화: AI의 응답을 Recipe 모델 형식으로 파싱
12  parser = PydanticOutputParser(pydantic_object=Recipe)
13
14  # 프롬프트 템플릿 정의: AI에게 요리 레시피를 요청하는 메시지 구조 설정
15  prompt_template = ChatPromptTemplate.from_messages([
16    ("system", "당신은 유능한 한국어 요리 전문가입니다."),
17    ("user", "{음식} 레시피를 알려주세요. {format_instructions}")
18  ])
19
```

```
20   # ChatOpenAI 모델 초기화
21   model = ChatOpenAI(model="gpt-4o-mini")
22
23   # 체인 구성: 프롬프트 템플릿 -> AI 모델 -> 출력 파서
24   chain = prompt_template | model | parser
25
26   # 체인 실행: '김치찌개' 레시피 요청
27   result = chain.invoke({
28       "음식": "김치찌개",
29       "format_instructions": parser.get_format_instructions()
30   })
31
32   # 결과 출력
33   print(result)
34   print("\n재료:")
35   print(result.ingredients)
36   print("\n조리 단계:")
37   print(result.steps)
```

< 실 행 결 과 >

ingredients=['200g 김치', '100g 돼지고기(삼겹살 또는 목살)', '1개 두부', '1개 양파', '2개 대파', '2컵 물', '2큰술 고추가루', '1큰술 된장', '1큰술 간장', '1작은술 다진 마늘', '소금, 후추'] steps=['1. 냄비에 돼지고기를 넣고 중불에서 볶아 기름이 나오도록 한다.', '2. 돼지고기가 반쯤 익으면 김치를 넣고 함께 볶는다.', '3. 김치가 익으면 물을 부어 끓인다.', '4. 끓기 시작하면 된장과 고추가루를 넣고 잘 저어준다.', '5. 양파와 대파를 썰어 넣고, 다진 마늘도 추가한다.', '6. 두부를 한입 크기로 썰어 넣고, 소금과 후추로 간을 맞춘다.', '7. 모든 재료가 잘 섞이고 끓어오르면 중불에서 10분 정도 더 끓인다.', '8. 그릇에 담아 따뜻하게 즐긴다.']

재료:
['200g 김치', '100g 돼지고기(삼겹살 또는 목살)', '1개 두부', '1개 양파', '2개 대파', '2컵 물', '2큰술 고추가루', '1큰술 된장', '1큰술 간장', '1작은술 다진 마늘', '소금, 후추']

조리 단계:
['1. 냄비에 돼지고기를 넣고 중불에서 볶아 기름이 나오도록 한다.', '2. 돼지고기가 반쯤 익으면 김치를 넣고 함께 볶는다.', '3. 김치가 익으면 물을 부어 끓인다.', '4. 끓기 시작하면 된장과 고추가루를 넣고 잘 저어준다.', '5. 양파와 대파를 썰어 넣고, 다진 마늘도 추가한다.', '6. 두부를 한입 크기로 썰어 넣고, 소금과 후추로 간을 맞춘다.', '7. 모든 재료가 잘 섞이고 끓어오르면 중불에서 10분 정도 더 끓인다.', '8. 그릇에 담아 따뜻하게 즐긴다.']

1~4···· 필요한 라이브러리와 클래스를 가져온다.

7~9···· Recipe 클래스를 정의하여 레시피의 구조(재료 목록과 조리 단계)를 설정한다.

12······ `PydanticOutputParser`를 초기화하여 AI 응답을 Recipe 형식으로 변환할 준비를 한다.

15~18· `ChatPromptTemplate`을 사용해 AI에게 전달할 메시지 구조를 만든다. 첫 번째로, 시스템 메시지는 AI에게 '당신은 유능한 한국어 요리 전문가입니다.'라고 역할을 부여한다. AI가 한국 요리 전문가의 관점에서 답변하도록 유도하는 것이다. 두 번째로, 사용자 메시지는 실제 레시피를 요청하는 부분이다. '{음식}'은 나중에 특정 요리 이름으로 대체될 자리고, '{format_instructions}'는 AI의 응답 형식에 대한 지침이 들어갈 자리다. 따라서, 요리 이름이 달라지더라도 일관된 형식으로 답변을 하도록 유도하는 효과가 있다.

21······ `ChatOpenAI` 모델을 초기화한다.

24······ 프롬프트 템플릿, AI 모델, 출력 파서를 하나의 체인으로 연결한다.

27~30· 체인을 실행하여 김치찌개 레시피를 요청하고 결과를 받는다. `invoke` 메소드에는 딕셔너리 형태의 입력값을 제공하는데, 프롬프트 템플릿의 '{음식}' 부분을 '김치찌개'로 대체하고, "format_instructions": parser.get_format_instructions() 부분은 AI에게 응답 형식에 대한 지침을 제공한다. 다시 말하면, 앞서 정의한 Recipe 클래스의 구조에 맞춰 응답을 생성하도록 AI에게 안내하는 지침을 생성한다. 이 코드가 실행되면, AI는 김치찌개 레시피를 생성하고, 그 응답은 자동으로 Recipe 클래스 형식으로 파싱된다. 결과값인 'result'는 재료 목록(ingredients)과 조리 단계(steps)를 포함한 구조화된 레시피 정보를 담게 된다.

33~37·· 결과를 전체, 재료 목록, 조리 단계로 나누어 출력한다.

이 방식을 통해 AI의 자연어 응답을 구조화된 데이터로 변환하여, 프로그래밍에서 쉽게 활용할 수 있게 된다.

▌XML Parser

다음 코드는 AI를 이용해 요리 레시피를 XML 형식으로 얻는 과정을 보여준다. XMLOutputParser를 사용하여 AI의 답변을 구조화된 XML 형태로 변환한다. 이는 AI의 자유로운 텍스트 응답을 정해진 XML 구조의 데이터로 변환하는 것과 같다.

〈예제 2-9〉 실습 파일명: LC_002_ Component. ipynb

```
1   from pprint import pprint
2   from langchain_core.output_parsers import XMLOutputParser
3   from langchain_openai import ChatOpenAI
4   from langchain_core.prompts import ChatPromptTemplate
5
6   # XMLOutputParser 초기화
7   parser = XMLOutputParser()
```

```
8
9    # 프롬프트 템플릿 정의
10   prompt_template = ChatPromptTemplate.from_messages([
11     ("system", "당신은 유능한 한국어 요리 전문가입니다. XML 형식으로 응답해주세요."),
12     ("user", """{음식} 레시피를 알려주세요.
13     재료는 <ingredients></ingredients> 태그로,
14   각 재료는 <item></item> 태그로 감싸주세요.
15     조리 단계는 <steps></steps> 태그로,
16   각 단계는 <step></step> 태그로 감싸주세요.
17     {format_instructions}""")
18   ])
19
20   # ChatOpenAI 모델 초기화
21   model = ChatOpenAI(model="gpt-4o-mini")
22
23   # 체인 구성
24   chain = prompt_template | model | parser
25
26   # 체인 실행
27   result = chain.invoke({
28     "음식": "김치찌개",
29     "format_instructions": parser.get_format_instructions()
30   })
31
32   # 결과 출력
33   pprint(result)
```

〈실행 결과〉

```
{'kimchi_jjigae': [{'ingredients': [{'item': '김치(200g)'},
                                    {'item': '돼지고기(150g)'},
                                    {'item': '두부(1/2모)'},
                                    {'item': '양파(1개)'},
                                    {'item': '대파(1대)'},
                                    {'item': '마늘(3쪽)'},
                                    {'item': '고춧가루(2큰술)'},
                                    {'item': '국간장(1큰술)'},
                                    {'item': '소금(적당량)'},
                                    {'item': '물(4컵)'}]},
        {'steps': [{'step': '돼지고기는 한입 크기로 썰어줍니다.'},
                  {'step': '양파와 대파는 채 썰고, 두부는 깍둑썰기합니다.'},
                  {'step': '냄비에 돼지고기를 넣고 중불에서 볶아줍니다.'},
                  {'step': '고기가 익기 시작하면 김치를 넣고 함께 볶습니다.'},
                  {'step': '고춧가루와 다진 마늘을 넣고 잘 섞어줍니다.'},
                  {'step': '물 4컵을 붓고 끓입니다.'},
```

{'step': '국간장과 소금으로 간을 맞춥니다.'},
{'step': '두부와 양파, 대파를 넣고 중불에서 10분 정도 끓입니다.'},
{'step': '모든 재료가 잘 익으면 불을 끄고 그릇에 담아냅니다.'}]}]}}

1~4···· 필요한 라이브러리와 클래스를 가져온다.

7····· XMLOutputParser를 초기화하여 AI 응답을 XML 형식으로 변환할 준비를 한다.

10~18·· ChatPromptTemplate을 사용해 AI에게 전달할 메시지 구조를 만든다. 여기서 XML 태그 구조에 대한 지시사항을 포함한다.

21····· ChatOpenAI 모델을 초기화한다

24····· 프롬프트 템플릿, AI 모델, 출력 파서를 하나의 체인으로 연결한다.

27~30·· 체인을 실행하여 김치찌개 레시피를 요청하고 결과를 받는다.

33····· pprint 함수를 사용하여 결과를 구조적으로 보기 좋게 출력한다.

실행 결과를 보면, 'kimchi_jjigae'를 최상위 키로 하는 중첩된 딕셔너리와 리스트 구조로 구성된다. 이 구조 내에서 'ingredients'와 'steps' 리스트가 각각 재료와 조리 단계 정보를 포함한다. 각 재료와 조리 단계는 'item'과 'step' 키를 가진 개별 딕셔너리로 표현되어, 데이터의 계층적 구조를 명확히 하고 접근성을 높인다.

이 방식을 통해 AI의 자연어 응답을 구조화된 XML 형식으로 변환하고, 이를 딕셔너리 형태로 파싱하여 프로그래밍에서 쉽게 활용할 수 있는 데이터로 만들 수 있다. XML 구조는 데이터의 계층적 관계를 명확히 표현하며, 이를 딕셔너리로 변환함으로써 파이썬에서의 데이터 처리가 용이해진다.

3-6 채팅 기록(Chat History)

다음 코드는 ChatMessageHistory를 사용하여 대화 기록을 관리하고, 이를 활용하여 맥락을 고려한 AI 응답을 생성하는 과정을 보여준다.

〈예제 2-10〉 실습 파일명: LC_ 002_ Component. ipynb

```python
1  from langchain_community.chat_message_histories import ChatMessageHistory
2  from langchain_core.output_parsers import StrOutputParser
3
4  # 채팅 기록을 관리하기 위한 ChatMessageHistory 객체 생성
5  history = ChatMessageHistory()
6
```

```
7   # 사용자의 첫 번째 메시지를 채팅 기록에 추가
8   history.add_user_message("김치찌개 레시피를 알려주세요.")
9
10  # AI의 첫 번째 응답을 채팅 기록에 추가
11  history.add_ai_message("네, 먼저 재료부터 설명해드릴게요...")
12
13  # 프롬프트 템플릿 정의
14  prompt_template = ChatPromptTemplate.from_messages([
15      # AI의 역할을 정의하는 시스템 메시지
16      ("system", "당신은 유능한 한국어 조리사입니다."),
17      # 이전 대화 기록을 삽입할 위치 지정
18      MessagesPlaceholder(variable_name="history"),
19      # 새로운 사용자 입력을 위한 템플릿
20      ("user", "{input}")
21  ])
22
23  # 프롬프트 템플릿, AI 모델, 문자열 출력 파서를 체인으로 연결
24  chain = prompt_template | model | StrOutputParser()
25
26  # 체인 실행: 이전 대화 기록과 새로운 질문을 입력으로 제공
27  result = chain.invoke({
28      "history": history.messages,          # 이전 대화 기록
29      "input": "육수는 어떻게 만들어야 하나요?"    # 새로운 사용자 질문
30  })
31
32  # 생성된 응답 출력
33  print(result)
```

〈실행 결과〉

김치찌개에 사용할 육수는 여러 가지 방법으로 만들 수 있습니다. 가장 기본적인 육수는 멸치와 다시마를 사용하는 방법입니다. 아래에 간단한 멸치 다시마 육수 만드는 법을 소개합니다.

멸치 다시마 육수 레시피

재료:
- 건멸치: 20g(약 1/2컵)
- 다시마: 10g(약 1장)
- 물: 1리터

만드는 방법:
1. **재료 준비**: 건멸치의 내장을 제거하고, 다시마는 가위로 잘라 준비합니다.
2. **물 끓이기**: 냄비에 물을 넣고 중불로 가열합니다.
3. **멸치 넣기**: 물이 끓기 시작하면 건멸치를 넣고 약 5분간 끓입니다. 이때 강한 불에서 끓이면 멸치가 쓴맛을 낼 수 있으니 주의하세요.

4. **다시마 넣기**: 멸치를 끓인 후 다시마를 넣고 10분 정도 더 끓입니다. 다시마는 너무 오래 끓이면 쓴맛이 나므로 끓기 시작한 후 10분 정도 후에 건져내세요.
5. **육수 완성**: 멸치와 다시마를 모두 건져내고, 육수는 체에 걸러서 사용하면 됩니다.
이 육수는 김치찌개 외에도 다양한 국물 요리에 사용할 수 있습니다. 육수를 미리 만들어 두면 맛있는 김치찌개를 더욱 쉽게 만들 수 있습니다. 즐거운 요리 되세요!

1~2···· 필요한 라이브러리와 클래스를 가져온다.

5······ ChatMessageHistory 객체를 생성하여 대화 기록을 초기화한다.

8······ 대화 기록에 사용자 메시지와 AI 메시지를 추가한다. add_user_message() 메소드로 사용자의 질문을 추가한다.

11····· 대화 기록에 사용자 메시지와 AI 메시지를 추가한다. add_ai_message() 메소드로 AI의 응답을 추가한다.

14~21·· ChatPromptTemplate을 사용하여 프롬프트 템플릿을 생성한다.
  • 시스템 메시지로 AI의 역할을 '유능한 한국어 조리사'로 정의한다.
  • MessagesPlaceholder를 사용하여 이전 대화 기록을 삽입할 위치를 지정한다.
  • 새로운 사용자 입력을 위한 템플릿을 추가한다.

24····· 프롬프트 템플릿, AI 모델, 문자열 출력 파서를 체인으로 연결한다.

27~30·· 체인을 실행하여 새로운 질문에 대한 응답을 생성한다.
  • history.messages를 통해 이전 대화 기록을 전달한다.
  • 새로운 사용자 입력 '육수는 어떻게 만들어야 하나요?'를 'input' 키로 전달한다.

33····· 생성된 응답을 출력한다.

이 방식은 이전 대화 내용을 AI에게 제공함으로써 AI가 맥락을 고려한 더 적절한 응답을 생성할 수 있게 한다. ChatMessageHistory를 사용하여 대화 기록을 동적으로 관리할 수 있으며, 동일한 프롬프트 템플릿을 사용하면서 다양한 대화 기록과 새로운 입력을 처리할 수 있다.

02

채팅 모델(Chat Model) 공급자 및 사용 방법

이번 파트에서는 LangChain에서 사용할 수 있는 다양한 채팅 모델 제공업체들과 각각의 설정 및 사용 방법을 알아본다. OpenAI의 ChatGPT, Anthropic의 Claude, Google의 Gemini, Groq의 고성능 추론 엔진, 그리고 로컬 환경에서 실행 가능한 Ollama까지, 각기 다른 특성을 가진 LLM들을 LangChain에서 통합하여 사용하는 방법을 학습한다.

001 OpenAI

1-1 주요 특징

OpenAI는 인공지능 분야에서 선도적인 위치를 차지하고 있는 기업이다. GPT-4o, OpenAI o1-preview 등 다양한 성능과 가격대의 모델을 제공한다. 특히 주목할 만한 점은 일부 모델이 텍스트와 이미지를 동시에 처리할 수 있는 멀티모달 능력을 갖추고 있다는 것이다. 또한 대부분의 모델이 128,000개 토큰의 대규모 컨텍스트를 처리할 수 있어, 긴 대화나 복잡한 작업에 적합하다. 이러한 특징들로 인해 OpenAI의 모델들은 다양한 분야에서 활용되고 있으며, 인공지능 기술의 발전을 선도하고 있다.

모델	특징	입력 가격(1M 토큰)	출력 가격(1M 토큰)
GPT-4o	고급 멀티모달 모델, 빠르고 강력한 비전 기능	$5.00	$15.00
GPT-4o mini	비용 효율적 소형 모델, 비전 기능 포함	$0.15	$0.60
OpenAI o1-preview	복잡한 작업을 위한 추론 모델	$15.00	$60.00
OpenAI o1-mini	코딩, 수학, 과학 특화 추론 모델	$3.00	$12.00

[표 2-1] OpenAI 모델 종류

> **여기서 잠깐** 환각(Hallucination) 현상
>
> OpenAI의 모델들은 주기적으로 업데이트되고 있으며, 2024년 9월 기준, 2023년 10월 시점의 지식을 포함하고 있다. 하지만 이는 모델의 학습 데이터 기준일 뿐이며, 실제로 '항상' 최신의 정보를 제공한다고 말하는 것은 정확하지 않다.
>
> 인공지능 모델, 특히 대규모 언어 모델은 환각 현상이라 불리는 문제를 가지고 있다. 이는 모델이 잘못된 정보를 사실인 것처럼 자신감 있게 제시하는 현상을 말한다. 따라서 모델이 제공하는 정보, 특히 최신 사건이나 급변하는 분야에 대한 정보는 항상 신중하게 검증해야 한다. 모델은 학습된 데이터를 바탕으로 정보를 생성하지만, 그 정보가 항상 정확하거나 최신이라고 보장할 수 없다. 사용자는 이러한 한계를 인식하고, 중요한 결정을 내릴 때는 추가적인 검증 과정을 거치는 것이 좋다.

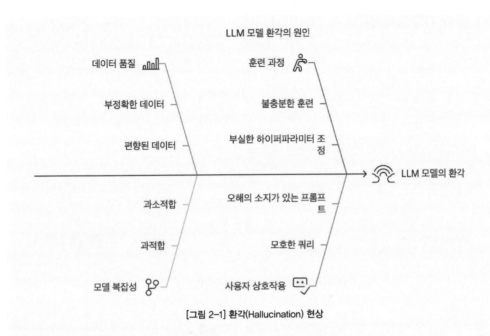

[그림 2-1] 환각(Hallucination) 현상

환각 문제에 대응하기 위해 여러 기술적 접근 방법이 있다. 주요 방법으로 RAG(Retrieval-Augmented Generation)와 파인튜닝(Fine-tuning)이 있다.

특성	RAG(Retrieval-Augmented Generation)	파인튜닝(Fine-tuning)
정의	외부 지식베이스를 참조하여 응답 생성	사전 학습 모델을 특정 작업/도메인에 맞게 추가 학습
작동 원리	- 관련 정보 외부 DB에서 검색 - 검색 정보를 입력에 포함해 응답 생성	- 특정 도메인 데이터셋 준비 - 기존 모델 추가 학습
장점	- 최신 정보 반영 가능 - 사실 기반 응답 생성 확률 증가	- 특정 도메인 정확도 향상 - 모델 편향 감소
단점	- 시스템 복잡도 증가 - 외부 DB 품질에 의존	- 과적합 위험 - 지속적 데이터 업데이트 필요
적용 사례	- 실시간 정보가 중요한 분야 - 광범위한 지식이 필요한 영역	- 특정 산업 분야 특화 모델 - 기업 내부 지식 기반 모델

[표 2-2] RAG와 파인튜닝

이 두 방법을 적절히 조합하여 사용하면 환각 문제를 상당 부분 완화할 수 있다. 그러나 완전히 해결하기는 어려우므로, 사용자의 주의와 추가 검증 과정이 여전히 중요하다.

1-2 인증키 설정 방법

앞서 Part 0 개발환경 구축에서 설명한 바 있지만, 이번 장에서 간단하게 인증키 발급 과정과 랭체인에서 사용하는 방법을 설명한다.

▌OpenAI API 키 발급

· https://platform.openai.com에 접속하여 계정을 만든다.

[그림 2-2] OpenAI 개발자 플랫폼(https://platform.openai.com)

· API 키를 생성한다. 발급받은 키는 별도로 안전한 장소에 복사해서 보관한다. 항상 비용과 보안 측면을 고려하여 API를 사용해야 한다.

▌LangChain에서 API 키 등록 방법

발급받은 OpenAI API 키를 환경 변수로 설정하고 사용하는 방법을 보여준다. 이 방법들을 이용하면 API 키를 안전하게 관리하면서 쉽게 사용할 수 있다.

터미널에서 직접 설정

```
[터미널]
export OPENAI_API_KEY='-----이 부분에 인증키를 입력합니다-----'
```

Python 코드 내에서 설정

```
import os
os.environ['OPENAI_API_KEY'] = '-----이 부분에 인증키를 입력합니다-----'
```

.env 파일 사용 (권장)

이는 앞서 Part 0 개발환경 구축에서 설명한 방법으로, 권장하는 방법이다. API 키를 코드에 직접 노출하지 않기 때문에 보안에 유리하다. 먼저 프로젝트 폴더 내에 .env 파일을 새로 만든다. 그리고 이 파일에 다음과 같이 인증키를 추가하고 저장한다.

【.env 파일】

```
OPENAI_API_KEY=인증키(따옴표 없음에 유의)
```

.env 파일에 저장한 인증키를 사용하려면 Python 파일에서 dotenv 라이브러리로 로드한다.

【Python 파일】

```
from dotenv import load_dotenv
load_dotenv()
```

1-3 ChatOpenAI 사용

ChatOpenAI는 OpenAI의 GPT 모델을 랭체인 프레임워크에서 쉽게 사용할 수 있게 해주는 클래스다. 이 클래스는 다양한 GPT 모델(예: GPT-4o, o1-preview)을 지원하며, 사용자가 모델의 매개변수(온도, 최대 토큰 수 등)를 쉽게 조정할 수 있게 해준다. ChatOpenAI는 대화형 AI 응용 프로그램 개발에 특히 유용하며, 시스템 메시지와 사용자 메시지를 조합하여 맥락을 제공할 수 있다. 또한, 이 클래스는 토큰 사용량, 응답 시간 등의 메타데이터를 제공하여 모델 사용을 모니터링하고 최적화하는 데 도움을 준다.

다음 예제에서는 ChatOpenAI 모델을 사용하여 한국어로 인공지능에 대한 설명을 요청한다. 먼저, 랭체인에서 지원하는 OpenAI 특화 패키지를 설치한다.

❶ LangChain 파트너 패키지 설치

【터미널】

```
pip install -qU langchain-openai
```

❷ 모델 객체 생성

```
[Python 파일]
from langchain_openai import ChatOpenAI

chat_model = ChatOpenAI(
    model="gpt-4o",
    temperature=0.7,
    max_tokens=150,
    timeout=30,
    max_retries=3,
    # api_key="...",        # 환경 변수에 등록하지 않고 인증키를 직접 입력하는 것도 가능
)
```

예제에서 모델을 gpt-4o로 설정하고 temperature를 0.7로 높여 창의적인 응답을 유도한다. 또한 max_tokens, timeout, max_retries 값을 조정하여 응답 길이와 오류 처리를 최적화한다.

파라미터	값	설명	영향
temperature	0.7	출력의 무작위성 조절	0: 일관된 출력 2: 다양한 출력 (0~2 범위에서 숫자로 지정)
max_tokens	150	생성 가능한 최대 토큰 수	응답 길이 제어 None: 모델 최대 길이까지
timeout	30	API 요청 최대 대기 시간(초)	지정 시간 초과 시 에러 발생 None: 제한 없음
max_retries	3	API 호출 실패 시 최대 재시도 횟수	네트워크 오류 등에 대응 0: 재시도 안 함

[표 2-3] ChatOpenAI 모델 생성 파라미터

❸ 모델 호출하여 응답 생성

```
[Python 파일]
conversation = [
    ("system", "당신은 한국어로 대화하는 친절한 AI 어시스턴트입니다."),
    ("human", "인공지능에 대해 간단히 설명해주세요.")
]
response = chat_model.invoke(conversation)
```

앞의 코드는 ChatOpenAI 모델을 사용하여 대화를 시뮬레이션하는 과정을 보여준다. 먼저, 'conversation' 리스트를 생성하여 대화의 맥락을 설정한다. 이 리스트의 첫 번째 튜플은 시스템 메시지로, AI 어시스턴트의 역할을 한국어로 대화하는 AI 어시스턴트로 정의한다. 두 번째 튜플은 사용자(human)의 질문으로, 인공지능에 대한 설명을 요청한다. 'chat_model.invoke(conversation)' 메소드를 호출하여 이 대화 맥락을 모델에 전달하고, 모델의 응답을 'response' 변수에 저장한다. 이 과정을 통해 AI 모델은 주어진 역할과 질문을 이해하고, 적절한 한국어 응답을 생성하게 된다.

2-1 주요 특징

Anthropic은 최첨단 대규모 언어 모델인 Claude 제품군을 개발한 기업이다. Claude 3 및 3.5 시리즈를 제공하며, 각 모델은 다양한 성능과 특성을 가지고 있다. 특히 주목할 만한 점은 모든 모델이 텍스트와 이미지를 동시에 처리할 수 있는 멀티모달 능력을 갖추고 있다는 것이다. 또한 모든 모델이 200,000개 토큰의 대규모 컨텍스트를 처리할 수 있어, 긴 대화나 복잡한 작업에 적합하다. Anthropic의 모델들은 다국어 지원, 높은 성능, 그리고 다양한 작업에 대한 적응력으로 인해 다양한 분야에서 활용되고 있으며, OpenAI와 함께 LLM 기술의 발전을 선도하고 있다.

모델	특징	입력 가격(1M 토큰)	출력 가격(1M 토큰)
Claude 3.5 Sonnet	가장 지능적인 모델, 빠른 속도	$3.00	$15.00
Claude 3 Opus	복잡한 작업에 뛰어난 성능	$15.00	$75.00
Claude 3 Sonnet	속도와 지능의 균형	$3.00	$15.00
Claude 3 Haiku	가장 빠르고 비용 효율적인 모델	$0.25	$1.25

[표 2-4] Anthropic 모델 종류

> **NOTE**
>
> Anthropic의 모델들도 OpenAI와 같이 주기적으로 업데이트되고 있다. 2024년 9월 기준으로 Claude 3.5 Sonnet 모델은 2024년 4월 시점의 지식을 포함하고 있다.

2-2 인증키 설정 방법

▍Anthropic API 키 발급

• https://www.anthropic.com/api에 접속하여 계정을 만든다.

[그림 2-3] Anthropic 플랫폼(https://www.anthropic.com/api)

- API 키를 생성한다. 발급받은 키는 별도로 안전한 장소에 복사해서 보관한다.

▌LangChain에서 API 키 등록 방법

발급받은 Anthropic API 키를 환경 변수로 설정하는 방법을 살펴본다.

터미널에서 직접 설정

【터미널】
```
export ANTHROPIC_API_KEY ='-----이 부분에 인증키를 입력합니다-----'
```

Python 코드 내에서 설정

【Python 파일】
```
import os
os.environ['ANTHROPIC_API_KEY'] = '-----이 부분에 인증키를 입력합니다-----'
```

.env 파일 사용 (권장)

프로젝트 폴더 내에.env 파일을 새로 만들고, 인증키를 추가하고 저장한다.

【.env 파일】
```
ANTHROPIC_API_KEY=인증키(따옴표 없음에 유의)
```

.env 파일에 저장한 인증키를 사용하려면 Python 파일에서 dotenv 라이브러리로 로드한다.

【Python 파일】
```
from dotenv import load_dotenv
load_dotenv()
```

2-3 ChatAnthropic 사용

ChatAnthropic은 Anthropic의 Claude 모델을 랭체인 프레임워크에서 쉽게 사용할 수 있게 해주는 클래스다. 이 클래스는 다양한 Claude 모델(예: Claude-3-Sonnet, Claude-3-Opus)을 지원한다. 다음 예제에서는 ChatAnthropic 모델을 사용하여 한국어로 인공지능에 대한 설명을 요청하는 작업을 수행한다. 먼저, 랭체인에서 지원하는 Anthropic 특화 패키지를 설치한다.

❶ LangChain 파트너 패키지 설치

【터미널】
```
pip install -qU langchain-anthropic
```

❷ 모델 객체 생성

[Python 파일]
```python
from langchain_anthropic import ChatAnthropic

llm = ChatAnthropic(
    model="claude-3-5-sonnet-20240620",
    temperature=0,
    max_tokens=1024,
    timeout=None,
    max_retries=2,
)
```

예제에서 모델을 claude-3-5-sonnet-20240620으로 설정하고 temperature를 0으로 설정하여 일관된 응답을 유도한다. 또한 max_tokens, timeout, max_retries 값을 조정하여 응답 길이와 오류 처리를 최적화한다.

파라미터	값	설명	영향
temperature	0	출력의 무작위성 조절	0: 일관된 출력 1: 다양한 출력
max_tokens	1024	생성 가능한 최대 토큰 수	응답 길이 제어
timeout	None	API 요청 최대 대기 시간(초)	None: 제한 없음
max_retries	2	API 호출 실패 시 최대 재시도 횟수	네트워크 오류 등에 대응

[표 2-5] ChatAnthropic 모델 생성 파라미터

❸ 모델 호출하여 응답 생성

[Python 파일]
```python
conversation = [
    ("system", "당신은 한국어로 대화하는 친절한 AI 어시스턴트입니다."),
    ("human", "인공지능에 대해 간단히 설명해주세요.")
]
response = llm.invoke(conversation)
```

여기서는 'messages' 리스트를 생성하여 대화의 맥락을 설정한다. 첫 번째 메시지는 AI 어시스턴트의 역할을 정의하는 시스템 메시지고, 두 번째는 사용자(human)의 입력을 처리한다. 'llm.invoke(messages)' 메소드를 호출하여 이 대화 맥락을 모델에 전달하고, 모델의 응답을 'response' 변수에 저장한다.

003 Google

3-1 주요 특징

Google은 Gemini라는 최첨단 대규모 언어 모델 제품군을 개발하고 있다. Gemini 1.5 시리즈를 제공하며, 각 모델은 다양한 성능과 특성을 가지고 있다. 특히 주목할 만한 점은 모든 모델이 텍스트, 오디오, 이미지, 비디오를 동시에 처리할 수 있는 멀티모달 능력을 갖추고 있다는 것이다. Gemini 모델들은 코드 생성, 데이터 추출, 텍스트 편집 등 다양한 작업에 적합하며, 빠른 성능과 복잡한 추론 능력을 모두 갖추고 있다.

모델	특징	입력	출력	최적화 용도
Gemini 1.5 Flash	가장 빠르고 비용 효율적인 멀티 모달 모델	오디오, 이미지, 비디오, 텍스트	텍스트	다양한 고빈도 작업
Gemini 1.5 Pro	최고 성능의 멀티 모달 모델	오디오, 이미지, 비디오, 텍스트	텍스트	복잡한 추론 작업
Gemini 1.0 Pro	텍스트 및 코드 특화 모델	텍스트	텍스트	자연어 작업, 다중 턴 대화, 코드 생성

[표 2-6] Google AI 모델 종류

> **여기서 잠깐** 구글의 가격 정책(Gemini 1.5 Flash 모델, 2024년 9월말 기준)

Google은 2024년 9월말 시점으로 두 가지 가격 정책을 제공한다. Gemini 1.5 Flash 모델을 기준으로 설명하면 다음과 같다.

첫째, 무료 티어는 테스트 목적으로 제공되며, Google AI Studio를 통해 모든 지원 국가(한국 포함)에서 완전히 무료로 사용할 수 있다. 이 티어는 분당 15회 요청, 분당 1백만 토큰, 하루 1,500회 요청으로 제한되며, 입력과 출력 모두 무료다. 또한 시간당 1백만 토큰까지 무료 컨텍스트 캐싱을 제공한다.

둘째, 유료 티어인 'pay-as-you-go' 서비스는 더 높은 사용량과 확장성을 제공한다. 이 티어에서는 분당 2,000회 요청, 분당 4백만 토큰까지 사용할 수 있다. 128k 토큰 이하의 프롬프트에 대해 입력은 백만 토큰당 $0.075, 출력은 $0.30의 요금이 부과된다. 128k 토큰을 초과하는 프롬프트의 경우 요금이 두 배로 증가한다. 컨텍스트 캐싱 저장 비용은 시간당 백만 토큰당 $1.00이다.

두 티어 모두 튜닝 서비스는 무료로 제공되며, 튜닝된 모델의 입출력 가격은 기본 모델과 동일하다. 주목할 점은 무료 티어의 데이터는 Google의 제품 개선에 사용될 수 있지만, 유료 티어의 데이터는 그렇지 않다는 것이다. 따라서 민감한 데이터를 사용하는 경우 무료 티어를 사용할 때 유의할 필요가 있다.

3-2 인증키 설정 방법

▌Google Gemini API 키 발급

• https://ai.google.dev/gemini-api에 접속하여 계정을 만든다.

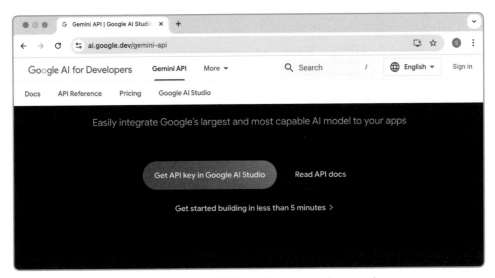

[그림 2-4] Google AI 플랫폼(https://ai.google.dev/gemini-api)

• API 키를 생성한다. 발급받은 키는 별도로 안전한 장소에 복사해서 보관한다.

▌LangChain에서 API 키 등록 방법

발급받은 Google Gemini API 키를 환경 변수로 설정하는 방법을 살펴본다.

터미널에서 직접 설정

[터미널]

```
export GOOGLE_API_KEY ='-----이 부분에 인증키를 입력합니다-----'
```

Python 코드 내에서 설정

[Python 파일]

```
import os
os.environ['GOOGLE_API_KEY'] = '-----이 부분에 인증키를 입력합니다-----'
```

.env 파일 사용 (권장)

프로젝트 폴더 내에 .env 파일을 새로 만들고, 인증키를 추가하고 저장한다.

[.env 파일]
```
GOOGLE_API_KEY=인증키(따옴표 없음에 유의)
```

.env 파일에 저장한 인증키를 사용하려면 Python 파일에서 dotenv 라이브러리로 로드한다.

[Python 파일]
```python
from dotenv import load_dotenv
load_dotenv()
```

3-3 ChatGoogleGenerativeAI 사용

ChatGoogleGenerativeAI는 Google의 Gemini 모델을 랭체인 프레임워크에서 쉽게 사용할 수 있게 해주는 클래스다. 이 클래스는 다양한 Gemini 모델(예: gemini-1.5-pro, gemini-1.5-flash)을 지원한다. 먼저, 랭체인에서 지원하는 Google AI 특화 패키지를 설치한다.

❶ LangChain 파트너 패키지 설치

[터미널]
```
pip install -qU langchain-google-genai
```

❷ 모델 객체 생성

[Python 파일]
```python
from langchain_google_genai import ChatGoogleGenerativeAI

llm = ChatGoogleGenerativeAI(
  model="gemini-1.5-pro",
  temperature=0,
  max_tokens=None,
  timeout=None,
  max_retries=2,
)
```

예제에서 모델을 gemini-1.5-pro로 설정하고 temperature를 0으로 설정하여 일관된 응답을 유도한다. 또한 max_tokens, timeout, max_retries 값을 조정하여 응답 길이와 오류 처리를 최적화한다.

파라미터	값	설명	영향
temperature	0	출력의 무작위성 조절	0: 일관된 출력 2: 다양한 출력
max_tokens	None	생성 가능한 최대 토큰 수	None: 모델 기본값 사용
timeout	None	API 요청 최대 대기 시간(초)	None: 제한 없음
max_retries	2	API 호출 실패 시 최대 재시도 횟수	네트워크 오류 등에 대응

[표 2-7] ChatGoogleGenerativeAI 모델 생성 파라미터

❸ 모델 호출하여 응답 생성

[Python 파일]

```python
conversation = [
    ("system", "당신은 한국어로 대화하는 친절한 AI 어시스턴트입니다."),
    ("human", "인공지능에 대해 간단히 설명해주세요.")
]
response = llm.invoke(conversation)
```

이 코드는 'conversation' 리스트를 생성하여 대화의 맥락을 설정한다. 'llm.invoke (conversation)' 메소드를 호출하여 이 대화 맥락을 모델에 전달하고, 모델의 응답을 'response' 변수에 저장한다.

004 Groq

4-1 주요 특징

Groq는 다양한 언어 모델을 제공하는 AI 기업이다. Groq Cloud 플랫폼을 통해 LLaMA, Mixtral, Gemma 등 다양한 오픈 소스 모델을 최적화하여 제공하고 있다. Groq의 주요 특징은 높은 처리 속도와 다양한 모델에 대한 선택 옵션을 제공한다는 점이다. 특히 일부 모델은 초당 1,000 토큰 이상의 매우 빠른 속도를 자랑한다. 또한 Groq는 음성 인식 모델인 Whisper도 제공하여 다양한 AI 작업을 지원한다. 이러한 특징들로 인해 Groq는 빠른 속도가 필요한 실시간 AI 애플리케이션 개발에 특히 적합하다.

모델	특징	속도	입력 가격 (1M 토큰)	출력 가격 (1M 토큰)
Llama 3.1 70b Versatile	다목적 대형 모델	N/A	$0.59	$0.79
Llama 3.1 8b Instant	빠른 소형 모델	~1,250 tokens/s	$0.05	$0.08
Mixtral 8x7b 32768	대규모 컨텍스트 처리	~575 tokens/s	$0.24	$0.24
Gemma 7b It	경량 모델	~950 tokens/s	$0.07	$0.07
Gemma2 9b It	개선된 경량 모델	~500 tokens/s	$0.20	$0.20
Llama3 Groq 70b 8192 Tool Use Preview	도구 사용 기능 포함	~330 tokens/s	$0.89	$0.89
Llama3 Groq 8b 8192 Tool Use Preview	경량 도구 사용 모델	~1,050 tokens/s	$0.19	$0.19

[표 2-8] Groq 모델 종류

> **NOTE**
>
> Groq는 다양한 오픈 소스 모델을 최적화하여 제공하고 있으며, 특히 처리 속도 면에서 강점을 보인다. 또한 음성 인식 모델인 Whisper도 제공하여 시간당 $0.02~$0.03의 가격으로 음성 인식 서비스를 제공한다. Groq의 가격 정책은 무료 티어, 개발자 티어, 비즈니스 티어로 나뉘어 있어 사용자의 필요에 따라 선택할 수 있다.

4-2 인증키 설정 방법

▌Groq Cloud API 키 발급

• https://console.groq.com/에 접속하여 계정을 만든다.

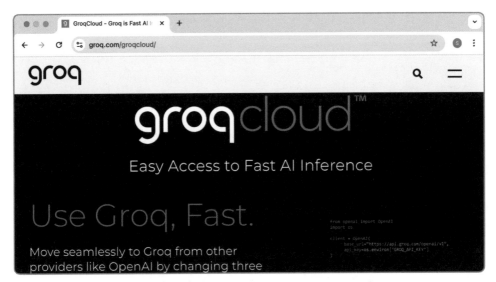

[그림 2-5] Groq Cloud 플랫폼(https://groq.com/groqcloud/)

• API 키를 생성한다. 발급받은 키는 별도로 안전한 장소에 복사해서 보관한다.

▌LangChain에서 API 키 등록 방법

발급받은 Groq API 키를 환경 변수로 설정하는 방법을 살펴본다.

터미널에서 직접 설정

[터미널]

```
export GROQ_API_KEY ='-----이 부분에 인증키를 입력합니다-----'
```

Python 코드 내에서 설정

[Python 파일]

```
import os
os.environ['GROQ_API_KEY'] = '-----이 부분에 인증키를 입력합니다-----'
```

.env 파일 사용 (권장)

프로젝트 폴더 내에.env 파일을 새로 만들고, 인증키를 추가하고 저장한다.

> **[.env 파일]**
```
GROQ_API_KEY=인증키(따옴표 없음에 유의)
```

.env 파일에 저장한 인증키를 사용하려면 Python 파일에서 dotenv 라이브러리로 로드한다.

> **[Python 파일]**
```python
from dotenv import load_dotenv
load_dotenv()
```

4-3 ChatGroq 사용

ChatGroq는 Groq의 다양한 언어 모델을 랭체인 프레임워크에서 쉽게 사용할 수 있게 해주는 클래스다. 이 클래스는 다양한 모델(예: mixtral-8x7b-32768, llama3-70b-8192)을 지원한다.

❶ LangChain 파트너 패키지 설치

> **[터미널]**
```
pip install -qU langchain-groq
```

❷ 모델 객체 생성

> **[Python 파일]**
```python
from langchain_groq import ChatGroq

llm = ChatGroq(
  model="llama-3.1-70b-versatile",
  temperature=0,
  max_tokens=None,
  timeout=None,
  max_retries=2,
)
```

예제에서 모델을 llama-3.1-70b-versatile로 설정하고 temperature를 0으로 설정하여 일관된 응답을 유도한다. 또한 max_tokens, timeout, max_retries 값을 조정하여 응답 길이와 오류 처리를 최적화한다.

파라미터	값	설명	영향
temperature	0	출력의 무작위성 조절	0: 일관된 출력 1: 다양한 출력
max_tokens	None	생성 가능한 최대 토큰 수	None: 모델 기본값 사용
timeout	None	API 요청 최대 대기 시간(초)	None: 제한 없음
max_retries	2	API 호출 실패 시 최대 재시도 횟수	네트워크 오류 등에 대응

[표 2-9] ChatGroq 모델 생성 파라미터

❸ 모델 호출하여 응답 생성

[Python 파일]

```
conversation = [
    ("system", "당신은 한국어로 대화하는 친절한 AI 어시스턴트입니다."),
    ("human", "인공지능에 대해 간단히 설명해주세요.")
]
response = llm.invoke(conversation)
```

여기서는 ChatGroq 모델을 사용하여 한국어로 인공지능에 대한 설명을 요청하는 과정을 보여준
다. 'conversation' 리스트를 생성하여 대화의 맥락을 설정한다. 'llm.invoke(conversation)'
메소드를 호출하여 이 대화 맥락을 모델에 전달하고, 모델의 응답을 'response' 변수에 저장한다.

005 Ollama

5-1 주요 특징

Ollama는 대규모 언어 모델을 쉽게 실행하고 사용할 수 있게 해주는 오픈 소스 플랫폼이다. 다양한 모델을 지원하며, 로컬 환경에서 모델을 실행할 수 있는 것이 주요 특징이다. Ollama는 macOS, Windows, Linux 등 다양한 운영체제를 지원하며, Docker를 통한 실행도 가능하다. 특히 주목할 만한 점은 다양한 크기와 특성을 가진 모델들을 쉽게 다운로드하고 실행할 수 있다는 것이다. Ollama는 LLaMA, Phi, Gemma, Mistral 등 다양한 모델 아키텍처를 지원하며, 사용자의 필요에 따라 적절한 모델을 선택할 수 있다.

모델	파라미터 수	파일 크기	특징
Llama 3.1	8B	4.7GB	기본 모델
Llama 3.1	70B	40GB	대규모 모델
Phi 3 Mini	3.8B	2.3GB	소형 모델
Gemma 2	9B	5.5GB	중형 모델
Mistral	7B	4.1GB	범용 모델
LLaVA	7B	4.5GB	비전-언어 모델
Solar	10.7B	6.1GB	대화형 모델

[표 2-10] Ollama 모델 종류

> **NOTE**
>
> Ollama는 지속적으로 새로운 모델을 추가하고 있으며, 사용자가 직접 모델을 Fine-tuning하거나 커스터마이징할 수 있는 기능도 제공한다. 또한 Ollama는 무료로 사용할 수 있는 오픈 소스 프로젝트지만, 모델 실행을 위해서는 충분한 컴퓨팅 리소스가 필요하다. 예를 들어, 7B 모델을 실행하기 위해서는 최소 8GB의 RAM이 필요하며, 더 큰 모델의 경우 더 많은 리소스가 요구된다.

5-2 Ollama 설치 방법

▌윈도우(Windows) / 맥OS(macOS)

❶ https://ollama.com/download에 접속한다.

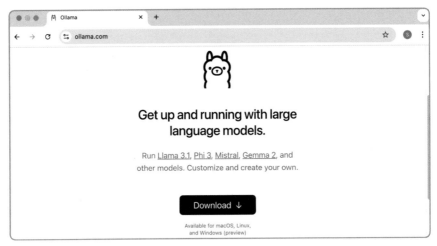

[그림 2-6] Ollama 다운로드(https://ollama.com/download)

❷ 윈도우용 또는 맥OS용 설치 파일을 다운로드하고 실행한다.

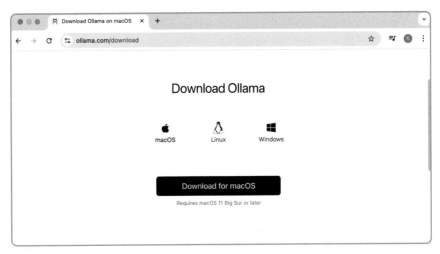

[그림 2-7] 운영체제 선택

▌리눅스(Linux)

터미널을 열고 다음 명령어를 실행한다.

[터미널]
```
curl -fsSL https://ollama.com/install.sh | sh
```

NOTE

Ollama는 지속적으로 업데이트되고 있으므로, 최신 설치 방법은 공식 웹사이트(https://ollama.com) 또는 깃헙 페이지(https://github.com/ollama/ollama)에서 확인하는 것이 좋다.

5-3 모델 다운로드 및 실행 방법

Ollama를 설치한 후, 다음 단계를 통해 모델을 다운로드하고 실행할 수 있다.

▌모델 다운로드 / 업데이트

터미널 또는 명령 프롬프트를 열고 다음 명령어를 실행한다. 이 명령어는 LLaMA 3.1 모델을 다운로드한다. 다른 모델을 다운로드하려면 'llama3.1' 대신 원하는 모델 이름을 사용한다.

[터미널]
```
ollama pull llama3.1
```

NOTE

Ollama에서 지원하는 다양한 모델(예: phi3, gemma2, mistral 등)을 같은 방식으로 다운로드하고 실행할 수 있다. Ollama 모델 라이브러리(https://ollama.com/library)에서 확인할 수 있다.

[그림 2-8] Ollama 모델 라이브러리(https://ollama.com/library)

이미 다운로드한 모델을 업데이트하려면 동일한 'pull' 명령어를 사용한다. Ollama는 자동으로 로컬 모델과 최신 버전을 비교하여 필요한 부분만 업데이트한다.

모델 삭제

불필요한 모델을 삭제하려면 터미널 또는 명령 프롬프트를 열고 다음 명령어를 실행한다.

【터미널】
```
ollama rm llama3.1
```

모델 실행

다운로드한 모델을 실행하려면 다음 명령어를 사용한다. 이 명령어를 실행하면 대화형 세션이 시작되며, 모델과 상호작용할 수 있다.

【터미널】
```
ollama run llama3.1
```

다음 그림과 같이 모델에게 프롬프트를 직접 타이핑하여 전달할 수 있고, 모델의 답변이 터미널 또는 명령 프롬프트에 실시간으로 출력된다.

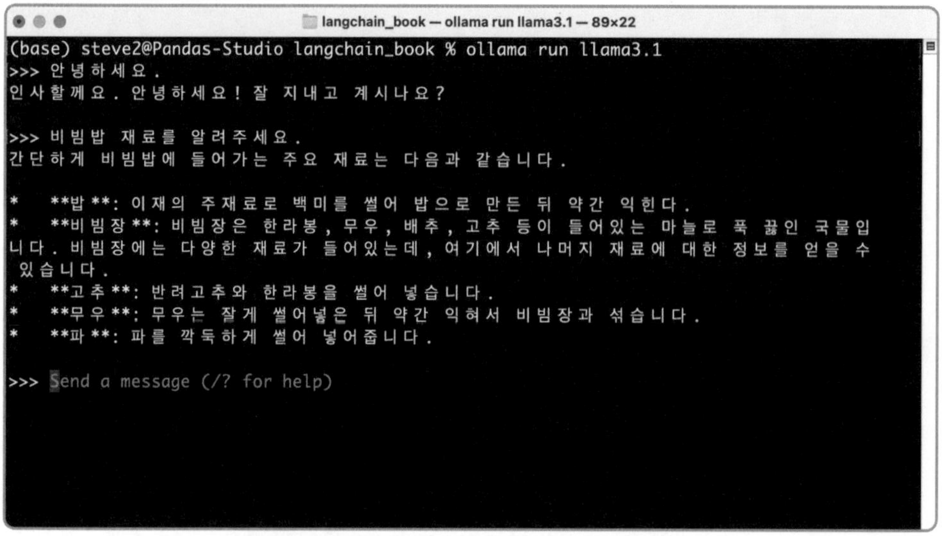

[그림 2-9] Ollama 모델 실행화면(터미널에서 대화형 세션 사용)

5-4 ChatOllama 사용

ChatOllama는 Ollama의 다양한 언어 모델을 랭체인 프레임워크에서 쉽게 사용할 수 있게 해주는 클래스다. 이 클래스는 Ollama에서 지원하는 다양한 모델(예: llama3.1, phi3, gemma2)을 사용할 수 있다. 다음 예제에서는 ChatOllama 모델을 사용하여 한국어로 요리법에 대한 설명을 요청하는 작업을 수행한다. 먼저, 랭체인에서 지원하는 Ollama 특화 패키지를 설치한다.

❶ LangChain 파트너 패키지 설치

[터미널]
```
pip install -qU langchain-ollama
```

❷ 모델 객체 생성

[Python 파일]
```
from langchain_ollama import ChatOllama

llm = ChatOllama(
    model="llama3.1",
    temperature=0,
    num_predict=200,
)
```

예제에서 모델을 `llama3.1`로 설정하고 `temperature`를 `0`으로 설정하여 일관된 응답을 유도한다. 또한 `num_predict` 파라미터를 `200`으로 설정하여 생성되는 토큰 수를 제한한다.

파라미터	값	설명	영향
model	"llama3.1"	사용할 Ollama 모델	모델의 성능과 특성 결정
temperature	0	출력의 무작위성 조절	0: 일관된 출력 1: 다양한 출력
num_predict	200	생성할 최대 토큰 수	응답 길이 제어

[표 2-11] ChatOllama 모델 생성 파라미터

❸ 모델 호출하여 응답 생성

[Python 파일]

```python
conversation = [
    ("system", "당신은 한국어로 대화하는 친절한 AI 어시스턴트입니다."),
    ("human", "인공지능에 대해 간단히 설명해주세요.")
]
response = llm.invoke(conversation)
```

여기서는 'conversation' 리스트를 생성하여 대화의 맥락을 설정한다. 첫 번째 메시지는 AI 어시스턴트의 역할을 정의하는 시스템 메시지고, 두 번째는 사용자(human)의 입력을 처리한다. 'llm. invoke(conversation)' 메소드를 호출하여 이 대화 맥락을 모델에 전달하고, 모델의 응답을 'response' 변수에 저장한다.

03

간단한 챗봇 만들기

랭체인과 채팅 모델(Chat Models)을 사용하여 간단한 대화형 챗봇을 만드는 과정을 알아본다. 이 과정을 통해 핵심 컴포넌트를 사용하여 간단한 대화형 AI 시스템을 만드는 방법을 배울 수 있다. 더 복잡한 AI 시스템을 개발하기 위한 기초가 된다.

001 기본 챗봇 구현

LangChain을 사용한 기본 챗봇 구현 과정을 단계별로 상세히 설명한다.

1-1 LLM 모델 초기화

먼저 OpenAI의 GPT 모델을 사용하기 위해 ChatOpenAI 클래스를 초기화한다. 'gpt-4o-mini' 모델을 사용한다. 이 과정에서 API 키 설정이 필요하지만, 환경 변수에 설정해 둔 경우에는 별도로 입력할 필요는 없다.

〈예제 3-1〉 실습 파일명: LC_003_ChatBot.ipynb

```
1   from langchain_openai import ChatOpenAI
2
3   # ChatOpenAI 인스턴스 생성
4   model = ChatOpenAI(model="gpt-4o-mini")
5
6   # 생성된 모델 인스턴스 출력
7   print(model)
```

〈실행 결과〉

```
client=<openai.resources.chat.completions.Completions object at 0x11a4e2710>
async_client=<openai.resources.chat.completions.AsyncCompletions object at
0x11a4ea6d0> root_client=<openai.OpenAI object at 0x11a4af710> root_async_cli-
ent=<openai.AsyncOpenAI object at 0x11a4e28d0> model_name='gpt-4o-mini' model_
kwargs={} openai_api_key=SecretStr('*********')
```

1-2 기본 대화 구현

여기서는 모델을 직접 사용하여 단일 메시지에 대한 응답을 생성한다. HumanMessage 클래스를 사용하여 사용자 입력을 표현하고, invoke 메소드를 통해 모델에 메시지를 전달한다.

```
1    from langchain_core.messages import HumanMessage
2
3    # HumanMessage 객체를 생성하여 사용자의 입력 표현
4    response = model.invoke([HumanMessage(content="안녕하세요! 판다스입니다.")])
5
6    # AI의 응답 객체에서 텍스트(content) 추출
7    print("AI:", response.content)
```

〈실행 결과〉

AI: 안녕하세요, 판다스님! 반갑습니다. 어떻게 도와드릴까요?

1-3 프롬프트 템플릿 사용

랭체인의 `ChatPromptTemplate` 클래스를 사용해서 대화형 프롬프트를 생성한다. `from_messages()` 메서드를 사용하여 메시지 리스트를 입력받고 이를 기반으로 프롬프트 템플릿을 만든다.(시스템 메시지: AI의 역할 정의, 사용자 입력: '{user_input}' 플레이스홀더를 사용하여 실제 사용자 입력이 들어갈 자리를 지정)

파이프(|) 연산자를 사용하여 프롬프트와 모델로 연결되는 체인을 생성한다. 이 체인은 입력을 받아 프롬프트를 생성하고, 그 프롬프트를 모델에 전달하여 응답을 생성하는 과정을 처리한다. `invoke()` 메서드를 호출하여 체인을 실행하는데, 이때 'user_input' 키와 함께 실제 사용자의 질문을 딕셔너리 형태로 전달한다. 언어 모델의 출력(응답)은 response 객체에 저장된다. response 객체의 content 속성으로부터 AI가 생성한 텍스트 응답을 추출한다.

〈예제 3-3〉 실습 파일명: LC_ 003_ ChatBot. ipynb

```
1    from langchain_core.prompts import ChatPromptTemplate
2
3    # 프롬프트 템플릿 정의 - 시스템 메시지 설정
4    prompt = ChatPromptTemplate.from_messages([
5       ("system", "당신은 친절한 한국어 AI 어시스턴트입니다."),
6       ("human", "{user_input}")
7    ])
8
9    # 프롬프트 템플릿과 모델을 연결하여 체인 생성
10   chain = prompt | model
11
12   # 체인 실행
13   response = chain.invoke({
14      "user_input": "한국의 전통 음식 중 하나를 소개해 주세요."
15   })
```

```
16
17    # AI의 응답 객체에서 텍스트(content)를 추출
18    print("AI:", response.content)
```

‹ 실행 결과 ›

AI: 한국의 전통 음식 중 하나로 **비빔밥**을 소개할 수 있습니다. 비빔밥은 밥 위에 다양한 나물, 고기, 계란, 고추장 등을 올리고 잘 섞어서 먹는 요리입니다. 각 재료의 색깔과 맛이 조화를 이루어 시각적으로도 아름답고, 영양가도 높습니다. 비빔밥은 지역에 따라 다양한 변형이 있으며, 대표적으로 전주비빔밥이 유명합니다. 이 음식은 한국의 대표적인 한 그릇 음식으로, 건강하고 맛있어서 많은 사람들이 사랑합니다.

1-4 Gradio 인터페이스로 챗봇 UI 구현

앞에서 구현한 랭체인 챗봇 코드를 사용해서 웹 브라우저를 통해 AI 챗봇과 대화할 수 있는 인터페이스를 만들어 본다. Gradio 라이브러리를 사용하면 간단하게 웹 기반 채팅 인터페이스를 생성할 수 있다.

여기서 잠깐 Gradio란?

Gradio는 머신러닝 모델, API, 또는 임의의 Python 함수에 대한 데모나 웹 애플리케이션을 빠르게 구축할 수 있게 해주는 오픈 소스 Python 패키지다.
Gradio를 사용하면 개발자들은 복잡한 웹 개발 과정 없이도 자신의 AI 모델이나 알고리즘을 시각화하고 다른 사람들과 쉽게 공유할 수 있다. 프로토타입 구현, 데모 제작 등에 활용된다.

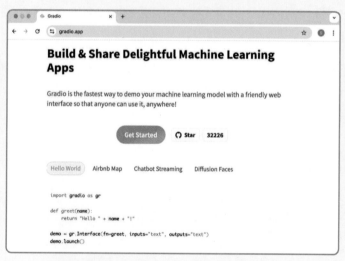

[그림 3-1] Gradio 홈페이트(https://www.gradio.app/)

Gradio의 주요 특징과 장점

- **빠른 데모 구축** 복잡한 웹 개발 지식 없이도 머신러닝 모델이나 Python 함수의 데모를 쉽고 빠르게 만들 수 있다.
- **간편한 공유** Gradio의 내장 공유 기능을 사용하여 데모를 공개 링크로 몇 초 만에 다른 사람과 공유할 수 있다.
- **다양한 입출력 지원** 텍스트, 이미지, 오디오, 비디오 등 다양한 형식의 입출력을 지원한다.
- **커스터마이징 가능** 기본 제공되는 컴포넌트들을 조합하거나 수정하여 원하는 인터페이스를 구성할 수 있다.
- **실시간 상호작용** 사용자의 입력에 따라 실시간으로 모델의 출력을 보여줄 수 있어, 대화형 AI 시스템 구축에 적합하다.
- **다양한 배포 옵션** 로컬에서 실행하거나 Hugging Face Spaces 등을 통해 온라인으로 쉽게 배포할 수 있다.

다음 예제에서 AI 챗봇의 Gradio 인터페이스를 구현하는 과정은 크게 세 부분으로 나눌 수 있다.

먼저, 'answer_invoke' 함수를 정의한다. 이 함수는 사용자의 메시지와 대화 기록을 입력으로 받아 처리한다. 이때 함수의 입력과 출력은 반드시 문자열(텍스트) 형태여야 한다. 함수 내부에서는 'chain.invoke()' 메서드를 호출하여 AI 모델에 사용자의 메시지를 전달하고, 모델로부터 생성된 응답을 받아온다. 이렇게 생성된 응답은 함수의 반환값으로 사용된다.

다음으로, Gradio의 ChatInterface 객체를 생성한다. 이 객체는 실제 웹 상에서 보여질 채팅 인터페이스를 나타낸다. 객체 생성 시 'fn' 파라미터에 앞서 정의한 'answer_invoke' 함수를 지정하여, 사용자 입력이 있을 때마다 이 함수가 호출되도록 연결한다. 또한 'title' 파라미터를 통해 인터페이스의 제목을 '한국어 Bot'으로 설정한다.

마지막으로, 생성된 ChatInterface 객체의 'launch()' 메서드를 호출하여 Gradio 인터페이스를 실행한다. 이 메서드 호출로 웹 서버가 시작되며, 사용자는 웹 브라우저를 통해 챗봇 인터페이스에 접근할 수 있게 된다.

〈예제 3-4〉 실습 파일명: LC_003_ChatBot.ipynb

```
1   import gradio as gr
2
3   # 사용자 메시지를 처리하고 AI 응답을 생성하는 함수
4   def answer_invoke(message, history):
5     # chain.invoke()를 사용하여 AI 모델에 메시지 전달 및 응답 생성
6     response = chain.invoke(message)
7     # 생성된 응답 반환
8     return response.content
9
10  # Gradio ChatInterface 객체 생성
```

```
11   # fn: 메시지 처리 함수
12   # title: 채팅 인터페이스의 제목
13   demo = gr.ChatInterface(fn=answer_invoke, title="한국어 Bot")
14
15   # Gradio 인터페이스 실행
16   # launch() 메서드는 웹 서버를 시작하고 채팅 인터페이스를 브라우저에 표시
17   demo.launch()
```

<실행 결과>

```
Running on local URL: http://127.0.0.1:7860
To create a public link, set 'share=True' in 'launch()'.
```

실행 결과를 보면 Gradio 인터페이스가 로컬 URL(http://127.0.0.1:7860)에서 실행 중임을 알 수 있다. 링크를 클릭하면 다음 그림과 같이 웹 인터페이스가 실행된다(주피터 노트북에서도 실행된다). 채팅을 입력하면 랭체인 모델이 답변을 생성하고 화면에 출력하는 것을 볼 수 있다.

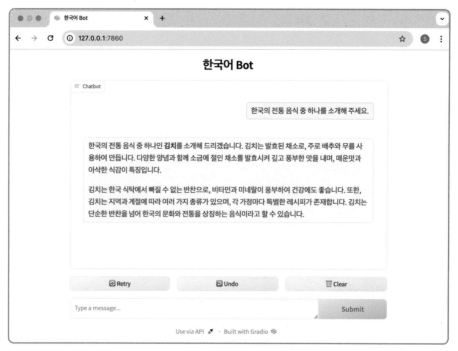

[그림 3-2] Gradio 인터페이스 실행

Gradio 인터페이스를 종료하려면 'demo.close()' 메서드를 사용한다. 실행 중인 웹 서버를 중지하고 관련 리소스를 해제한다. 이렇게 함으로써 프로그램 종료 또는 인터페이스 사용이 끝났을 때 호출하여 시스템 리소스를 효율적으로 관리하고 정리할 수 있다. 반드시 종료하도록 한다.

1-5 LangChain 스트리밍 출력

다음 코드는 랭체인을 사용하여 스트리밍 방식의 AI 챗봇을 구현하는 과정을 보여준다. 스트리밍 방식은 긴 응답을 생성할 때 유용하며, 사용자가 AI의 응답을 실시간으로 볼 수 있게 해준다. 이는 대기 시간을 줄이고 사용자 경험을 향상시키는 데 도움이 된다.

프롬프트 템플릿을 정의하고 체인을 생성하는 단계는 이전 예제와 동일하게 구성한다. 스트리밍 방식으로 체인을 실행하기 위해서 invoke() 메서드를 대신하여 chain.stream() 메서드를 사용한다. 이 방식은 AI의 응답을 작은 청크(Chunk) 단위로 실시간으로 생성하고 반환한다. 응답을 스트림으로 출력하기 위해서 for 루프를 사용하고 스트리밍되는 각 청크를 순회하여 처리한다. 각 청크의 content를 즉시 출력하며, end=""를 사용하여 줄바꿈 없이 연속적으로 출력한다. 여기서 end=""를 지정하지 않으면 print() 함수의 기본 설정에 따라 각 청크가 줄바꿈되어 출력된다.

〈예제 3-5〉 실습 파일명: LC_003_ChatBot.ipynb

```
1   from langchain_core.prompts import ChatPromptTemplate
2
3   # 프롬프트 템플릿 정의
4   prompt = ChatPromptTemplate.from_messages([
5       ("system", "당신은 친절한 한국어 AI 어시스턴트입니다."),
6       ("human", "{user_input}")
7   ])
8
9   # 프롬프트 템플릿과 모델을 연결하여 체인 생성
10  chain = prompt | model
11
12  # 스트리밍 방식으로 체인 실행
13  for chunk in chain.stream({
14      "user_input": "서울의 유명한 관광지 세 곳을 추천해 주세요."
15  }):
16      print(chunk.content, end="")
```

〈실행 결과〉

서울에는 다양한 관광지가 있지만, 그 중에서도 특히 유명한 세 곳을 추천해 드리겠습니다.

1. **경복궁**: 조선시대의 대표적인 궁궐로, 아름다운 건축물과 광활한 정원이 인상적입니다. 경복궁 내에는 국립민속박물관과 국립고궁박물관도 있어 한국의 역사와 문화를 더욱 깊이 있게 알아볼 수 있습니다.

2. **N서울타워(남산타워)**: 남산에 위치한 N서울타워는 서울의 상징적인 랜드마크입니다. 타워 정상에서는 서울 전경을 한눈에 볼 수 있으며, 야경이 특히 아름답습니다. 타워 주변에는 산책로와 공원이 있어 여유롭게 시간을 보내기 좋습니다.

3. **명동**: 쇼핑과 음식, 문화가 어우러진 활기찬 거리입니다. 다양한 브랜드 매장과 길거리 음식, 카페가 즐비해 있어 많은 관광객들이 찾는 장소입니다. 특히 명동 성당과 같은 역사적인 건물도 있어 볼거리가 많습니다.

이 외에도 서울에는 매력적인 장소가 많으니, 여행 계획에 따라 다양한 곳을 둘러보시기를 추천합니다!

1-6 Gradio UI 스트리밍 구현

다음 코드는 Gradio 라이브러리를 활용하여 스트리밍 방식의 웹 기반 채팅 인터페이스를 구현한다. 핵심 구성 요소로는 스트리밍 응답을 처리하는 'answer_stream' 함수, 채팅 인터페이스를 생성하는 ChatInterface 객체, 그리고 인터페이스를 실행하는 'launch' 메서드가 있다.

'answer_stream' 함수는 사용자 메시지를 입력받아 AI 모델의 응답을 청크 단위로 스트리밍한다. 이 함수는 yield를 사용하여 부분적인 응답을 실시간으로 반환하므로, 사용자는 AI의 응답이 생성되는 과정을 실시간으로 볼 수 있다.

ChatInterface 객체 생성 시, 'answer_stream' 함수를 메시지 처리 로직으로 지정하고, 인터페이스의 제목, 예제 질문, 그리고 다양한 사용자 경험 개선 버튼들을 설정한다. 이를 통해 사용자 친화적인 인터페이스를 구성할 수 있다.

마지막으로, launch 메서드를 호출하여 웹 서버를 시작하고 채팅 인터페이스를 브라우저에 표시한다. 'share=True' 옵션을 사용하여 임시 공개 URL을 생성함으로써, 다른 사용자들과 쉽게 인터페이스를 공유할 수 있게 한다.

〈예제 3-6〉 실습 파일명: LC_003_ChatBot.ipynb

```
1    import gradio as gr
2
3    # 스트리밍 방식으로 AI 응답을 생성하는 함수
4    def answer_stream(message, history):
5      partial_message = ""
6      # chain.stream()을 사용하여 AI 모델의 응답을 청크 단위로 스트리밍
7      for chunk in chain.stream(message):
8        partial_message += chunk.content
9        # yield를 사용하여 부분적인 응답을 실시간으로 반환
10       yield partial_message
11
12   # Gradio ChatInterface 객체 생성
13   # fn: 메시지 처리 함수(스트리밍 방식)
14   # title: 채팅 인터페이스의 제목
15   # examples: 사용자가 시도해볼 수 있는 예제 질문들
16   demo = gr.ChatInterface(
17     fn=answer_stream,
```

```
18      title="한국어 Bot",
19      examples=[
20        "한국의 전통 음식 추천해주세요",
21        "서울의 유명한 관광지는?",
22        ],
23      retry_btn="다시 생성",
24      undo_btn="되돌리기",
25      clear_btn="대화 지우기"
26  )
27
28  # Gradio 인터페이스 실행
29  # launch() 메서드는 웹 서버를 시작하고 채팅 인터페이스를 브라우저에 표시
30  # share=True로 설정하면 임시 공개 URL을 생성하여 다른 사람과 공유 가능
31  demo.launch(share=True)
```

<실행 결과>

```
Running on local URL: http://127.0.0.1:7860
Running on public URL: https://0ca96dc34077209b60.gradio.live
This share link expires in 72 hours. For free permanent hosting and GPU upgrades,
run 'gradio deploy' from Terminal to deploy to Spaces (https://huggingface.co/
spaces)
```

Gradio 인터페이스가 성공적으로 실행되면, 실행 결과와 같이 두 가지 URL을 제공한다. 먼저, 로컬 URL(http://127.0.0.1:7860)은 개발자가 자신의 컴퓨터에서 직접 인터페이스에 접근할 수 있게 해준다. 동시에, 임시 공개 URL(예: https://0ca96dc34077209b60.gradio.live)도 생성되는데, 이는 인터넷을 통해 72시간 동안 누구나 접근할 수 있는 주소다. 임시 공개 URL은 다른 사람들과 빠르게 프로젝트를 공유하거나 원격으로 테스트할 때 유용하다. 그러나 이 링크는 3일 후에 만료되므로, 장기적인 사용에는 적합하지 않다.

링크를 클릭하면 다음 그림과 같이 웹 인터페이스가 실행된다. 채팅을 입력하면 모델의 답변이 청크 단위로 조금씩 실시간 스트리밍 출력되는 것을 볼 수 있다. Gradio 서버를 종료하려면 'demo. close()' 메서드를 사용한다. 리소스 관리를 위해 반드시 종료하도록 한다.

[그림 3-3] Gradio 인터페이스 실행

002 챗봇에 메모리 추가하기

랭체인의 메모리 컴포넌트를 사용하여 챗봇에 대화 기록을 유지하는 기능을 추가할 수 있다. 이를 통해 챗봇은 이전 대화 내용을 기억하고 문맥을 이해하여 더 일관성 있는 대화를 할 수 있게 된다.

2-1 LLM 모델 / 프롬프트 템플릿 준비 단계

다음 코드는 LLM 모델과 프롬프트 템플릿을 준비하는 단계를 보여준다. 먼저, 필요한 클래스와 함수를 가져온다. ChatPromptTemplate과 MessagesPlaceholder는 채팅 프롬프트를 만들기 위한 도구다. HumanMessage와 AIMessage는 각각 사용자와 AI의 메시지를 나타낸다.

우선 ChatOpenAI 모델을 초기화한다. 'gpt-4o-mini' 모델을 사용하도록 지정한 후, AI에게 어떻게 행동해야 할지 지시하는 프롬프트 템플릿을 만든다. 시스템 메시지로 AI의 역할을 정의하고, MessagesPlaceholder를 사용해 대화 히스토리가 들어갈 자리를 마련한다. 마지막으로 사용자 입력을 위한 자리를 만든다.

다음은 테스트를 위해 가상의 대화 히스토리를 생성한다. 실제 사용할 때는 이 부분이 실제 사용자 와의 대화 내용으로 대체된다. 앞서 정의한 프롬프트 템플릿에 대화 히스토리와 현재 사용자의 입력을 적용하여 최종 프롬프트를 생성한다. 생성된 프롬프트를 출력하여 확인한다.

이 과정을 통해 AI 모델에게 전달될 최종 프롬프트가 준비된다. 이 프롬프트는 시스템 지시사항, 이전 대화 내용, 현재 사용자의 질문을 모두 포함하고 있어, AI가 문맥을 이해하고 적절한 응답을 생성할 수 있게 한다.

< 예제 3-7 > 실습 파일명: LC_ 004_ ChatBot_ Memory. ipynb

```
1  from langchain_openai import ChatOpenAI
2  from langchain_core.prompts import ChatPromptTemplate,
3  MessagesPlaceholder
4  from langchain_core.messages import HumanMessage, AIMessage
5
6  # ChatOpenAI 모델 초기화
7  model = ChatOpenAI(model="gpt-4o-mini")
8
9  # 프롬프트 템플릿 정의
10 prompt = ChatPromptTemplate.from_messages([
11   ("system", """
12    당신은 친절한 한국어 AI 어시스턴트입니다.
13    이전 대화 내용을 고려하여 사용자의 질문에 답변해주세요.
```

```
14        """),
15      MessagesPlaceholder(variable_name="history"),
16      ("human", "{input}")
17    ])
18
19  # 가상의 대화 히스토리 생성
20  history = [
21      HumanMessage(content="안녕하세요! 제 이름은 판다스입니다."),
22      AIMessage(content="안녕하세요, 판다스님! 어떤 도움이 필요하신가요?"),
23      HumanMessage(content="오늘 날씨에 대해 알려주세요."),
24      AIMessage(content="네, 오늘 날씨는 맑고 따뜻합니다.")
25    ]
26
27  # 프롬프트 템플릿 포맷팅
28  formatted_prompt = prompt.format(
29      history=history,
30      input="제 이름이 뭐였죠?"
31    )
32
33  # 포맷팅된 프롬프트 출력
34  print(formatted_prompt)
```

〈실행 결과〉

System:
　　당신은 친절한 한국어 AI 어시스턴트입니다.
　　이전 대화 내용을 고려하여 사용자의 질문에 답변해주세요.

Human: 안녕하세요! 제 이름은 판다스입니다.
AI: 안녕하세요, 판다스님! 어떤 도움이 필요하신가요?
Human: 오늘 날씨에 대해 알려주세요.
AI: 네, 오늘 날씨는 맑고 따뜻합니다.
Human: 제 이름이 뭐였죠?

실행 결과는 포맷팅된 프롬프트의 내용을 출력해서 보여준다. 시스템 메시지로 AI의 역할을 정의하고 이전 대화 내용을 포함한 후, 현재 사용자의 질문인 "제 이름이 뭐였죠?"를 추가하는 것을 볼수 있다.

2-2 대화형 챗봇 실행을 위한 LCEL 구현

다음 코드는 메시지 히스토리를 포함한 실행 가능한 체인을 생성하는 과정을 보여준다. 먼저, LCEL 문법을 사용하여 프롬프트와 모델을 연결하는 기본 체인을 생성한다.

그리고 메시지 히스토리를 저장할 빈 딕셔너리 'store'를 생성한다. 'get_session_history' 함수는 세션 ID를 받아 해당 세션의 메시지 히스토리를 반환하는 기능을 담당한다. 만약 세션 ID에 해당하는 히스토리가 없다면 새로운 히스토리 객체를 생성한다.

다음 단계로 RunnableWithMessageHistory 클래스를 사용하여 메시지 히스토리 기능이 포함된 새로운 체인 'chain_with_memory'를 생성한다. 이 체인은 기본 체인, 세션 히스토리 가져오기 함수, 입력 메시지 키, 히스토리 메시지 키를 인자로 받는다. 마지막으로, 생성된 'chain_with_memory' 객체를 출력해서 내용을 확인한다.

〈예제 3-8〉 실습 파일명: LC_004_ChatBot_Memory.ipynb

```python
from langchain_core.chat_history import InMemoryChatMessageHistory
from langchain_core.runnables.history import RunnableWithMessageHistory

# 체인 생성
chain = prompt | model

# 메시지 히스토리를 저장할 딕셔너리
store = {}

# 세션 히스토리를 가져오는 함수
def get_session_history(session_id: str):
    if session_id not in store:
        store[session_id] = InMemoryChatMessageHistory()
    return store[session_id]

# 메시지 히스토리를 포함한 실행 가능한 체인 생성
chain_with_memory = RunnableWithMessageHistory(
    chain,
    get_session_history,
    input_messages_key="input",
    history_messages_key="history"
)

# 메모리 체인 객체 출력
chain_with_memory
```

```
RunnableWithMessageHistory(bound=RunnableBinding(bound=RunnableBind-
ing(bound=RunnableAssign(mapper={
  history: RunnableBinding(bound=RunnableLambda(_enter_history), kwargs={},
config={'run_name': 'load_history'}, config_factories=[])
}), kwargs={}, config={'run_name': 'insert_history'}, config_factories=[])
| RunnableBinding(bound=RunnableLambda(_call_runnable_sync), kwargs={}, con-
fig={'run_name': 'check_sync_or_async'}, config_factories=[]), kwargs={}, con-
fig={'run_name': 'RunnableWithMessageHistory'}, config_factories=[]), kwargs={},
config={}, config_factories=[], get_session_history=<function get_session_his-
tory at 0x116b6e3e0>, input_messages_key='input', history_messages_key='history',
history_factory_config=[ConfigurableFieldSpec(id='session_id', annotation=<-
class 'str'>, name='Session ID', description='Unique identifier for a session.',
default='', is_shared=True, dependencies=None)])
```

NOTE

실행 결과는 RunnableWithMessageHistory 객체의 내부 구조를 보여준다. 이 객체는 메시지 히스토리
기능이 포함된 실행 가능한 체인으로, 여러 개의 중첩된 Runnable 객체들과 세션 관리를 위한 설정들로
구성되어 있다.

2-3 대화형 챗봇 실행 비교

다음 코드는 메시지 히스토리를 포함한 AI 체인을 사용하여 대화를 실행하는 과정을 보여준다. 먼저
사용자가 자신의 이름을 소개하고, 그 다음으로 자신의 이름을 물어본다. AI는 첫 번째 응답에서 사
용자의 인사에 대한 대답을 하고, 사용자의 두 번째 질문에 대한 응답에서 사용자의 이름을 정확히
기억하여 대답한다. 이를 통해 메시지 히스토리 기능이 제대로 작동하고 있음을 확인할 수 있다.

〈예제 3-9〉 실습 파일명: LC_004_ChatBot_Memory.ipynb

```
1   # 대화 실행
2   config = {"configurable": {"session_id": "user_001"}}
3
4   response1 = chain_with_memory.invoke(
5     {"input": "안녕하세요! 제 이름은 판다스입니다."},
6     config=config,
7   )
8
9   print("AI:", response1.content)
10
11  response2 = chain_with_memory.invoke(
12    {"input": "제 이름이 뭐였죠?"},
13    config=config,
14  )
```

```
15
16  print("AI:", response2.content)
```

AI: 안녕하세요, 판다스님! 반갑습니다. 어떻게 도와드릴까요?

AI: 판다스님이라고 하셨습니다! 맞나요?

다음 코드에서는 새로운 세션 ID로 AI와의 대화를 시작하는 과정을 보여준다. 새로운 세션에서 사용자의 이름을 묻기 때문에, AI는 이전 대화 내용을 기억하지 못해 사용자의 이름을 알 수 없다고 응답한다. 이를 통해 세션 별로 독립적인 대화 기록이 유지되고 있음을 확인할 수 있다.

〈예제 3-10〉 실습 파일명: LC_ 004_ ChatBot_ Memory.ipynb

```
1   # 새로운 세션으로 대화 시작
2   config_new = {"configurable": {"session_id": "user_002"}}
3
4   response3 = chain_with_memory.invoke(
5     {"input": "제 이름이 뭐였죠?"},
6     config=config_new,
7   )
8
9   print("AI:", response3.content)
```

AI: 죄송하지만, 이전 대화 내용을 기억할 수 없어서 사용자의 이름을 알 수 없습니다. 다시 말씀해 주시면 좋겠습니다!

다음 코드는 첫 번째 세션 ID로 다시 돌아가 대화를 이어가는 과정을 보여준다. 사용자가 다시 자신의 이름을 물어보면, AI는 이전 대화 내용을 정확히 기억하여 "판다스"라는 이름을 언급한다. 이를 통해 각 세션별로 대화 기록이 독립적으로 유지되며, 세션을 전환해도 이전 대화 내용이 그대로 보존되는 것을 확인할 수 있다.

〈예제 3-11〉 실습 파일명: LC_ 004_ ChatBot_ Memory.ipynb

```
1   # 다시 첫 번째 세션으로 대화를 이어서 시도
2   config = {"configurable": {"session_id": "user_001"}}
3
4   response4 = chain_with_memory.invoke(
5     {"input": "제 이름이 뭐였죠?"},
6     config=config,
7   )
8
9   # 답변 출력
10  print("AI:", response4.content)
```

<실행 결과>
AI: 판다스님이라고 하셨습니다. 맞나요? 다른 질문이 있으시면 언제든지 말씀해 주세요!

2-4 Gradio UI로 대화형 챗봇 구현

다음 코드는 Gradio 라이브러리를 활용하여 AI 챗봇의 웹 인터페이스를 구현하는 과정을 보여준다. 주요 구성 요소로는 사용자 메시지를 처리하고 AI 응답을 생성하는 'answer_invoke' 함수, 웹 기반 채팅 인터페이스를 생성하는 Gradio ChatInterface 객체, 그리고 인터페이스를 실행하는 'demo.launch()' 메서드가 있다.

'answer_invoke' 함수는 Gradio의 대화 기록을 LangChain의 메시지 형식으로 변환하고, 'chain_with_memory'를 사용하여 이전 대화 내용을 고려한 응답을 생성한다. ChatInterface 객체에서는 제목, 설명, 예시 질문, 그리고 다양한 기능 버튼을 포함하여 사용자 친화적인 인터페이스를 구성했다.

<예제 3-12> 실습 파일명: LC_004_ChatBot_Memory.ipynb

```
1    import gradio as gr
2
3    # 사용자 메시지를 처리하고 AI 응답을 생성하는 함수
4    def answer_invoke(message, history):
5      # Gradio의 history를 LangChain의 메시지 형식으로 변환
6      langchain_history = [
7        HumanMessage(content=h[0]) if i % 2 == 0 else AIMessage(content=h[0])
8        for i, h in enumerate(history)
9      ]
10
11     # chain_with_memory 실행
12     config = {"configurable": {"session_id": "gradio_user"}}
13     response = chain_with_memory.invoke(
14       {"input": message, "history": langchain_history},
15       config=config
16     )
17
18     # 생성된 응답 반환
19     return response.content
20
21   # Gradio ChatInterface 객체 생성
22   demo = gr.ChatInterface(
23     fn=answer_invoke,
24     title="한국어 AI 어시스턴트",
25     description="이전 대화 내용을 기억하는 AI 어시스턴트입니다.",
26     examples=["안녕하세요!", "제 이름은 판다스입니다.", "제 이름이 뭐였죠?"],
```

```
27      retry_btn="다시 생성",
28      undo_btn="되돌리기",
29      clear_btn="대화 지우기"
30  )
31
32  # Gradio 인터페이스 실행
33  demo.launch()
```

<실행 결과>
/Users/steve2/Library/Caches/pypoetry/virtualenvs/langchain-book-AlsLlH-
cI-py3.11/lib/python3.11/site-packages/tqdm/auto.py:21: TqdmWarning: IProgress
not found. Please update jupyter and ipywidgets. See https://ipywidgets.readthe-
docs.io/en/stable/user_install.html
  from.autonotebook import tqdm as notebook_tqdm
Running on local URL: http://127.0.0.1:7860
To create a public link, set 'share=True' in 'launch()'.

Gradio 인터페이스가 실행되는 로컬 URL(http://127.0.0.1:7860)을 통해 웹 브라우저에서 챗봇
과 대화할 수 있다. 여기서 챗봇은 이전 대화 내용을 기억하면서 응답한다. 이러한 구조를 통해 사
용자는 웹 브라우저를 통해 AI 챗봇과 자연스럽게 대화할 수 있으며, 챗봇은 대화의 맥락을 유지
하면서 일관성 있는 응답을 제공할 수 있다. Gradio 서버를 종료하려면 'demo.close()' 메서드를
사용한다. 반드시 잊지 않고 종료하도록 한다.

[그림 3-4] Gradio 인터페이스 실행

04

RAG 개념 이해 및 구현

RAG(Retrieval-Augmented Generation) 아키텍처는 외부 데이터를 LLM의 컨텍스트로 활용하여 더 정확하고 신뢰성 있는 응답을 생성하는 기술이다. 먼저 문서를 로딩하고 적절한 크기로 분할하는 방법을 학습한 후, OpenAI와 HuggingFace에서 제공하는 임베딩 모델들의 특징과 활용법을 비교한다. 이어서 벡터 저장소를 구축하고 효율적인 검색을 위한 retriever 구성 방법을 살펴본다. LangChain의 LCEL 문법으로 RAG 체인을 구현하고, Gradio를 통해 챗봇 인터페이스까지 구현하는 과정을 이해한다.

001 RAG(Retrieval-Augmented Generation) 개념

RAG는 'Retrieval-Augmented Generation'의 줄임말이다. 우리말로 하면 '검색으로 보강된 생성'이라고 번역할 수 있다. 이 기술은 대규모 언어 모델(LLM)의 답변 생성 능력과 외부 지식 소스를 결합하여 더 정확하고 최신의 정보를 제공하는 방법이다. 쉽게 설명하자면, RAG는 AI가 질문에 답할 때 더 많은 정보를 활용할 수 있게 해주는 기술을 말한다. 사람이 시험 공부를 할 때 교과서나 참고서를 보는 것처럼, AI도 질문에 답하기 전에 관련 정보를 찾아볼 수 있게 해주는 것이다.

> **RAG의 작동 방식**
> ❶ 사용자가 AI에게 질문한다.
> ❷ AI는 이 질문과 관련된 정보를 찾아본다. 마치 사람이 궁금한 것이 있을 때 책을 찾아보거나 인터넷을 검색하는 것과 비슷하다.
> ❸ AI가 찾은 정보를 읽고 이해한다.
> ❹ 마지막으로, AI는 이 정보를 바탕으로 사용자의 질문에 답한다.

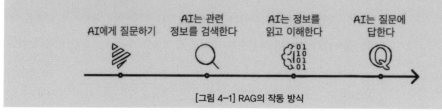

[그림 4-1] RAG의 작동 방식

RAG를 사용하면 AI가 여러 방면으로 더 똑똑해진다. 각 장점을 구체적인 예시와 함께 살펴보자.

- **최신 정보를 알 수 있다.** AI가 항상 최신 정보를 찾아볼 수 있기 때문에, 사용자에게 가장 최근의 정보를 알려줄 수 있다.

> **[예시]**
> "오늘 서울의 날씨는 어떤가요?"라는 질문에 대해 일반적인 AI는 학습 데이터의 한계로 인해 정확히 답하지 못할 수 있다. 하지만 RAG를 사용하는 AI는 최신 기상 정보를 검색하여 "오늘 서울의 날씨는 맑고 기온은 25도입니다. 오후에는 소나기가 내릴 가능성이 있으니 외출 시 우산을 챙기시는 것이 좋겠습니다."와 같이 정확하고 유용한 답변을 제공할 수 있다.

- **전문적인 지식도 다룰 수 있다.** 특정 분야의 전문 지식이 필요한 질문에도 잘 답할 수 있다. 마치 그 분야의 전문가에게 물어보는 것과 같다.

[예시]

"인공지능의 윤리적 문제에는 어떤 것들이 있나요?"라는 질문에 대해 RAG를 사용하는 AI는 최신 학술 논문이나 전문가 의견을 검색하여 "인공지능의 윤리적 문제에는 데이터 편향성, 알고리즘의 투명성 부족, 프라이버시 침해 우려 등이 있습니다. 예를 들어, 얼굴 인식 기술을 사용한 범죄자 식별 시스템에서 특정 인종에 대한 오류율이 높아 차별 문제가 제기되고 있습니다."와 같이 구체적이고 전문적인 답변을 제공할 수 있다.

- **답변의 근거를 제시할 수 있다.** AI가 어떤 정보를 바탕으로 답변했는지 알려줄 수 있어, 사용자가 그 답변을 더 신뢰할 수 있게 된다.

[예시]

"커피가 건강에 미치는 영향은 무엇인가요?"라는 질문에 RAG를 사용하는 AI는 "미국 심장협회 저널에 최근 발표된 연구에 따르면, 하루 3~5잔의 커피 섭취는 심장 질환 위험을 15% 낮출 수 있습니다. 하지만 과다 섭취 시 불면증이나 불안감을 유발할 수 있으므로 주의가 필요합니다. 이 정보는 2023년 9월에 발표된 'Coffee Consumption and Cardiovascular Health' 논문을 참고했습니다."와 같이 답변의 출처와 함께 구체적인 정보를 제공할 수 있다.

- **엉뚱한 대답을 적게 한다.** AI가 실제 정보를 바탕으로 답하기 때문에, 잘못된 정보나 상상으로 답하는 경우가 줄어든다. 할루시네이션이라고 부르는 환각 현상을 줄이는 효과가 있다.

[예시]

"화성에 생명체가 존재하나요?"라는 질문에 대해 일반적인 AI는 상상에 기반한 답변을 할 수 있지만, RAG를 사용하는 AI는 "현재까지 화성에서 생명체는 발견되지 않았습니다. NASA의 최근 화성 탐사 미션인 Perseverance 로버가 화성의 Jezero 크레이터에서 생명체의 흔적을 찾고 있지만, 아직 확실한 증거는 발견되지 않았습니다. 다만, 과거 화성에 물이 존재했다는 증거가 발견되어 생명체가 존재했을 가능성은 열려있습니다."와 같이 현재 알려진 사실에 기반한 정확한 답변을 제공할 수 있다.

RAG의 활용 사례

1. 고객 상담:

   온라인 쇼핑몰의 고객 서비스 챗봇에 RAG를 적용한다. 제품 데이터베이스와 최근 리뷰를 실시간으로 검색하여 정확한 최신 정보를 제공한다.

   예시: "최신 A사의 스마트폰 모델 X의 공식 배터리 수명은 20시간이지만, 최근 사용자 리뷰에 따르면 실제 사용 시 평균 18시간 정도 지속됩니다."

2. 의료 정보:

의료 상담 앱에서 RAG를 활용한다. 신뢰할 수 있는 최신 의료 정보를 검색하여 제공하되, 의료 윤리를 준수한다.

예시: "최근 WHO 발표에 따르면, 기존 증상 외에도 후각 상실이 주요 증상으로 추가되었습니다. 하지만 의심 증상이 있다면 반드시 전문의와 상담하세요."

3. 학습 도우미:

개인화된 학습 플랫폼에 RAG를 적용한다. 학생의 수준에 맞는 교과서 내용, 최신 연구 결과, 효과적인 학습 방법을 결합하여 맞춤형 설명을 제공한다.

예시: "광합성은 식물이 빛 에너지를 이용해 물과 이산화탄소로부터 포도당을 만드는 과정입니다. 이를 단계별로 나누면…(이하 생략). 이해를 돕기 위해 이 과정을 나타낸 최신 애니메이션 링크를 첨부합니다."

4. 일상 정보:

개인 비서 AI 앱에 RAG를 적용한다. 날씨, 지역 정보, 개인 일정 등 다양한 데이터를 실시간으로 통합하여 맥락에 맞는 종합적인 제안을 한다.

예시: "오늘 저녁 6시부터 9시까지 맑은 날씨가 예상됩니다. 근처 한강공원에서 야외 영화 상영 행사가 있으며, 도보 10분 거리에 있는 이탈리안 레스토랑 'A'가 데이트 코스로 추천됩니다. 영화 상영 시간과 레스토랑 예약도 도와드릴까요?"

5. 법률 자문:

법률 정보 제공 서비스에 RAG를 적용한다. 최신 법률 데이터베이스와 판례를 검색하여 현재 법률 동향에 맞는 정보를 제공하되, 전문가 상담의 중요성도 강조한다.

예시: "2023년 대법원 판례에 따르면, 재택근무 중 업무와 관련된 명확한 인과관계가 있는 사고는 산업재해로 인정됩니다. 특히 사건 번호 2023두12345 판결에서는…(이하 생략). 단, 구체적인 법률 자문은 변호사와 상담하시는 것이 좋습니다."

이처럼 RAG는 대표적인 생성형 AI 기술인 LLM이 가지고 있는 한계를 극복할 수 있는 길을 보여주고 있다. 이러한 RAG 아키텍처는 두 가지 주요 구성 요소로 이루어져 있다. 첫 번째는 인덱싱(Indexing)으로, 데이터 소스로부터 정보를 수집하고 이를 인덱싱하는 파이프라인이다. 이 과정은 일반적으로 오프라인에서 수행되며, 데이터의 효율적인 검색과 처리를 위해 필수적이다. 두 번째 구성 요소는 검색 및 생성(Retrieval and Generation)으로, 사용자 쿼리를 실행 시간에 처리하고 인덱스에서 관련 데이터를 검색한 후, 이를 모델에 전달하여 최종 답변을 생성하는 과정이다.

먼저 인덱싱 요소를 살펴보면, 데이터 로더(Document Loaders)를 사용하여 데이터를 로드하는 것으로 시작된다. 이후 텍스트 분할기(Text Splitters)를 활용하여 큰 문서를 작은 조각으로 나누는 과정이 진행된다. 이 과정은 데이터를 인덱싱과 모델에 전달할 때 유용하다. 큰 조각은 검색하기 어려울 뿐만 아니라 모델의 유한한 컨텍스트 윈도우에 맞지 않기 때문이다. 마지막으로, 검색할 수 있도록 조각들을 저장하고 인덱싱할 수 있는 저장소가 필요하다. 벡터 저장소(Vector Store)와 임베딩 모델(Embeddings Model)을 사용하여 수행된다.

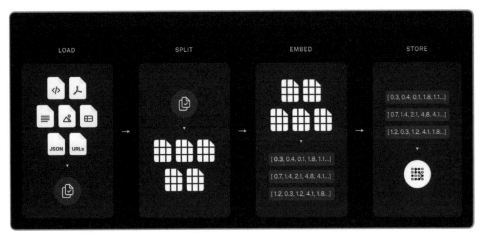

[그림 4-2] 인덱싱(Load - Split - Embed - Store)[5]

검색 및 생성 과정은 두 가지 단계로 나눌 수 있다. 첫 번째 단계는 검색(Retrieve)으로, 사용자 입력을 기반으로 검색기 객체를 사용하여 저장소에서 관련된 문서들을 검색하는 과정이다. 두 번째 단계는 생성(Generate)으로, 언어 모델이 질문과 검색된 데이터를 포함한 프롬프트를 사용하여 답변을 생성하는 단계다.

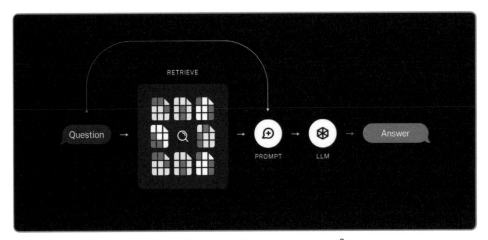

[그림 4-3] 검색 및 생성(Retrieval - generation)[6]

이처럼 RAG 아키텍처에서 사용자의 입력이 관련된 데이터 검색을 거쳐서 답변으로 변환되는 과정은 여러 단계로 이루어진다. 다음 섹션에서 이러한 일련의 과정을 단계적으로 살펴보고, RAG 시스템을 직접 구축하는 실습을 해보면서 익히기로 한다.

---

5   이미지 출처: https://python.langchain.com/v0.1/docs/use_cases/question_answering/
6   이미지 출처: https://python.langchain.com/v0.1/docs/use_cases/question_answering/

002 문서 로딩 및 분할

2-1 문서 로딩

문서 로딩은 RAG 시스템 구축의 첫 단계로, 외부 데이터를 시스템에 입력하는 과정이다. 다양한 형식의 문서를 시스템이 처리할 수 있는 형태로 변환한다. RAG 시스템에서 문서 로닝은 핵심적인 역할을 한다. 이 과정은 시스템의 AI가 외부 지식을 검색할 수 있는 지식 기반(Knowledge Base)을 형성하는 첫 단계이며, 데이터의 품질과 다양성이 전체 성능에 큰 영향을 미친다.

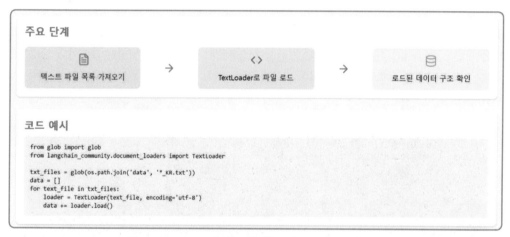

[그림 4-4] 문서 로딩

LangChain의 DocumentLoader는 이러한 문서 로딩 과정을 효과적으로 지원한다. 다양한 형식의 문서를 지원하며, 사용자 정의 로더를 통해 특수한 형식의 데이터도 처리할 수 있다. 다양한 소스의 데이터를 일관된 Document 객체 형태로 변환하여 시스템의 일관성을 유지한다. 이 객체는 문서의 실제 내용을 포함하는 page_content와 부가 정보를 포함하는 metadata를 속성으로 갖는다.

Document 객체

page_content
텍스트 파일의 내용

metadata
- source: 파일 경로
- file_path: 파일 경로
- file_name: 파일 이름
- file_type: 파일 타입

[그림 4-5] Document 객체 예시

데이터 소스의 다양성도 주목할 만하다. 텍스트 파일, PDF 문서, 웹페이지, 스프레드시트, 데이터 베이스 등 다양한 형태의 데이터를 처리할 수 있다.

다음 코드에서 한국 음식 데이터를 로딩하는 과정을 살펴보면, 랭체인에서 제공하는 문서 로더 (Document Loader)인 TextLoader를 사용하여 텍스트 파일 형식으로 저장된 데이터를 읽어들인다. 'korean_food.txt' 파일에는 김치와 비빔밥 같은 한국의 대표적인 음식들에 대한 정보가 포함되어 있다. loader.load() 메서드를 호출하면 파일의 내용이 Document 객체의 리스트로 변환되어 반환된다.

<예제 4-1> 실습 파일명: LC_005_RAG.ipynb

```
1   from langchain.document_loaders import TextLoader
2
3   # 한국 음식 데이터가 저장된 텍스트 파일 로드
4   loader = TextLoader("./data/korean_food.txt")
5
6   # 로더를 사용하여 문서를 로드
7   documents = loader.load()
8
9   # 로드된 문서의 수 출력
10  print(f"로드된 문서의 수: {len(documents)}")
```

<실행 결과>

로드된 문서의 수: 1

실행 결과를 보면 로드된 문서의 수는 1개이다. 즉 'korean_food.txt' 파일의 모든 텍스트가 단일 문서 객체로 변환된 것이다.

랭체인의 Document 객체는 파일의 내용(page_content)과 메타데이터(metadata)를 포함한다. 다음 코드에서는 첫 번째 문서의 내용 일부와 메타데이터를 출력하여 로딩 결과를 검증하는 과정을 보여준다. 이는 데이터가 올바르게 로드되었는지 확인하는 중요한 단계다.

```
1    # 첫 번째 문서의 내용을 출력
2    print("첫 번째 문서의 내용:")
3    print(documents[0].page_content)
4    print("\n"+"-"*50)
5
6    # 메타데이터를 따로 출력
7    print("첫 번째 문서의 메타데이터:")
8    print(documents[0].metadata)
```

〈실행 결과〉

첫 번째 문서의 내용:
이름: 김치
설명: 한국의 대표적인 발효 음식으로, 배추와 고춧가루를 주재료로 사용한다.
특징: 유산균이 풍부하여 건강에 좋다. 배추김치, 깍두기, 열무김치 등 다양한 종류가 있다. 한국인의 식탁에서 빠지지 않는 반찬이며, 김치찌개, 김치전 등 다양한 요리의 재료로도 사용된다. UNESCO 인류무형문화유산으로 등재되었다.

이름: 비빔밥
설명: 밥 위에 다양한 나물과 고기를 올리고 고추장을 넣어 비벼 먹는 음식이다.
특징: 곡류, 채소, 단백질이 균형 있게 구성되어 있어 영양가가 높다. 나물의 종류에 따라 다양한 비타민과 미네랄을 섭취할 수 있다. 지역에 따라 전주비빔밥, 진주비빔밥 등 특색 있는 비빔밥이 있다. 한국을 대표하는 건강식으로 해외에서도 인기가 높다.

이름: 불고기
설명: 얇게 썬 쇠고기를 달콤한 간장 양념에 재워 구운 요리이다.
특징: 고구려 시대부터 즐겨먹던 음식으로, 원래 이름은 '마구'였다. 현대에 이르러 '불고기'라는 이름으로 널리 알려졌다. 한국을 대표하는 요리 중 하나로 외국인들에게도 인기가 높다. 불고기 피자, 불고기 버거 등 퓨전 요리의 재료로도 활용된다.
...

첫 번째 문서의 메타데이터:
{'source': './data/korean_food.txt'}

이 실행 결과는 로드된 문서의 내용과 메타데이터를 보여준다. 메타데이터에서 'source' 키는 문서의 출처를 나타내며, 앞의 예제의 경우 './data/korean_food.txt' 파일에서 데이터가 로드되었음을 알 수 있다. 이 정보는 데이터의 출처를 추적하고 관리하는 데 유용하게 사용될 수 있다.

2-2 문서 분할

문서 분할은 RAG 시스템 구축의 중요한 단계로, 긴 문서를 더 작고 관리하기 쉬운 청크로 나누는 과정이다. 이 과정은 검색의 정확도를 높이고 대규모 언어 모델(LLM)의 컨텍스트 윈도우 제한을 고려하기 위해 필수적이다. 랭체인 라이브러리는 이를 위해 TextSplitter 클래스를 제공하며, 이 중 RecursiveCharacterTextSplitter가 일반적으로 사용된다.

▌RecursiveCharacterTextSplitter

RecursiveCharacterTextSplitter는 문서를 지정된 크기의 청크로 재귀적으로 분할한다. 이 과정에서 `chunk_size`와 `chunk_overlap` 매개변수를 조절하여 분할 결과를 최적화할 수 있다. `chunk_size`는 각 청크의 최대 길이를 결정하며, `chunk_overlap`은 연속된 청크 간에 겹치는 텍스트의 양을 지정한다. 이러한 겹침은 문맥의 연속성을 유지하는 데 중요하다.

> **여기서 잠깐** RecursiveCharacterTextSplitter 재귀적 분할 도구
>
> RecursiveCharacterTextSplitter는 문서를 지능적으로 분할하는 도구로, 단순히 일정 길이로 자르는 것이 아니라 문서의 구조를 고려하여 의미 있는 단위로 나누려고 시도한다. 이 도구는 '재귀적'이라는 이름에 걸맞게 큰 단위에서 작은 단위로 점진적으로 텍스트를 분할해 나간다.
>
> 처음에는 전체 문서를 가장 큰 의미 단위로, 예를 들어 단락으로 나누려고 시도한다. 만약 이렇게 나눈 단위가 여전히 지정된 크기보다 크다면, 그 다음으로 작은 단위인 문장으로 나누는 식이다. 이런 과정을 반복하여 최종적으로 모든 청크가 원하는 크기 이하가 될 때까지 분할을 계속한다.
>
> 이 과정에서 미리 정의된 구분자 목록을 순차적으로 사용한다. 보통 빈 줄("\n\n"), 줄바꿈("\n"), 공백(" "), 그리고 마지막으로 개별 문자("")를 구분자로 사용한다. 이렇게 함으로써 가능한 한 큰 의미 단위를 유지하면서도 지정된 크기 제한을 준수할 수 있다.
>
> 이러한 접근 방식은 텍스트의 구조와 의미를 최대한 보존하려고 노력한다는 점이 장점이다. 단순히 문자 수 기준으로 텍스트를 자르는 것보다 훨씬 더 자연스러운 분할이 가능하다. 그러나 매우 긴 문장이나 단어가 있는 경우, 또는 텍스트의 구조가 일반적이지 않은 경우에는 여전히 적절하지 않은 분할이 발생할 수 있다는 한계도 있다.
>
> 따라서 RecursiveCharacterTextSplitter를 효과적으로 사용하기 위해서는 대상 텍스트의 특성을 잘 이해하고 청크 크기, 겹침 정도, 그리고 필요하다면 구분자 목록까지 세심하게 조정해야 한다. 이러한 노력을 통해 더욱 의미 있고 일관된 텍스트 청크를 생성할 수 있으며, 이는 결국 RAG 시스템의 전반적인 성능 향상으로 이어질 수 있다.

분할 결과, 원본 문서는 여러 개의 작은 청크로 나뉘게 된다. 각 청크는 원본 문서의 일부 내용과 함께 해당 청크의 출처 정보를 포함하는 메타데이터를 가진다. 이렇게 분할된 청크들은 이후 벡터화 과정을 거쳐 검색 가능한 형태로 저장되며, 사용자 쿼리에 대해 더 정확하고 관련성 높은 정보를 제공하는 데 활용된다.

문서 분할은 RAG 시스템의 성능에 직접적인 영향을 미치므로, 문서의 특성과 시스템의 요구사항에 맞게 적절히 조정되어야 한다. 너무 작은 청크는 문맥 손실을 초래할 수 있고, 너무 큰 청크는 검색 정확도를 떨어뜨릴 수 있으므로, 균형 잡힌 접근이 필요하다.

다음 코드는 LangChain의 RecursiveCharacterTextSplitter를 사용하여 로드된 문서를 더 작은 청크로 분할하는 과정을 보여준다. RecursiveCharacterTextSplitter 객체를 생성할 때 chunk_size를 100으로 설정하여 각 청크의 최대 길이를 100자로 제한하고, chunk_overlap을 20으로 설정하여 각 청크 간 20자가 겹치도록 한다.

〈예제 4-3〉 실습 파일명: LC_005_RAG.ipynb

```
1   from langchain_text_splitters import RecursiveCharacterTextSplitter
2
3   # 문서를 더 작은 청크로 분할
4   text_splitter = RecursiveCharacterTextSplitter(
5       chunk_size=100,              # 각 청크의 최대 문자 수
6       chunk_overlap=20,            # 청크 간 겹치는 문자 수
7       length_function=len,         # 길이를 측정하는 함수
8   )
9
10  # 문서를 분할
11  splits = text_splitter.split_documents(documents)
12
13  # 분할된 청크의 수를 출력
14  print(f"생성된 청크의 수: {len(splits)}")
15  print("\n"+"-"*50)
16
17  # 첫 번째 청크의 내용을 출력
18  print("첫 번째 청크의 내용:")
19  print(splits[0].page_content)
20  print("\n"+"-"*50)
21
22  # 두 번째 청크의 내용을 출력
23  print("두 번째 청크의 내용:")
24  print(splits[1].page_content)
25  print("\n"+"-"*50)
```

실행 결과를 보면, 원본 문서가 30개의 청크로 분할되었음을 알 수 있다. 첫 번째 청크는 김치에 대한 기본적인 설명이고, 두 번째 청크 역시 김치에 대한 특징이 언급되고 있다. 주목할 점은 두 번째 청크의 경우 문장의 끝이 아니라 중간 부분에서 분할이 이루어진다는 점이다.

이처럼 현재의 문서 분할 방식에는 몇 가지 주목할 만한 문제점이 있다. 가장 눈에 띄는 문제는 음식 단위로 청크가 나누어지지 않는다는 점이다. 예를 들어, 김치에 대한 정보가 여러 청크에 걸쳐 분산되어 있어, 하나의 음식에 대한 완전한 정보를 얻기 어렵다. 이는 단순히 문자 수를 기준으로 청크를 나누는 현재 방식의 한계를 보여준다.

또한, 이러한 분할 방식은 의미 단위의 손실을 초래할 수 있다. 문장이나 단락이 임의로 나뉘면서 각 청크의 독립적인 이해가 어려워질 수 있다. 일부 청크에는 중요한 정보가 집중되어 있는 반면, 다른 청크에는 상대적으로 덜 중요한 정보가 포함될 수 있다. 이는 검색 결과의 품질에 직접적인 영향을 미칠 수 있다.

마지막으로 현재의 chunk_overlap 설정(20자)이 충분하지 않아 청크 간 컨텍스트 연결이 부자연스러울 수 있다는 점도 개선이 필요한 부분이다. 이는 전체적인 문맥 이해를 방해할 수 있다.

이러한 문제들을 해결하기 위해서는 여러 가지 방법을 고려해볼 수 있다. 음식 이름이나 주요 속성을 기준으로 분할하는 구조화된 분할 방식을 도입하거나, 문장이나 단락 단위로 분할하는 의미 기반 분할 방식을 적용해볼 수 있다. 또한, 내용의 중요도나 밀도에 따라 chunk_size를 동적으로 조절하거나, chunk_overlap을 증가시켜 컨텍스트 연속성을 개선하는 방법도 있다. 이러한 개선 방안들을 적절히 조합하여 적용한다면, 더 의미 있고 일관된 청크를 생성할 수 있을 것이다. 이를 통해, 이는 RAG 시스템의 검색 성능과 응답 품질을 크게 향상시킬 수 있을 것이다.

▌문서 구조를 이용한 분할(정규 표현식 활용)

문서 구조를 이용한 분할 방식은 텍스트의 의미적 구조를 고려하여 더 자연스럽고 유용한 청크를 생성할 수 있다. 한국 음식 데이터의 경우, 각 음식 항목이 '이름:', '설명:', '특징:' 등의 구조를 가지고 있으므로, 이를 활용할 수 있다.

다음 예제에서는 먼저 chunk_size를 150으로 늘려 각 청크가 더 많은 정보를 포함할 수 있게 한다. 또한 chunk_overlap을 30으로 설정하여 청크 간의 연결성을 개선한다. 이는 분할된 청크들 사이의 문맥이 더 자연스럽게 이어지도록 돕는다.

가장 중요한 변경사항은 separators 리스트에 정규표현식을 포함시키는 것이다. 이를 통해 문서의 구조를 더욱 세밀하게 반영할 수 있다. 예를 들어, r"(?<=\.)"는 문장의 끝을 나타내는 마침표와 그 뒤의 공백을 기준으로 분할하도록 한다. 또한 r"(?<=이름:)", r"(?<=설명:)", r"(?<=특징:)"과 같은 패턴은 '이름:', '설명:', '특징:' 등 한국 음식 데이터의 특정 구조를 인식하고 이를 기준으로 분할하도록 한다.

이러한 접근 방식은 단순히 문자 수만을 기준으로 하는 것보다 훨씬 더 지능적인 분할을 가능하게 한다. 각 음식 항목이 별도의 청크로 분할될 가능성이 높아지며, 각 청크 내에서 관련 정보가 함께 유지될 확률도 증가한다. 결과적으로 이는 후속 처리 단계, 특히 검색이나 질의응답 과정에서 더 정확하고 관련성 높은 정보를 제공하는 데 기여할 수 있다.

〈예제 4-4〉 실습 파일명: LC_005_RAG.ipynb

```
1   from langchain_text_splitters import RecursiveCharacterTextSplitter
2
3   # 문서를 더 작은 청크로 분할
4   text_splitter = RecursiveCharacterTextSplitter(
5       chunk_size=150,              # 각 청크의 최대 문자 수를 늘림
6       chunk_overlap=30,            # 청크 간 겹치는 문자 수를 조금 늘림
7       length_function=len,
8       separators=[
9           "\n\n",                  # 빈 줄로 구분
10          "\n",                    # 줄바꿈으로 구분
11          r"(?<=\. )",             # 문장 끝 다음 공백
12          r"(?<=이름: )",          # '이름:' 다음
13          r"(?<=설명: )",          # '설명:' 다음
14          r"(?<=특징: )",          # '특징:' 다음
15          " ",                     # 공백으로 구분
16          ""                       # 문자 단위로 구분
17      ]
18  )
19
20  # 문서 분할
21  splits = text_splitter.split_documents(documents)
```

```
22
23    # 분할된 청크의 수를 출력
24    print(f"생성된 청크의 수: {len(splits)}")
25    print("\n"+"-"*50)
26
27    # 처음 3개 청크의 내용을 출력
28    for i in range(min(3, len(splits))):
29        print(f"{i+1}번째 청크의 내용:")
30        print(splits[i].page_content)
31        print("\n"+"-"*50)
```

〈실행 결과〉

생성된 청크의 수: 23

1번째 청크의 내용:
이름: 김치
설명: 한국의 대표적인 발효 음식으로, 배추와 고춧가루를 주재료로 사용한다.

2번째 청크의 내용:
특징: 유산균이 풍부하여 건강에 좋다. 배추김치, 깍두기, 열무김치 등 다양한 종류가 있다. 한국인의 식탁
에서 빠지지 않는 반찬이며, 김치찌개, 김치전 등 다양한 요리의 재료로도 사용된다. UNESCO 인류무형문
화유산으로 등재되었다.

3번째 청크의 내용:
이름: 비빔밥
설명: 밥 위에 다양한 나물과 고기를 올리고 고추장을 넣어 비벼 먹는 음식이다.

이전 실행 결과를 보면, 음식 항목이 여러 청크로 나뉘어 있음을 알 수 있다. 첫 번째 청크는 김치의 이름과 설명 일부만을 포함하고 있으며, 두 번째 청크는 김치의 특징 정보를 담고 있다. 이는 단순히 문자 수를 기준으로 분할했기 때문에 발생한 문제로, 하나의 음식 항목이 여러 청크로 나뉘어 의미적 일관성이 손상되었음을 보여준다.

이 문제를 해결하기 위해 각 음식 항목을 하나의 청크로 결합하는 방식을 적용할 수 있다. 이는 분할된 텍스트의 의미적 일관성을 유지하면서도 효율적인 처리를 가능하게 하는 매우 유용한 접근법이다. 특히 예제에서 다루는 한국 음식 데이터와 같이 구조화된 데이터의 경우에 이 방법이 매우 효과적이다.

음식 항목별로 청크를 다시 결합하면, 각 음식에 대한 모든 정보(이름, 설명, 특징 등)가 하나의 단위로 유지된다. 이는 검색의 정확도를 높이고, LLM이 더 적절한 컨텍스트에서 응답을 생성할 수 있게 돕는다. 결과적으로 사용자 질의에 대해 더 정확하고 관련성 높은 답변을 제공할 수 있게 된다. 이러한 방식은 RAG 시스템의 전반적인 성능을 향상시키는 데 크게 기여할 수 있다.

다음 코드에서는 이 과정을 두 단계로 나누어서 구성하고 있다. 첫째, RecursiveCharacter TextSplitter를 사용하여 문서를 작은 청크로 나눈다. 이때 chunk_size, chunk_overlap, separators 등의 매개변수를 조정하여 분할의 세밀도를 제어한다. 둘째, 분할된 청크들을 다시 음식 항목별로 결합하는 combine_food_chunks 함수를 정의하고 적용한다. 이 함수는 "이름:"으로 시작하는 청크를 새로운 음식 항목의 시작점으로 인식하고, 해당 항목에 속하는 모든 청크의 내용을 하나의 문자열로 결합한다. 최종적으로 각 음식의 이름과 결합된 내용을 딕셔너리 형태로 저장하여, 구조화된 형태로 데이터를 관리할 수 있게 한다.

〈예제 4-5〉 실습 파일명: LC_005_RAG.ipynb

```python
1   # 음식 항목별로 청크를 결합하는 함수
2   def combine_food_chunks(splits):
3     combined_chunks = []
4     current_food = ""
5     current_content = ""
6
7     for split in splits:
8       content = split.page_content
9       if content.startswith("이름:"):
10        if current_food:
11          combined_chunks.append({
12            "name": current_food,
13            "content": current_content.strip()}
14          )
15        current_food = content.split("이름:")[1].split("\n")[0].strip()
16        current_content = content
17      else:
18        current_content += " " + content
19
20    # 마지막 음식 항목 추가
21    if current_food:
22      combined_chunks.append({
23        "name": current_food,
24        "content": current_content.strip()
25      })
26
27    return combined_chunks
28
29  # 청크를 음식 항목별로 결합
30  combined_food_chunks = combine_food_chunks(splits)
31
32  # 결과 출력
33  print(f"결합된 음식 항목 수: {len(combined_food_chunks)}")
```

```
34    print("\n"+"-"*50)
35
36    for i, food in enumerate(combined_food_chunks):
37        print(f"{i+1}. {food['name']}")
38        print(food['content'])
39        print("-"*50)
```

결합된 음식 항목 수: 10
----
1. 김치
이름: 김치
설명: 한국의 대표적인 발효 음식으로, 배추와 고춧가루를 주재료로 사용한다. 특징: 유산균이 풍부하여
건강에 좋다. 배추김치, 깍두기, 열무김치 등 다양한 종류가 있다. 한국인의 식탁에서 빠지지 않는 반찬이
며, 김치찌개, 김치전 등 다양한 요리의 재료로도 사용된다. UNESCO 인류무형문화유산으로 등재되었다.
----
2. 비빔밥
이름: 비빔밥
설명: 밥 위에 다양한 나물과 고기를 올리고 고추장을 넣어 비벼 먹는 음식이다. 특징: 곡류, 채소, 단백질
이 균형 있게 구성되어 있어 영양가가 높다. 나물의 종류에 따라 다양한 비타민과 미네랄을 섭취할 수 있
다. 지역에 따라 전주비빔밥, 진주비빔밥 등 특색 있는 비빔밥이 있다. 한국을 대표하는 건강식으로 해외에
서도 인기가 높다.
----
3. 불고기
이름: 불고기

...

10. 김밥
이름: 김밥
설명: 김에 밥과 다양한 재료를 넣고 말아 만든 간편식이다. 특징: 휴대가 간편하여 소풍이나 여행 시 자주
먹는다. 참치김밥, 치즈김밥, 불고기김밥 등 다양한 종류가 있다. 한국의 대표적인 패스트푸드로, 저렴한
가격에 영양가 있는 한 끼 식사로 인기가 높다. 최근에는 건강식 김밥, 특색있는 퓨전 김밥 등 다양한 변형
이 등장하고 김밥, 특색있는 퓨전 김밥 등 다양한 변형이 등장하고 있다.

이러한 방식의 장점은 여러 가지다. 우선, 각 음식 항목의 정보가 온전하게 유지되어 문맥의 일관
성이 보장된다. 또한, 음식의 이름을 별도로 저장함으로써 추후 검색이나 분류 작업에서 효율적으
로 활용할 수 있다. 그리고 개별 항목의 크기를 적절히 조절할 수 있어, 과도하게 긴 텍스트 처리
문제를 방지할 수 있다.

하지만 이 방식에도 주의해야 할 점이 있다. 예를 들어, 매우 긴 설명을 가진 음식 항목의 경우 전
체 텍스트가 하나의 큰 청크로 결합될 수 있다. 이는 후속 처리 단계에서 문제가 될 수 있으므로,
필요에 따라 긴 항목을 추가로 분할하는 로직을 구현하는 것이 좋다.

또한, 이 방식의 효과는 초기 분할 단계의 설정에 크게 영향을 받는다. 따라서 chunk_size, chunk_overlap, separators 등의 매개변수를 데이터의 특성에 맞게 세심하게 조정하는 것이 중요하다. 결과를 면밀히 검토하고, 필요하다면 이러한 매개변수나 combine_food_chunks 함수의 로직을 반복적으로 조정해야 한다.

▎문서 의미 분석을 이용한 맥락 기반 분할(Semantic Chunking)

문서의 의미적 구조를 고려하여 더욱 지능적으로 텍스트를 분할하는 방법인 맥락 기반 분할(Semantic Chunking)은 RAG 시스템의 성능을 한 단계 더 향상시킬 수 있는 고급 기술이다. 이 방법은 단순히 문자 수나 구분자를 기준으로 분할하는 것이 아니라, 텍스트의 의미적 일관성을 유지하면서 분할을 수행한다.

맥락 기반 분할의 핵심은 텍스트 임베딩 기술을 활용하는 것이다. 이를 위해 Hugging Face에서 제공하는 오픈 소스 임베딩 모델인 'BAAI/bge-m3'을 사용한다. 이 모델은 텍스트를 고차원의 벡터 공간으로 변환하여, 텍스트 간의 의미적 유사성을 수치화할 수 있게 해준다. 한국어를 비롯한 다국어 이해 능력이 좋은 모델로 알려져 있다. 임베딩 기술에 대해서는 다음 섹션에서 더 자세하게 다룬다.

이렇게 생성된 임베딩 모델은 SemanticChunker 클래스의 입력으로 사용된다. 현재 Semantic Chunker는 LangChain의 실험적 기능으로 제공된다(langchain_experimental 모듈에서 지원). 이 분할 도구는 텍스트의 의미를 고려하여 청크를 생성한다. 'sentence_split_regex'를 이용해 문단별로 텍스트를 분할하고, 'breakpoint_threshold_amount'를 설정하여 각 텍스트 간의 유사도를 기반으로 비슷한 문서들끼리 결합해서 최종적으로 청크를 생성한다.

〈예제 4-6〉 실습 파일명: LC_005_RAG.ipynb

```
1   from langchain_huggingface.embeddings import HuggingFaceEmbeddings
2   from langchain_experimental.text_splitter import SemanticChunker
3
4   # Hugging Face의 임베딩 모델 생성
5   embeddings = HuggingFaceEmbeddings(model_name="BAAI/bge-m3")
6
7   # 맥락 기반의 문서 분할
8   semantic_splitter = SemanticChunker(
9       embeddings=embeddings,
10      breakpoint_threshold_type="percentile",    # 청크 분할(기준)
11      breakpoint_threshold_amount=0.5,            # 청크 분할(임겟값)
12      sentence_split_regex='\n\n'                 # 문장 분할 정규식
13      )
14
15  semantic_chunks = semantic_splitter.split_documents(documents)
16
```

```
17    # 분할된 청크의 수 출력
18    print(f"생성된 청크의 수: {len(semantic_chunks)}")
19    print("\n"+"-"*50)
20
21    # 각 청크의 내용 출력
22    for i in range(len(semantic_chunks)):
23       print(f"{i+1}번째 청크의 내용:")
24       print(semantic_chunks[i].page_content)
25       print("\n"+"-"*50)
```

<실행 결과>

생성된 청크의 수: 9

1번째 청크의 내용:
이름: 김치
설명: 한국의 대표적인 발효 음식으로, 배추와 고춧가루를 주재료로 사용한다.
특징: 유산균이 풍부하여 건강에 좋다. 배추김치, 깍두기, 열무김치 등 다양한 종류가 있다. 한국인의 식탁
에서 빠지지 않는 반찬이며, 김치찌개, 김치전 등 다양한 요리의 재료로도 사용된다. UNESCO 인류무형문
화유산으로 등재되었다. 이름: 비빔밥
설명: 밥 위에 다양한 나물과 고기를 올리고 고추장을 넣어 비벼 먹는 음식이다.
특징: 곡류, 채소, 단백질이 균형 있게 구성되어 있어 영양가가 높다. 나물의 종류에 따라 다양한 비타민과
미네랄을 섭취할 수 있다. 지역에 따라 전주비빔밥, 진주비빔밥 등 특색 있는 비빔밥이 있다. 한국을 대표
하는 건강식으로 해외에서도 인기가 높다.

2번째 청크의 내용:
이름: 불고기
설명: 얇게 썬 쇠고기를 달콤한 간장 양념에 재워 구운 요리이다.
특징: 고구려 시대부터 즐겨먹던 음식으로, 원래 이름은 '마구'였다. 현대에 이르러 '불고기'라는 이름으로
널리 알려졌다. 한국을 대표하는 요리 중 하나로 외국인들에게도 인기가 높다. 불고기 피자, 불고기 버거
등 퓨전 요리의 재료로도 활용된다.

3번째 청크의 내용:
이름: 삼겹살
설명: 돼지고기의 삼겹살 부위를 구워 먹는 인기 있는 구이 요리이다.
특징: 한국의 회식 문화와 밀접한 관련이 있으며, 보통 소주와 함께 즐긴다. 쌈장, 마늘, 상추 등과 함께 먹
는 것이 일반적이다. 직접 구워 먹는 방식으로, 식당에서 사회적 교류의 중요한 매개체 역할을 한다. 최근
에는 다양한 양념을 활용한 변형 요리도 인기를 얻고 있다.

4번째 청크의 내용:
이름: 떡볶이
...
설명: 김에 밥과 다양한 재료를 넣고 말아 만든 간편식이다.

특징: 휴대가 간편하여 소풍이나 여행 시 자주 먹는다. 참치김밥, 치즈김밥, 불고기김밥 등 다양한 종류가 있다. 한국의 대표적인 패스트푸드로, 저렴한 가격에 영양가 있는 한 끼 식사로 인기가 높다. 최근에는 건강식 김밥, 특색있는 퓨전 김밥 등 다양한 변형이 등장하고 있다.

실행 결과로 총 9개의 청크가 생성되었으며, 각 청크는 음식 이름과 설명, 특징으로 구성된 내용을 담고 있다. 청크는 한국의 다양한 음식을 주제로 하여 문단 단위로 분할되었다. 이 방법은 문서의 의미를 보존하면서도 적절한 크기로 분할해 정보 처리를 용이하게 한다.

김치와 비빔밥이 1개의 청크로 결합된 이유는 SemanticChunker가 문맥적 유사성을 기반으로 청크를 분할하기 때문이다. 이 경우, 두 음식이 유사한 주제를 공유하고 있어 같은 청크로 결합된 것으로 보인다. 즉, 임베딩을 통해 계산된 두 음식 간의 유사도가 일정 임곗값 이하가 아니어서, 문단을 별도로 분할하지 않고 함께 묶은 것이다.

003 임베딩 모델

임베딩 모델은 텍스트를 고차원의 벡터 공간으로 변환하는 역할을 한다. 임베딩은 부동소수점 수로 이루어진 벡터(리스트)이며, 두 벡터 사이의 거리는 해당 텍스트 간의 관련성을 나타낸다. 작은 거리는 높은 관련성을, 큰 거리는 낮은 관련성을 의미한다. 이처럼 벡터 공간에서 텍스트 간의 의미적 유사성을 수치화하여 효율적인 검색, 질의응답, 문서 분류 등의 작업을 가능하게 한다. 임베딩 모델을 사용하면 의미적으로 유사한 텍스트들이 벡터 공간에서 서로 가까운 위치에 놓이게 되며, 이를 기반으로 의미를 비교하거나 검색하는 과정을 수행할 수 있다.

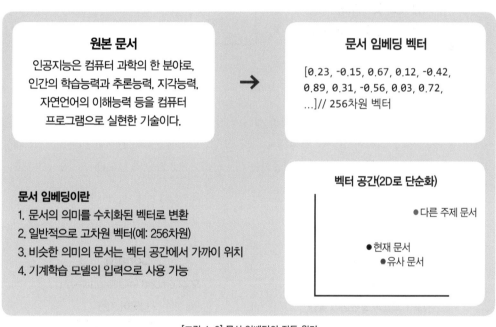

[그림 4-6] 문서 임베딩의 작동 원리

임베딩 모델의 주요 특징

- **고차원 벡터로 변환** 임베딩 모델은 텍스트를 고정된 길이의 벡터로 변환하여 수치적 연산이 가능하게 한다.
- **의미적 유사성 보존** 의미적으로 유사한 텍스트는 벡터 공간에서 가까운 위치에 놓이기 때문에 유사도 계산이 가능하다.
- **다양한 모델의 존재** 임베딩 모델은 각기 다른 성능과 특성을 가지며, 적용하는 데이터나 목적에 따라 선택할 수 있다.

의미적 유사성 측정
• 코사인 유사도 등을 사용하여 텍스트 간 유사도 계산
• 예: "강아지"와 "개"의 임베딩 벡터는 유사함
벡터 연산을 통한 의미 조작
• 벡터 덧셈, 뺄셈으로 새로운 개념 생성
• 예: King–Man+Woman≈Queen
차원 축소 및 시각화
• t–SNE, PCA, UMAP 등을 사용하여 고차원 벡터를 2D/3D로 시각화
단어 임베딩 2D 시각화
이 그래프는 단어 임베딩을 2D로 단순화하여 표현한 것입니다. 비슷한 의미를 가진 단어들이 서로 가깝게 위치합니다.
음식
맛
요리
인공지능
딥러닝
머신러닝
알고리즘
컴퓨터
데이터
운전
도로
자동
기술
교통
음식
차원 2
차원 1

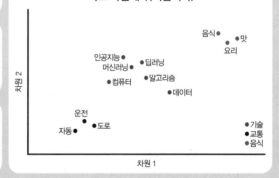

[그림 4-7] 임베딩 모델의 주요 기능

임베딩 모델의 선택과 설정은 RAG 시스템의 성능에 직접적인 영향을 미치므로, 데이터의 특성과 시스템 요구사항을 고려하여 신중히 결정해야 한다. 또한, API 사용량과 관련된 비용도 고려 대상이 될 수 있다. 이 책에서는 랭체인에서 제공하는 OpenAIEmbeddings와 HuggingFaceEmbeddings라는 대표적인 두 모델을 비교하여 설명한다.

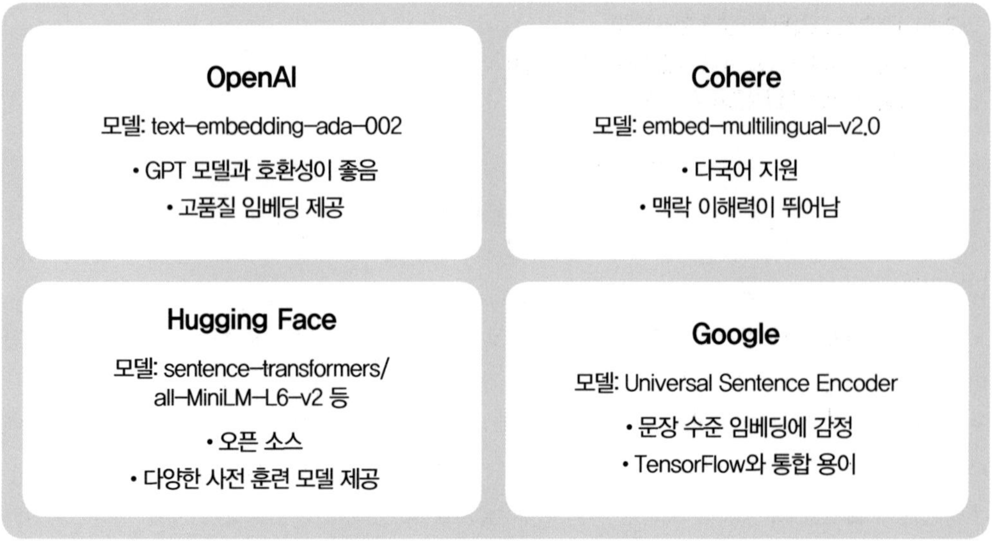

OpenAI
모델: text–embedding–ada–002
• GPT 모델과 호환성이 좋음
• 고품질 임베딩 제공
Cohere
모델: embed–multilingual–v2.0
• 다국어 지원
• 맥락 이해력이 뛰어남
Hugging Face
모델: sentence–transformers/all–MiniLM–L6–v2 등
• 오픈 소스
• 다양한 사전 훈련 모델 제공
Google
모델: Universal Sentence Encoder
• 문장 수준 임베딩에 감정
• TensorFlow와 통합 용이

[그림 4-8] 임베딩 모델의 주요 공급업체

3-1 OpenAIEmbeddings

랭체인에서는 OpenAI의 GPT 계열 모델을 기반으로 한 임베딩 모델을 다루기 위해 OpenAI Embeddings 클래스를 제공한다. OpenAI의 임베딩 텍스트의 의미를 매우 정교하게 표현하며, 특히 대규모 데이터셋으로 학습된 모델을 제공한다. 한국어 데이터에 대해서도 성능이 좋으며, 다음과 같은 특징을 갖는다.

- **고품질의 임베딩** OpenAI 모델은 대규모 데이터셋으로 학습되어 다양한 도메인에서 높은 성능을 보인다.
- **다양한 활용성** 검색, 요약, 번역 등 다양한 NLP 작업에 사용되며, 의미적 유사성을 매우 정밀하게 표현한다.
- **간단한 API 사용** OpenAI API를 통해 쉽게 임베딩을 생성할 수 있어 개발 환경에서 유연하게 적용할 수 있다. 랭체인에서는 OpenAI API를 통합하여 사용하기 쉬운 인터페이스를 제공한다.

다음 표를 보면 OpenAI 임베딩 모델의 성능을 확인할 수 있다. 먼저, text-embedding-3-small 모델은 1달러당 약 62,500 페이지 분량의 텍스트를 처리할 수 있으며, MTEB 평가 성능에서 62.3%의 정확도를 기록하고 있다. 이 모델은 비용 면에서 매우 효율적이면서도 성능이 우수하다. 다음으로 text-embedding-3-large 모델은 처리 가능한 페이지 수가 9,615 페이지로 상대적으로 적지만, 64.6%의 정확도를 보이며 더 높은 성능을 제공한다. 이 모델은 더 정교한 작업이나 고성능을 요구하는 상황에서 유용하다.

또한, 기존 레가시 모델인 text-embedding-ada-002 모델은 1달러당 약 12,500 페이지를 처리할 수 있으며, 61.0%의 정확도를 기록하고 있다. 이는 성능 면에서는 다소 낮지만, 여전히 적절한 비용 대비 성능을 제공하는 모넬이다.

모델	처리 가능한 페이지 수(1달러당)	MTEB 평가 성능	최대 입력 길이(토큰)
text-embedding-3-small	62,500	62.30%	8191
text-embedding-3-large	9,615	64.60%	8191
text-embedding-ada-002	12,500	61.00%	8191

[표 4-1] OpenAI 임베딩 모델 성능/비용 비교[7]

> **NOTE**
>
> 모든 모델의 최대 입력 길이는 8,191 토큰으로 동일하며, 다양한 크기와 성능 요구에 맞춰 모델을 선택할 수 있다.

---

7 출처: https://platform.openai.com/docs/guides/embeddings/what-are-embeddings

▌OpenAI 임베딩 모델 생성

OpenAI의 임베딩 모델을 사용하여 텍스트 데이터를 벡터로 변환하는 과정은 RAG 시스템 구축의 핵심 단계 중 하나다. 이 과정을 통해 텍스트의 의미를 수치화된 형태로 표현할 수 있어, 효율적인 검색과 의미 기반 분석이 가능해진다.

다음 예제에서는 OpenAI의 'text-embedding-3-small' 모델을 사용한다. 이 모델은 고품질의 임베딩을 생성하면서도 상대적으로 빠른 처리 속도를 제공하여, 대규모 데이터셋에도 효과적으로 적용할 수 있다.

임베딩 모델 생성은 LangChain 라이브러리이 `OpenAIEmbeddings` 클래스를 통해 간단히 수행된다. 이렇게 생성된 임베딩 모델은 이후 텍스트를 벡터로 변환하는 데 사용된다. 모델을 생성하고 출력된 정보를 통해 다양한 설정값을 확인할 수 있다. 다음 코드에서 'embedding_ctx_length'는 모델이 한 번에 처리할 수 있는 최대 토큰 수를 나타낸다. 이 예시에서는 8,191 토큰으로, 상당히 긴 텍스트도 한 번에 임베딩할 수 있음을 보여준다.

〈예제 4-7〉 실습 파일명: LC_005_RAG.ipynb

```
1    from langchain_openai import OpenAIEmbeddings
2
3    # OpenAI 임베딩 모델 생성
4    embedding_generator = OpenAIEmbeddings(model="text-embedding-3-small")
5
6    # 임베딩 모델 정보 출력
7    print(embedding_generator)
8
9    # 임베딩 모델의 컨텍스트 길이 확인
10   context_length = embedding_generator.embedding_ctx_length
11   print(f"모델의 컨텍스트 길이: {context_length}")
```

〈실행 결과〉

```
client=<openai.resources.embeddings.Embeddings object at 0x36ddb5650> async_
client=<openai.resources.embeddings.AsyncEmbeddings object at 0x36ddb6490>
model='text-embedding-3-small' dimensions=None deployment='text-embed-
ding-ada-002' openai_api_version=None openai_api_base=None openai_api_type=-
None openai_proxy=None embedding_ctx_length=8191 openai_api_key=Secret-
Str('*********') openai_organization=None allowed_special=None disallowed_
special=None chunk_size=1000 max_retries=2 request_timeout=None headers=None
tiktoken_enabled=True tiktoken_model_name=None show_progress_bar=False
model_kwargs={} skip_empty=False default_headers=None default_query=None
retry_min_seconds=4 retry_max_seconds=20 http_client=None http_async_cli-
ent=None check_embedding_ctx_length=True
모델의 컨텍스트 길이: 8191
```

▌문서 임베딩 생성

다음 예시에서는 embed_documents 메서드를 사용하여 여러 과학 분야에 대한 설명 텍스트를 임베딩한다. 각 텍스트는 1,536 차원의 벡터로 변환된다. 이것이 'text-embedding-3-small' 모델의 특성이다. 이렇게 생성된 벡터들은 고차원 공간에서 각 텍스트의 의미를 표현하게 된다. 즉 텍스트의 의미를 수치화된 형태로 표현할 수 있어, 효율적인 검색과 의미 기반 분석이 가능해진다.

〈예제 4-8〉 실습 파일명: LC_005_RAG.ipynb

```
1  # 텍스트 데이터 목록
2  texts = [
3     "물리학은 물질과 에너지의 상호작용을 연구하는 학문이다.",
4     "화학은 물질의 성질과 변화를 다루는 과학이다.",
5     "생물학은 생명체의 구조, 기능, 성장 및 진화를 연구하는 분야이다.",
6     "지구과학은 지구의 구조와 과정을 연구하는 학문이다.",
7     "천문학은 우주와 그 안에 있는 천체를 연구하는 과학이다."
8  ]
9
10 # 텍스트 데이터 임베딩 생성
11 text_embeddings = embedding_generator.embed_documents(texts)
12
13 # 임베딩 결과 확인
14 print(f"임베딩된 텍스트의 수: {len(text_embeddings)}")
15 print(f"첫 번째 텍스트의 임베딩 벡터 크기: {len(text_embeddings[0])}")
```

〈실행 결과〉

임베딩된 텍스트의 수: 5
첫 번째 텍스트의 임베딩 벡터 크기: 1536

▌쿼리 임베딩 생성

쿼리 임베딩 생성은 사용자의 질문을 벡터 형태로 변환하는 과정이다. 이는 문서 임베딩과 동일한 벡터 공간에서 표현되어야 하므로, 같은 임베딩 모델을 사용한다. embed_query 메서드를 통해 질문을 1,536 차원의 벡터로 변환한다.

〈예제 4-9〉 실습 파일명: LC_005_RAG.ipynb

```
1  # 예시 질문
2  question = "물리학의 기본 법칙은 무엇인가?"
3
4  # 질문 임베딩 생성
5  question_embedding = embedding_generator.embed_query(question)
6
7  # 질문 임베딩 결과 확인
8  print(f"질문 임베딩 벡터 크기: {len(question_embedding)}")
```

유사도 기반 텍스트 검색

유사도 기반 텍스트 검색은 RAG 시스템의 핵심 개념 중 하나로, 사용자의 질문과 가장 관련성 높은 텍스트를 찾는 과정이다. 다음 예시에서는 코사인 유사도를 사용하여 벡터 간의 유사성을 측정한다. 코사인 유사도는 두 벡터 간의 각도를 기반으로 유사성을 계산하는 방법으로, −1에서 1 사이의 값을 가진다. 1에 가까울수록 두 벡터가 유사하다는 것을 의미한다.

다음 예제에서 정의한 find_closest_text 함수는 주어진 질문에 대해 가장 유사한 텍스트를 찾는 기능을 수행한다. 이 함수는 질문을 임베딩하고, 모든 텍스트 임베딩과의 코사인 유사도를 계산한 후, 가장 높은 유사도를 가진 텍스트를 반환한다.

〈예제 4-10〉 실습 파일명: LC_005_RAG.ipynb

```
1   from langchain_community.utils.math import cosine_similarity
2   import numpy as np
3
4   # 질문과 가장 유사한 텍스트 찾기 함수
5   def find_closest_text(query, text_embeddings, texts):
6       # 질문 임베딩
7       query_embedding = embedding_generator.embed_query(query)
8       # 코사인 유사도 계산
9       similarity_scores = cosine_similarity([query_embedding], text_embeddings)[0]
10      # 가장 높은 유사도를 가진 텍스트 찾기
11      closest_idx = np.argmax(similarity_scores)
12      return texts[closest_idx], similarity_scores[closest_idx]
13
14  # 테스트용 질문 목록
15  questions = [
16      "중력의 법칙은 무엇인가?",
17      "DNA의 구조와 기능은 무엇인가?"
18  ]
19
20  # 각 질문에 대해 가장 유사한 텍스트를 찾아 출력
21  for question in questions:
22      closest_text, similarity_score = find_closest_text(question, text_embeddings, texts)
23      print(f"질문: {question}")
24      print(f"가장 유사한 텍스트: {closest_text}")
25      print(f"유사도 점수: {similarity_score:.4f}\n")
```

질문: 중력의 법칙은 무엇인가?
가장 유사한 텍스트: 물리학은 물질과 에너지의 상호작용을 연구하는 학문이다.
유사도 점수: 0.1859

질문: DNA의 구조와 기능은 무엇인가?
가장 유사한 텍스트: 생물학은 생명체의 구조, 기능, 성장 및 진화를 연구하는 분야이다.
유사도 점수: 0.3406

실행 결과를 보면, '중력의 법칙은 무엇인가?'라는 질문에 대해서는 물리학 관련 텍스트가, 'DNA의 구조와 기능은 무엇인가?'라는 질문에 대해서는 생물학 관련 텍스트가 가장 유사한 것으로 나타났다. 이는 임베딩 모델이 텍스트의 의미를 잘 포착하고 있음을 보여준다.

이러한 유사도 기반 검색 방식은 RAG 시스템에서 사용자 질문과 관련된 문서를 효과적으로 찾아내는 데 중요한 역할을 한다. 그러나 유사도 점수가 항상 완벽한 관련성을 나타내는 것은 아니므로, 실제 응용에서는 추가적인 필터링이나 순위 조정 과정이 필요할 수 있다.

3-2 HuggingFaceEmbeddings

Hugging Face는 다양한 NLP 모델을 제공한다. 랭체인에서는 Hugging Face의 트랜스포머 모델을 기반으로 한 임베딩을 다루기 위해 HuggingFaceEmbeddings 클래스를 제공한다.
Hugging Face 모델의 장점 중 하나는 로컬 환경에서 실행할 수 있다는 것이다. 이는 인터넷 연결 없이도 임베딩을 생성할 수 있고, 데이터 프라이버시 측면에서도 유리하다는 것을 의미한다. 또한, 오픈 소스 모델이기 때문에 필요에 따라 파인튜닝을 통해 특정 도메인에 최적화할 수 있는 유연성도 제공한다.
그러나 이러한 장점들과 함께 고려해야 할 점도 있다. 로컬에서 실행할 경우 하드웨어 요구사항이 높을 수 있으며, 모델의 크기에 따라 초기 로딩 시간이 길어질 수 있다. 또한, 일부 특수한 경우에는 OpenAI 모델에 비해 성능이 다소 낮을 수 있다.

▍Hugging Face 임베딩 모델 생성

Hugging Face의 임베딩 모델을 사용하여 텍스트 데이터를 벡터로 변환할 수 있다. 임베딩 모델 생성은 랭체인 라이브러리의 HuggingFaceEmbeddings 클래스를 통해 간단히 수행된다.
다음 예제에서는 'BAAI/bge-m3' 모델을 사용한다. 이 모델은 Beijing Academy of Artificial Intelligence(BAAI)에서 개발한 것으로, 한국어를 포함한 다국어 지원과 높은 성능으로 알려져 있다. 특히 이 모델은 8,192 토큰이라는 긴 컨텍스트 길이를 지원한다. 이는 OpenAI의 'text-embedding-3-small' 모델과 비슷한 수준으로, 매우 긴 텍스트도 효과적으로 처리할 수 있음을 의미한다.

```
1    from langchain_huggingface.embeddings import HuggingFaceEmbeddings
2
3    # Hugging Face 임베딩 모델 생성
4    embedding_generator = HuggingFaceEmbeddings(model_name="BAAI/bge-m3")
5
6    # 임베딩 모델 정보 출력
7    print(embedding_generator)
8
9    # 임베딩 모델의 컨텍스트 길이 확인
10   context_length = embedding_generator.client.max_seq_length
11   print(f"모델의 컨텍스트 길이: {context_length}")
```

〈실행 결과〉

```
client=SentenceTransformer(
  (0): Transformer({'max_seq_length': 8192, 'do_lower_case': False}) with Transformer
model: XLMRobertaModel
  (1): Pooling({'word_embedding_dimension': 1024, 'pooling_mode_cls_token': True,
'pooling_mode_mean_tokens': False, 'pooling_mode_max_tokens': False, 'pooling_
mode_mean_sqrt_len_tokens': False, 'pooling_mode_weightedmean_tokens': False,
'pooling_mode_lasttoken': False, 'include_prompt': True})
  (2): Normalize()
) model_name='BAAI/bge-m3' cache_folder=None model_kwargs={} encode_kwargs={}
multi_process=False show_progress=False
모델의 컨텍스트 길이: 8192
```

문서 임베딩 생성

다음 예시에서는 embed_documents 메서드를 사용하여 다섯 가지 과학 분야(물리학, 화학, 생물학, 지구과학, 천문학)에 대한 설명 텍스트를 임베딩한다. 각 텍스트는 1,024 차원의 벡터로 변환된다. 이는 'BAAI/bge-m3' 모델의 특성으로 OpenAI 모델(1,536 차원)과 비교했을 때 약간 작은 차원을 갖는다.

〈예제 4-12〉 실습 파일명: LC_005_RAG.ipynb

```
1    # 텍스트 데이터 목록
2    texts = [
3        "물리학은 물질의 기본 원리를 연구하는 학문이다.",
4        "화학은 물질의 구성과 변화를 다루는 과학이다.",
5        "생물학은 생명체의 생리적 과정과 진화를 연구하는 분야이다.",
6        "지구과학은 지구의 구성과 변화 과정을 연구하는 학문이다.",
7        "천문학은 우주와 그 안의 천체를 연구하는 과학이다."
8    ]
```

```
 9
10    # 텍스트 데이터 임베딩 생성
11    text_embeddings = embedding_generator.embed_documents(texts)
12
13    # 임베딩 결과 확인
14    print(f"임베딩된 텍스트의 수: {len(text_embeddings)}")
15    print(f"첫 번째 텍스트의 임베딩 벡터 크기: {len(text_embeddings[0])}")
```

〈실행 결과〉

임베딩된 텍스트의 수: 5
첫 번째 텍스트의 임베딩 벡터 크기: 1024

임베딩 결과를 보면, 5개의 텍스트가 모두 성공적으로 임베딩되었고, 각 임베딩 벡터가 1,024 차원을 가지고 있음을 확인할 수 있다.

█ 쿼리 임베딩 생성

특정 질문(쿼리)을 임베딩한 후 이를 텍스트 데이터와 비교할 수 있다. 이 작업은 embed_query 메서드를 사용하여 진행한다. 문서 임베딩과 동일한 임베딩 모델을 사용해야 하고, 질문을 1,024 차원의 벡터로 변환한다. 이렇게 생성된 쿼리 임베딩은 문서 임베딩과 같은 차원의 벡터로 이루어지기 때문에 직접적인 비교가 가능하다.

〈예제 4-13〉 실습 파일명: LC_005_RAG.ipynb

```
1    # 예시 질문
2    query = "물리학의 주요 원리는 무엇인가?"
3
4    # 질문 임베딩 생성
5    query_embedding = embedding_generator.embed_query(query)
6
7    # 질문 임베딩 결과 확인
8    print(f"질문 임베딩 벡터 크기: {len(query_embedding)}")
```

〈실행 결과〉

질문 임베딩 벡터 크기: 1024

▌유사도 기반 텍스트 검색

쿼리와 가장 유사한 텍스트를 찾기 위해 코사인 유사도를 사용하여 벡터 간의 유사성을 비교한다. 이를 통해 가장 관련성이 높은 텍스트를 찾을 수 있다.

<예제 4-14> 실습 파일명: LC_005_RAG.ipynb

```
1   # 테스트용 질문 목록
2   questions = [
3       "중력의 법칙은 무엇인가?",
4       "DNA의 구조와 기능은 무엇인가?"
5   ]
6
7   # 각 질문에 대해 가장 유사한 텍스트를 찾아 출력
8   for question in questions:
9       closest_text, similarity_score = find_closest_text(question, text_embeddings, texts)
10      print(f"질문: {question}")
11      print(f"가장 유사한 텍스트: {closest_text}")
12      print(f"유사도 점수: {similarity_score:.4f}\n")
```

<실행 결과>

질문: 중력의 법칙은 무엇인가?
가장 유사한 텍스트: 물리학은 물질의 기본 원리를 연구하는 학문이다.
유사도 점수: 0.5033

질문: DNA의 구조와 기능은 무엇인가?
가장 유사한 텍스트: 지구과학은 지구의 구성과 변화 과정을 연구하는 학문이다.
유사도 점수: 0.4318

실행 결과를 보면, '중력의 법칙은 무엇인가?'라는 질문에 대해 물리학 관련 텍스트가 가장 유사한 것으로 나타났다. 유사도 점수는 0.5033으로, 중간 정도의 유사성을 보여준다.

한편, 'DNA의 구조와 기능은 무엇인가?'라는 질문에 대해서는 예상과 달리 지구과학 관련 텍스트가 가장 유사한 것으로 나타났다. 유사도 점수는 0.4318로, 다소 낮은 유사성을 보인다. 이는 주어진 텍스트 샘플 중 생물학 관련 내용이 DNA를 직접적으로 다루지 않아 발생한 결과로 보인다.

이러한 결과는 임베딩 모델이 텍스트의 일반적인 의미는 잘 포착하지만, 특정 주제에 대한 세부적인 구분에는 한계가 있을 수 있음을 보여준다. 또한, 유사도 점수가 항상 완벽한 관련성을 나타내는 것은 아니라는 것을 확인할 수 있다. 따라서, 결과의 정확성과 관련성을 높이기 위해서는 더 큰 문서 집합, 더 정교한 임베딩 모델 그리고 추가적인 후처리 단계 등이 고려되어야 한다.

3-3 OpenAIEmbeddings vs. HuggingFaceEmbeddings 비교

OpenAIEmbeddings와 HuggingFaceEmbeddings는 각각 고유한 특징과 장단점을 가지고 있어, RAG 시스템 구축 시 목적에 따라 선택할 수 있다. OpenAIEmbeddings는 대규모 데이터셋으로 학습된 GPT 모델을 기반으로 하여 전반적으로 더 정교한 임베딩을 생성한다. 특히 'text-embedding-3-small' 모델은 1달러당 약 62,500 페이지의 텍스트를 처리할 수 있으며, MTEB 평가에서 62.3%의 높은 정확도를 보인다. 반면, HuggingFaceEmbeddings는 다양한 모델을 제공하여 사용자가 필요에 따라 적합한 모델을 선택할 수 있다. 예를 들어, 'BAAI/bge-large-en-v1.5' 모델은 MTEB 평가에서 64.23%의 성능[8]을 보이며, OpenAI 모델과 견줄 만한 성능을 제공한다.

유연성 측면에서 Hugging Face는 더 많은 옵션을 제공한다. 사용자는 수천 개의 오픈 소스 모델 중에서 선택할 수 있으며, 필요에 따라 모델을 파인튜닝하거나 커스터마이징할 수 있다. 이는 특정 도메인이나 언어에 특화된 임베딩을 생성해야 할 때 큰 장점이 된다. 반면 OpenAI는 미리 훈련된 고성능 모델을 제공하여 별도의 조정 없이도 높은 성능을 얻을 수 있다.

사용 편의성 면에서 OpenAI API는 설정이 간단하고 사용이 쉽다는 장점이 있다. API 키만 있으면 바로 사용할 수 있어 빠른 프로토타이핑이나 소규모 프로젝트에 적합하다. Hugging Face는 오픈 소스 생태계를 통해 모델을 자유롭게 사용할 수 있어, 비용 면에서 유리하고 로컬 환경에서도 실행할 수 있다는 장점이 있다.

다음 표는 두 임베딩 방식의 주요 특징을 비교한 것이다.

특징	OpenAIEmbeddings	HuggingFaceEmbeddings
성능	매우 높음	모델에 따라 다양
유연성	제한적	매우 높음(파인튜닝 가능)
사용 편의성	높음(API 기반)	중간(로컬 실행 가능)
비용	API 사용량에 따른 과금	대부분 무료(컴퓨팅 자원 필요)
커스터마이징	제한적	높음

[표 4-2] OpenAIEmbeddings와 HuggingFaceEmbeddings의 특징 비교

결론적으로, OpenAIEmbeddings는 높은 성능과 사용 편의성을 원하는 경우에 적합하며, Hugging FaceEmbeddings는 더 많은 유연성과 커스터마이징이 필요한 경우에 적합하다. RAG 시스템 구축 시 프로젝트의 요구사항, 예산, 그리고 개발 환경을 고려하여 적절한 임베딩 방식을 선택해야 한다. 두 방식 모두 강력한 성능을 제공하므로, 사용자의 구체적인 필요에 따라 선택하면 된다.

---

8 출처: https://huggingface.co/BAAI/bge-large-en-v1.5

004 벡터 저장소 구축

벡터 저장소는 RAG 시스템의 핵심 구성 요소로, 임베딩된 문서를 효율적으로 저장하고 검색할 수 있게 해주는 특수한 형태의 데이터베이스다. 이는 고차원 벡터를 다루는 데 최적화되어 있어, 대규모 문서 컬렉션에서도 빠르고 정확한 유사도 기반 검색을 가능하게 한다.

벡터 저장소의 주요 특징은 다음과 같다.

- **효율적 저장 및 검색** 고차원 벡터를 압축하거나 인덱싱하여 저장 공간을 최적화하고, 빠른 검색을 지원한다.
- **유사도 검색 지원** 코사인 유사도나 유클리드 거리 등 다양한 유사도 측정 방법을 통해 가장 관련성 높은 문서를 찾아낸다.
- **대규모 데이터셋 처리** 수백만 개 이상의 벡터도 효율적으로 관리하고 검색할 수 있는 능력을 갖추고 있다.
- **실시간 업데이트** 새로운 문서를 추가하거나 기존 문서를 수정할 때 실시간으로 인덱스를 업데이트할 수 있다.

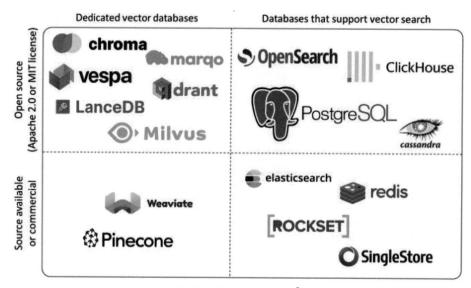

[그림 4-9] 벡터 저장소의 종류[9]

---

9 이미지 출처: https://blog.gopenai.com/high-level-comparison-of-information-retrieval-tools-chroma-faiss-pinecone-and-28694631237a

4-1 벡터 저장소 초기화

랭체인에서는 다양한 벡터 저장소를 지원하지만, 그 중에서도 Chroma는 사용이 간편하고 성능이 우수하여 많이 사용된다. RAG 시스템의 성능은 벡터 저장소의 효율성에 크게 의존하므로, 프로젝트의 요구사항과 규모에 맞는 적절한 벡터 저장소를 선택하는 것이 중요하다. Chroma와 같은 현대적인 벡터 저장소는 대부분의 일반적인 사용 사례에 충분한 성능을 제공하지만, 특별히 대규모거나 특수한 요구사항이 있는 프로젝트의 경우 다른 옵션들도 고려해볼 수 있다.

다음 예시는 Chroma를 사용하여 한국 음식 데이터에 대한 벡터 저장소를 초기화하는 과정이다. 다음과 같은 주요 단계를 수행한다.

❶ **Document 객체 생성** 딕셔너리 구조로 저장되어 있는 각 음식 항목(청크)의 데이터를 랭체인의 Document 객체로 변환한다. 이 과정에서 음식의 내용은 page_content로, 음식의 이름은 metadata로 설정된다.

❷ **벡터 저장소 초기화** Chroma.from_documents() 메서드를 사용하여 벡터 저장소를 생성한다. 이 메서드는 Document 객체 리스트, 임베딩 생성기, 컬렉션 이름, 그리고 저장 디렉토리를 인자로 받는다.

❸ **임베딩 생성** embedding_generator를 사용하여 각 문서의 임베딩을 생성한다. 이 임베딩은 앞에서 다룬 HuggingFace 모델을 기반으로 한다. 필요한 경우 다른 임베딩 모델을 지정할 수 있다.

❹ **저장 및 인덱싱** 생성된 임베딩과 문서 정보를 Chroma 벡터 저장소에 저장하고 인덱싱한다.

❺ **결과 확인** 생성된 벡터 저장소의 이름과 저장된 음식 항목의 수를 출력하여 초기화 과정이 성공적으로 완료되었는지 확인한다.

〈예제 4-15〉 실습 파일명: LC_005_RAG.ipynb

```
1   from langchain_chroma import Chroma
2   from langchain_core.documents import Document
3
4   # 결합된 음식 청크를 벡터 저장소에 저장(indexing)
5   vectorstore = Chroma.from_documents(
6     documents=[
7       Document(
8         # 각 음식 청크를 Document 객체로 변환
9         page_content=food['content'],        # 음식의 내용
10        metadata={"name": food['name']}      # 음식의 이름을 메타데이터로 추가
11      ) for food in combined_food_chunks     # 청크 리스트를 Document로 변환
12    ],
13    embedding=embedding_generator,           # HuggingFace 모델을 사용하여 임베딩 생성
14    collection_name="korean_food",           # 벡터 저장소의 이름을 "korean_food"로 지정
15    persist_directory="./chroma_db"          # 벡터 저장소를 저장할 디렉토리 경로 지정
16  )
```

```
17
18    # 벡터 저장소가 성공적으로 생성되었음을 확인
19    print(f"'{vectorstore_collection_name}' 벡터 저장소에 \
20    {len(combined_food_chunks)} 개의 음식 항목이 저장되었습니다.")
```

<실행 결과>
'korean_food' 벡터 저장소에 10 개의 음식 항목이 저장되었습니다.

이렇게 초기화된 벡터 저장소는 이후 유사도 검색, 정보 검색 등 다양한 RAG 작업에 사용될 수 있다. 특히 'korean_food'라는 길렉션 이름과 './chroma_db' 저장 경로를 지정함으로써, 나중에 이 벡터 저장소를 쉽게 불러와 재사용할 수 있게 했다.

4-2 벡터 저장소 로드

이전에 초기화하고 저장한 벡터 저장소를 다시 불러와 사용하는 과정은 RAG 시스템의 효율성과 지속성을 높이는 중요한 단계다. 이 과정을 통해 매번 새로 벡터 저장소를 생성할 필요 없이, 기존에 처리한 데이터를 재활용할 수 있다.

다음은 Chroma 벡터 저장소를 로드하는 코드다. 이 코드는 다음과 같은 주요 단계를 수행한다.

❶ **Chroma 객체 생성** 기존에 저장된 벡터 저장소를 로드하기 위해 Chroma 클래스의 인스턴스를 생성한다.

❷ **매개변수 지정**
- **embedding_function** 이전에 사용한 것과 동일한 임베딩 모델을 지정한다. 새로운 쿼리를 기존 벡터와 비교할 때 일관성을 유지하기 위해 중요한 부분이다.
- **collection_name** 'korean_food'라는 이름으로 저장된 컬렉션을 지정한다.
- **persist_directory** 벡터 저장소가 저장된 디렉토리 경로 './chroma_db'를 지정한다.

❸ **정보 확인** 로드된 벡터 저장소의 컬렉션 이름과 저장된 문서 수를 출력하여 정상적으로 로드되었는지 확인한다.

<예제 4-16> 실습 파일명: LC_005_RAG.ipynb
```
1    # 저장한 벡터스토어 로드(나중에 다시 사용할 경우)
2    vectorstore = Chroma(
3      embedding_function=embedding_generator,
4      collection_name="korean_food",
5      persist_directory="./chroma_db",
6      )
7
```

```
8    print(f"벡터 저장소의 컬렉션 이름: {vectorstore._collection_name}")
9    print(f"벡터 저장소에 저장된 문서 수: {vectorstore._collection.count()}")
```

<실행 결과>

벡터 저장소의 컬렉션 이름: korean_food
벡터 저장소에 저장된 문서 수: 10

실행 결과를 보면, 'korean_food' 컬렉션이 성공적으로 로드되었고, 이 컬렉션에 10개의 문서(한국 음식 항목)가 저장되어 있음을 확인할 수 있다.

이렇게 로드된 벡터 저장소는 이전에 처리된 한국 음식 데이터에 대한 모든 정보와 임베딩을 포함하고 있어, 즉시 검색이나 기타 RAG 작업에 활용할 수 있다. 이는 시스템의 초기화 시간을 크게 단축시키고, 일관된 성능을 유지하는 데 도움을 준다.

4-3 벡터 저장소 검색

벡터 저장소 쿼리는 RAG 시스템에서 사용자의 질문과 관련된 문서 정보를 검색하는 핵심 과정이다. 랭체인은 다양한 쿼리 방법을 제공하여 벡터 저장소에서 효과적으로 정보를 검색할 수 있게 해준다. 주요 쿼리 방법을 한국 음식 데이터를 기준으로 설명하면 다음과 같다.

▌유사도 검색(Similarity Search)

먼저 가장 기본적인 검색 방법인 유사도 검색(Similarity Search)에 대해 설명한다. 유사도 검색은 주어진 쿼리와 가장 유사한 문서를 찾는 가장 기본적인 검색 방법이다. 이 방법은 쿼리를 벡터화하고, 이를 저장소의 모든 문서 벡터와 비교하여 가장 유사한 문서들을 반환한다.

유사도 검색의 장점으로는 간단하고 직관적인 사용 방법, 빠른 검색 속도, 그리고 텍스트의 의미적 유사성을 고려한 검색이 가능하다는 점이 있다. 이러한 장점 덕분에 유사도 검색은 사용자에게 신속하고 유용한 결과를 제공할 수 있다. 그러나 복잡한 의미 관계를 완벽하게 파악하기 어렵고 결과의 다양성이 제한될 수 있어, 항상 가장 유사한 문서만 반환되는 경향이 있다. 이어지는 코드는 다음의 과정을 수행한다.

❶ **쿼리 설정** '김치에 대해 설명해주세요'라는 쿼리를 사용하여 이 쿼리의 임베딩 벡터와 벡터 저장소의 10개 문서의 임베딩 벡터를 모두 비교한다.

❷ **결과 수 지정** k=2를 통해 가장 유사한 상위 2개의 문서를 반환하도록 설정한다.

❸ **검색 실행** vectorstore.similarity_search() 메서드를 호출하여 실제 검색을 수행한다.

❹ **결과 출력** 반환된 각 문서의 내용 중 앞부분 100자를 출력하여 검색 결과를 확인한다.

```
1   # 유사도 검색 수행
2   results = vectorstore.similarity_search(
3      "김치에 대해 설명해주세요",      # 검색할 쿼리 문장
4      k=2,                          # 반환할 결과의 수
5   )
6
7   # 검색 결과 출력 - 각 문서의 내용 앞부분 100자 출력
8   for doc in results:
9      print(f"* {doc.page_content[:100]}...")
```

〈실행 결과〉

```
* 이름: 김치
설명: 한국의 대표적인 발효 음식으로, 배추와 고춧가루를 주재료로 사용한다. 특징: 유산균이 풍부하여 건
강에 좋다. 배추김치, 깍두기, 열무김치 등 다양한 종류가 있다...
* 이름: 김밥
설명: 김에 밥과 다양한 재료를 넣고 말아 만든 간편식이다. 특징: 휴대가 간편하여 소풍이나 여행 시 자주
먹는다. 참치김밥, 치즈김밥, 불고기김밥 등 다양한 종류가...
```

실행 결과를 보면, 첫 번째로 가장 유사한 문서로 김치에 대한 설명이 반환되었음을 알 수 있다. 이를 통해 검색이 정확하게 수행되었음을 보여준다. 두 번째 결과로 김밥에 대한 정보가 나왔는데, 이는 '김'이라는 단어의 유사성 때문일 수 있다.

▌필터링(Filtering) 조건을 적용한 유사도 검색

필터링 조건을 적용한 유사도 검색은 기본적인 유사도 검색에 추가적인 제약을 두어 더욱 정확하고 관련성 높은 결과를 얻을 수 있게 해주는 방법이다. 이는 특히 특정 조건을 만족하는 문서만을 검색 결과에 포함시키고자 할 때 유용하다.

필터링 조건을 적용한 유사도 검색의 장점은 더욱 정확하고 관련성 높은 검색 결과를 얻을 수 있다는 것이다. 필터링을 통해 특정 조건, 예를 들어 음식의 종류, 조리법, 재료 등에 맞는 결과만을 선별할 수 있기 때문에 검색의 정확도가 크게 향상된다. 또한, 불필요한 검색 결과를 제외함으로써 후처리 작업을 줄일 수 있어 효율적인 정보 처리가 가능하다.

하지만 이 방법에도 몇 가지 주의할 사항이 있다. 너무 엄격한 필터링 조건을 적용하면 관련성이 있는 결과를 놓칠 위험이 있다. 또한, 필터링 조건이 잘못 설정되면 원하는 정보를 얻지 못할 수 있으며, 그로 인해 전체 검색의 효과가 떨어질 수 있다. 이어지는 예제 코드는 다음과 같은 과정을 수행한다.

❶ **쿼리 설정** '김치에 대해 설명해주세요'라는 쿼리를 사용하여 김치에 관한 정보를 검색한다.

❷ **결과 수 지정** k=2를 통해 최대 2개의 문서를 반환하도록 설정한다.

❸ **필터링 조건 추가** 'filter={"name": "김치"}'를 통해 메타데이터의 'name' 필드가 '김치'인 문서만을 검색 결과에 포함시키도록 한다.

❹ **검색 실행** vectorstore.similarity_search() 메서드를 호출하여 필터링이 적용된 유사도 검색을 수행한다.

❺ **결과 출력** 반환된 각 문서의 내용 중 앞부분 100자를 출력하여 검색 결과를 확인한다.

〈예제 4-18〉 실습 파일명: LC_005_RAG.ipynb

```
1   # 유사도 검색 수행 - 필터링 조건을 추가
2   results = vectorstore.similarity_search(
3       "김치에 대해 설명해주세요",        # 검색할 쿼리 문장
4       k=2,                              # 반환할 결과의 수
5       # 검색 결과 필터링 조건을 추가
6       filter={"name": "김치"},
7   )
8
9   # 검색 결과 출력 - 각 문서의 내용 앞부분 100자 출력
10  for doc in results:
11      print(f"* {doc.page_content[:100]}...")
```

〈실행 결과〉

* 이름: 김치
설명: 한국의 대표적인 발효 음식으로, 배추와 고춧가루를 주재료로 사용한다. 특징: 유산균이 풍부하여 건강에 좋다. 배추김치, 깍두기, 열무김치 등 다양한 종류가 있다...

실행 결과를 보면, 이전 예제와는 달리 오직 김치에 관한 정보만이 반환되었음을 알 수 있다. 필터링 조건이 성공적으로 적용되어, 'name' 필드가 '김치'인 문서만을 검색 결과에 포함시켰기 때문이다.

❚ 유사도 점수 기반 검색

유사도 점수 기반 검색은 기본적인 유사도 검색에 각 결과의 유사도 점수를 함께 제공하는 방법이다. 이 방법은 검색 결과의 관련성을 수치적으로 평가할 수 있어, 결과의 신뢰도를 더 정확히 판단할 수 있다.

유사도 점수 기반 검색은 여러 장점이 있다. 첫째로, 검색 결과의 신뢰도를 수치적으로 평가할 수 있어 사용자가 결과의 수준을 이해하는 데 도움을 준다. 둘째로, 결과 간의 상대적인 관련성을 비교할 수 있어, 어떤 문서가 더 유용한지를 판단하는 데 유리하다. 마지막으로, 특정 임계값 이상의 유사도를 가진 결과만을 선택적으로 사용할 수 있어, 검색의 정확도를 높일 수 있다.

그러나 이 방법을 사용할 때 주의해야 할 점도 존재한다. 첫째로, 유사도 점수가 항상 실제 의미적 관련성을 정확히 반영하지 않을 수 있다. 둘째로, 점수의 절대적인 값보다 상대적인 차이에 주목해야 한다. 즉, 높은 유사도 점수를 가진 문서가 반드시 관련성이 높은 것은 아니다. 마지막으로, 경우에 따라 높은 유사도 점수를 가진 문서가 실제로는 정보의 필요성에 부합하지 않을 수 있다. 이어지는 예제 코드는 다음과 같은 과정을 수행한다.

❶ **쿼리 설정** '비빔밥의 영양성분은 무엇인가요?'라는 쿼리를 사용하여 비빔밥의 영양 정보에 대한 문서를 검색한다.

❷ **결과 수 지정** k=2를 통해 가장 유사한 상위 2개의 문서를 반환하도록 설정한다.

❸ **검색 실행** vectorstore.similarity_search_with_score() 메서드를 호출하여 유사도 점수가 포함된 검색을 수행한다.

❹ **결과 출력** 반환된 각 문서의 유사도 점수와 내용 중 앞부분 100자를 출력하여 검색 결과를 확인한다.

＜예제 4-19＞ 실습 파일명: LC_005_RAG.ipynb

```
1   # 점수가 포함된 유사도 검색 수행
2   results = vectorstore.similarity_search_with_score(
3       "비빔밥의 영양성분은 무엇인가요?",        # 검색할 쿼리 문장
4       k=2,                                  # 반환할 결과의 수
5   )
6
7   # 검색 결과와 유사도 점수 출력 - 각 문서의 내용 앞부분 100자 출력
8   for doc, score in results:
9       print(f"* [유사도={score:.4f}] {doc.page_content[:100]}...")
```

＜실행 결과＞

* [유사도=0.6193] 이름: 비빔밥
설명: 밥 위에 다양한 나물과 고기를 올리고 고추장을 넣어 비벼 먹는 음식이다. 특징: 곡류, 채소, 단백질이 균형 있게 구성되어 있어 영양가가 높다. 나물의 종류에...
* [유사도=0.9808] 이름: 김밥
설명: 김에 밥과 다양한 재료를 넣고 말아 만든 간편식이다. 특징: 휴대가 간편하여 소풍이나 여행 시 자주 먹는다. 참치김밥, 치즈김밥, 불고기김밥 등 다양한 종류가...

실행 결과를 분석해보면, 첫 번째 결과(유사도 0.6193)는 비빔밥에 대한 설명으로, 쿼리와 가장 관련성이 높은 문서다. 유사도 점수가 상대적으로 낮은 이유는, Chroma 벡터 저장소에서 계산하는 유사도 점수가 두 벡터의 차이를 나타내는 거리(Distance)를 측정하기 때문이다. 거리가 가까울수록, 즉 점수가 낮을수록 유사한 문서라고 볼 수 있다.

두 번째 결과(유사도 0.9808)는 김밥에 대한 설명으로, 쿼리와의 관련성이 낮기 때문에 두 벡터 간의 거리가 더 멀리 떨어져 있다는 것을 높은 점수를 통해서 확인할 수 있다.

유사도 점수 기반 검색은 RAG 시스템에서 검색 결과의 품질을 평가하고, 더 정교한 후처리 로직을 구현하는 데 중요한 역할을 할 수 있다. 예를 들어, 특정 임계값 이상의 유사도를 가진 결과만을 LLM에 전달하거나, 유사도 점수에 따라 결과의 중요도를 가중치로 부여하여 시스템의 성능을 향상시키는 방법으로 활용될 수 있다.

4-4 랭체인 검색기(Retriever) 활용

벡터 저장소를 랭체인에서 제공하는 검색기(Retriever) 객체로 변환하면 다양한 검색 전략을 간단하게 적용할 수 있다. 검색기 객체는 기본적인 유사도 검색 외에도 다양한 필터링, 임계값 기반 검색, 다양성 기반 검색 등 여러 복잡한 검색 전략을 구현하는 기능을 지원한다.

- **필터링 조건 적용** 특정 음식 종류나 재료 등 특정 조건을 충족하는 문서만 검색할 수 있다.
- **유사도 점수 기반 검색** 검색 결과에 유사도 점수를 부여하여, 사용자가 원하는 임계값 이상의 결과만 필터링할 수 있다.
- **다양성 기반 검색(MMR)** 결과 간의 중복을 줄이고 더 다양한 정보를 제공하기 위해 MMR (Maximal Marginal Relevance) 알고리즘을 사용할 수 있다.

이와 같은 검색기 객체의 활용은 RAG 시스템에서 정보 검색의 정교함을 높이는 데 중요한 역할을 한다. 사용자는 보다 정확하고 관련성 높은 정보를 검색할 수 있으며, 시스템의 성능을 향상시킬 수 있다. 검색기 객체를 생성하기 위해서는 as_retriever() 메서드를 사용하여 기존의 벡터 저장소를 검색기 형태로 변환할 수 있다. 이 과정에서 특정 검색 전략을 정의할 수 있는 여러 옵션을 설정할 수 있다. 다음과 같이 여러 옵션을 하나씩 살펴본다.

Top K 검색

Top K 검색은 사용자가 입력한 쿼리에 대해 가장 관련성이 높은 K개의 문서를 검색하는 방법이다. 이 방법은 사용자가 원하는 정보에 신속하게 접근할 수 있도록 도와준다.

다음 예제에서는 "김치의 주재료는 무엇인가요?"라는 쿼리를 사용하여 상위 2개의 관련 문서를 검색한다. 결과로 김치와 김밥에 대한 설명이 반환되는 것을 확인할 수 있다. 이 검색 방법은 사용자가 입력한 질문에 대해 신속하게 가장 관련성이 높은 정보를 제공하는 데 유용하다.

<예제 4-20> 실습 파일명: **LC_005_RAG.ipynb**

```
1    # Top K 검색
2    food_k_retriever = vectorstore.as_retriever(
3        search_kwargs={"k": 2},              # 상위 2개 문서 검색
4    )
5
6    query = "김치의 주재료는 무엇인가요?"      # 음식 관련 쿼리
7    retrieved_food_docs = food_k_retriever.invoke(query)
8
9    print(f"쿼리: {query}")
10   print("검색 결과:")
11   for doc in retrieved_food_docs:
12       # 본문 내용 + 음식 이름으로 메타데이터 출력
13       print(f"- {doc.page_content} [출처: {doc.metadata['name']}]")
14       print("-"*50)
```

<실행 결과>

쿼리: 김치의 주재료는 무엇인가요?
검색 결과:
- 이름: 김치
설명: 한국의 대표적인 발효 음식으로, 배추와 고춧가루를 주재료로 사용한다. 특징: 유산균이 풍부하여 건강에 좋다. 배추김치, 깍두기, 열무김치 등 다양한 종류가 있다. 한국인의 식탁에서 빠지지 않는 반찬이며, 김치찌개, 김치전 등 다양한 요리의 재료로도 사용된다. UNESCO 인류무형문화유산으로 등재되었다. [출처: 김치]

- 이름: 김밥
설명: 김에 밥과 다양한 재료를 넣고 말아 만든 간편식이다. 특징: 휴대가 간편하여 소풍이나 여행 시 자주 먹는다. 참치김밥, 치즈김밥, 불고기김밥 등 다양한 종류가 있다. 한국의 대표적인 패스트푸드로, 저렴한 가격에 영양가 있는 한 끼 식사로 인기가 높다. 최근에는 건강식 김밥, 특색있는 퓨전 김밥 등 다양한 변형이 등장하고 김밥, 특색있는 퓨전 김밥 등 다양한 변형이 등장하고 있다. [출처: 김밥]

▎임계값 지정 검색

임계값 지정 검색은 유사도 점수에 기반하여 검색 결과를 필터링하는 방법이다. 이 방법은 사용자가 지정한 임계값 이상의 유사도를 가진 문서만을 선택적으로 반환하여 검색 결과의 품질을 높인다. 이어지는 예제의 코드는 다음과 같은 과정을 포함한다.

❶ 유사도 기준 스코어 이상의 문서 검색을 위해 벡터 저장소를 검색기 객체로 변환한다. search_type='similarity_score_threshold'를 설정하여 유사도 스코어가 0.5 이상인 문서를 검색한다.

❷ 쿼리로 '김치의 주재료는 무엇인가요?'를 사용하여 음식에 관한 정보를 검색한다.

❸ 검색 결과에 대해 유사도 점수를 계산하기 위해 코사인 유사도 함수를 사용한다. 각 문서의 유사도 점수와 함께 문서의 내용을 출력한다.

〈예제 4-21〉 실습 파일명: LC_005_RAG.ipynb

```
1  from langchain_community.utils.math import cosine_similarity
2
3  # 유사도 기준 스코어 이상 문서 검색
4  food_threshold_retriever = vectorstore.as_retriever(
5      search_type='similarity_score_threshold',
6      # 유사도 스코어가 0.5 이상인 문서 검색
7      search_kwargs={'score_threshold': 0.5, 'k': 2},
8  )
9
10 query = "김치의 주재료는 무엇인가요?"
11 retrieved_food_docs = food_threshold_retriever.invoke(query)
12
13 print(f"쿼리: {query}")
14 print("검색 결과:")
15 for doc in retrieved_food_docs:
16     score = cosine_similarity(
17         [embedding_generator.embed_query(query)],
18         [embedding_generator.embed_query(doc.page_content)]
19     )[0][0]
20     # 유사도 점수와 함께 출력
21     print(f"- [유사도: {score:.4f}] [출처: {doc.metadata['name']}]")
22     print(f"{doc.page_content}")
23     print("-"*50)
```

〈실행 결과〉

쿼리: 김치의 주재료는 무엇인가요?
검색 결과:
- [유사도: 0.6684] [출처: 김치]
이름: 김치
설명: 한국의 대표적인 발효 음식으로, 배추와 고춧가루를 주재료로 사용한다. 특징: 유산균이 풍부하여 건강에 좋다. 배추김치, 깍두기, 열무김치 등 다양한 종류가 있다. 한국인의 식탁에서 빠지지 않는 반찬이며, 김치찌개, 김치전 등 다양한 요리의 재료로도 사용된다. UNESCO 인류무형문화유산으로 등재되었다.

실행 결과는 쿼리와 관련된 검색 결과를 보여준다. k=2로 최대 2개의 문서를 검색하는 설정을 했지만, 유사도가 기준에 부합하는 문서만 1개 검색된 것을 볼 수 있다. 검색된 문서는 김치에 대한 설명으로, 유사도 점수가 0.6684로 나타난다.

▌MMR(Maximal Marginal Relevance) 검색

MMR 검색은 검색 결과의 다양성을 고려하여 문서를 선택하는 방법이다. 이 방법은 유사한 문서가 여러 개 반환되는 것을 방지하고, 서로 다른 정보를 포함하는 결과를 제공한다. 이처럼 검색 결과의 다양성을 높여 사용자의 다양한 요구를 충족시키는 데 기여한다. 이를 통해 사용자는 더 풍부한 정보를 얻을 수 있으며, 다양한 관점에서 문제를 탐구할 수 있다. 이어지는 예제 코드에서는 다음과 같은 과정을 수행한다.

❶ MMR 검색기 객체를 생성한다. search_type='mmr'로 설정하고, 검색할 문서의 수(k)는 3으로, MMR 알고리즘에 전달할 문서의 수(fetch_k)는 5로 지정한다. 'lambda_mult' 파라미터는 다양성을 고려하는 정도를 설정하는데, 이 예제에서는 0.5로 설정한다. 이렇게 설정된 MMR 리트리버는 먼저 5개의 후보 문서를 검색한 후, 이들 중에서 관련성과 다양성을 모두 고려하여 최종적으로 3개의 문서를 선택하여 반환한다.

❷ 쿼리로 '김치의 주재료는 무엇인가요?'를 사용하여 관련된 음식을 검색한다.

❸ 각 검색 결과에 대해 유사도 점수를 계산하고, 이를 출력한다.

〈예제 4-22〉 실습 파일명: LC_005_RAG.ipynb

```python
1  # MMR - 다양성 고려
2  food_mmr_retriever = vectorstore.as_retriever(
3    search_type='mmr',
4    search_kwargs={
5      'k': 3,                    # 검색할 문서의 수
6      'fetch_k': 5,              # MMR 알고리즘에 전달할 문서의 수(fetch_k 〉k)
7      'lambda_mult': 0.5,        # 다양성을 고려하는 정도
8    },
9  )
10
11 query = "김치의 주재료는 무엇인가요?"
12 retrieved_food_docs = food_mmr_retriever.invoke(query)
13
14 print(f"쿼리: {query}")
15 print("검색 결과:")
16 for doc in retrieved_food_docs:
17   score = cosine_similarity(
18     [embedding_generator.embed_query(query)],
19     [embedding_generator.embed_query(doc.page_content)]
20   )[0][0]
21   # 유사도 점수와 함께 출력
22   print(f"- [유사도: {score:.4f}] [출처: {doc.metadata['name']}]")
23   print(f"{doc.page_content}")
24   print("-"*50)
```

쿼리: 김치의 주재료는 무엇인가요?
검색 결과:
- [유사도: 0.6684] [출처: 김치]
이름: 김치
설명: 한국의 대표적인 발효 음식으로, 배추와 고춧가루를 주재료로 사용한다. 특징: 유산균이 풍부하여 건강에 좋다. 배추김치, 깍두기, 열무김치 등 다양한 종류가 있다. 한국인의 식탁에서 빠지지 않는 반찬이며, 김치찌개, 김치전 등 다양한 요리의 재료로도 사용된다. UNESCO 인류무형문화유산으로 등재되었다.

- [유사도: 0.5540] [출처: 김밥]
이름: 김밥
설명: 김에 밥과 다양한 재료를 넣고 말아 만든 간편식이다. 특징: 휴대가 간편하여 소풍이나 여행 시 자주 먹는다. 참치김밥, 치즈김밥, 불고기김밥 등 다양한 종류가 있다. 한국의 대표적인 패스트푸드로, 저렴한 가격에 영양가 있는 한 끼 식사로 인기가 높다. 최근에는 건강식 김밥, 특색있는 퓨전 김밥 등 다양한 변형이 등장하고 김밥, 특색있는 퓨전 김밥 등 다양한 변형이 등장하고 있다.

- [유사도: 0.5058] [출처: 파전]
이름: 파전
설명: 파를 주재료로 하여 부침개 형태로 만든 음식이다. 특징: 해물파전, 김치전 등 다양한 종류가 있으며, 비 오는 날 즐겨 먹는 음식으로 유명하다. 막걸리와 함께 즐기는 것이 일반적이며, 바삭한 식감과 파의 향긋한 맛이 특징이다. 간단한 재료로 만들 수 있어 가정에서도 자주 만들어 먹는 음식이다.

실행 결과는 사용자가 요청한 쿼리와 관련된 다양한 정보를 제공한다. 예를 들어, 첫 번째 결과는 김치에 대한 설명으로 유사도 점수는 0.6684이다. 두 번째 결과는 김밥에 대한 정보로, 유사도 점수는 0.5540이다. 마지막으로 세 번째 결과는 파전에 대한 설명으로, 유사도 점수는 0.5058이다.

> **NOTE**
> 'lambda_mult' 파라미터는 MMR 검색 알고리즘에서 다양성을 고려하는 정도를 설정하는 역할을 한다. 이 파라미터는 검색 결과의 유사도와 다양성 간의 균형을 조절하며, 특정 값을 설정함으로써 모델이 어느 정도로 결과의 다양성을 고려할지를 결정한다. 'lambda_mult' 값이 낮을수록 결과의 유사도를 더 중시하게 된다. 다시 말해, 유사한 문서들을 더 많이 포함하는 경향이 있다. 반면, 'lambda_mult' 값(범위: 0 ~ 1)이 높을수록 결과의 다양성을 중시하게 되어, 서로 다른 내용을 가진 문서들을 더 많이 포함하게 된다.

▌page_content 본문 필터링 검색

page_content 본문 필터링 검색은 특정 단어가 포함된 문서만을 선택적으로 검색하는 방법이다. 이 방법을 통해 사용자는 원하는 주제와 관련된 정보를 더욱 효율적으로 찾아낼 수 있다. 예제에서는 다음과 같은 절차를 따른다.

❶ food_content_retriever 객체를 생성한다. 이 객체는 search_kwargs를 통해 검색할 문서의 수(k)를 2로 설정하고, where_document를 사용하여 page_content 본문에 '김치'라는 단어가 포함된 문서만을 검색하도록 필터링 조건을 설정한다.

❷ 쿼리로 '김치의 주재료는 무엇인가요?'를 사용하여 관련된 음식을 검색한다.

❸ 검색 결과로 반환된 문서들을 출력한다.

page_content 본문 필터링 검색은 RAG 시스템에서 특정 키워드에 기반한 정보 검색을 가능하게 하여, 사용자가 필요로 하는 정보를 더욱 신속하게 찾아낼 수 있도록 돕는다. 이 방법은 특히 많은 양의 데이터 중에서 원하는 정보를 선별하는 데 효과적이다.

〈예제 4-23〉 실습 파일명: LC_005_RAG.ipynb

```
1   # page_content 필터링 검색
2   food_content_retriever = vectorstore.as_retriever(
3      search_kwargs={
4        'k': 2,
5        # "김치"라는 단어가 포함된 문서 검색
6        'where_document': {'$contains': '김치'},
7      }
8   )
9
10  query = "김치의 주재료는 무엇인가요?"
11  retrieved_food_docs = food_content_retriever.invoke(query)
12
13  print(f"쿼리: {query}")
14  print("검색 결과:")
15  for doc in retrieved_food_docs:
16    print(f"- {doc.page_content} [출처: {doc.metadata['name']}]")
17    print("-"*50)
```

쿼리: 김치의 주재료는 무엇인가요?

검색 결과:

- 이름: 김치

설명: 한국의 대표적인 발효 음식으로, 배추와 고춧가루를 주재료로 사용한다. 특징: 유산균이 풍부하여 건강에 좋다. 배추김치, 깍두기, 열무김치 등 다양한 종류가 있다. 한국인의 식탁에서 빠지지 않는 반찬이며, 김치찌개, 김치전 등 다양한 요리의 재료로도 사용된다. UNESCO 인류무형문화유산으로 등재되었다. [출처: 김치]

- 이름: 파전

설명: 파를 주재료로 하여 부침개 형태로 만든 음식이다. 특징: 해물파전, 김치전 등 다양한 종류가 있으며, 비 오는 날 즐겨 먹는 음식으로 유명하다. 막걸리와 함께 즐기는 것이 일반적이며, 바삭한 식감과 파의 향긋한 맛이 특징이다. 간단한 재료로 만들 수 있어 가정에서도 자주 만들어 먹는 음식이다. [출처: 파전]

실행 결과는 사용자가 요청한 쿼리와 관련된 정보만을 포함한다. 첫 번째 결과는 김치에 대한 설명으로, '배추김치, 깍두기, 열무김치 등'에 '김치'라는 단어가 포함되어 있다. 두 번째 결과는 파전에 대한 설명으로, '해물파전, 김치전 등'라는 부분에 '김치'가 포함되어 있다. 이러한 결과들은 '김치'라는 특정 키워드와 관련된 정보를 제공한다.

▎metadata 필터링 검색

metadata 필터링 검색은 특정 메타데이터 값을 기준으로 검색 결과를 제한하는 기법이다. 이 방식은 사용자가 관심 있는 특정 속성을 가진 문서만을 선택적으로 검색할 수 있도록 하여, 보다 직관적이고 관련성 높은 검색 결과를 제공하는 방법이다.

예제에서는 이러한 metadata 필터링을 활용하여 '김치'라는 음식 이름을 가진 문서만을 검색하는 과정을 보여준다.

❶ food_metadata_retriever 객체를 생성하여 벡터 저장소를 검색기로 변환한다. filter 키를 통해 특정 메타데이터 조건을 정의한다. 여기서는 {'name': '김치'}로 설정하여 음식 이름이 '김치'인 문서만 검색하도록 한다. 또한 k=2로 설정하여 검색할 문서의 수를 두 개로 제한한다.

❷ 쿼리 실행 단계에서는 사용자가 '김치의 주재료는 무엇인가요?'라는 질문을 설정하고, 이를 기반으로 검색을 수행한다. 이때 검색된 결과는 retrieved_food_docs라는 변수에 저장된다.

```
1    # metadata 필터링 검색
2    food_metadata_retriever = vectorstore.as_retriever(
3      search_kwargs={
4        'filter': {'name': '김치'},      # 특정 음식 이름으로 필터링
5        'k': 2,
6      }
7    )s
8
9    query = "김치의 주재료는 무엇인가요?"
10   retrieved_food_docs = food_metadata_retriever.invoke(query)
11
12   print(f"쿼리: {query}")
13   print("검색 결과:")
14   for doc in retrieved_food_docs:
15     print(f"- {doc.page_content} [출처: {doc.metadata['name']}]")
16     print("-"*50)
```

〈실행 결과〉

쿼리: 김치의 주재료는 무엇인가요?
검색 결과:
- 이름: 김치
설명: 한국의 대표적인 발효 음식으로, 배추와 고춧가루를 주재료로 사용한다. 특징: 유산균이 풍부하여 건강에 좋다. 배추김치, 깍두기, 열무김치 등 다양한 종류가 있다. 한국인의 식탁에서 빠지지 않는 반찬이며, 김치찌개, 김치전 등 다양한 요리의 재료로도 사용된다. UNESCO 인류무형문화유산으로 등재되었다. [출처: 김치]

검색 결과는 '김치'라는 이름을 가진 문서 하나만 포함되어 있다. 이는 메타데이터 필터링을 통해 결과가 효과적으로 제한되었음을 의미하며, 사용자가 원하는 정보에 대한 명확한 답변을 제공한다.

005 질의응답 RAG Chain 구현

질의응답 RAG(정보 검색 기반 생성) Chain은 사용자의 질문에 대해 관련 정보를 검색하고 이를 바탕으로 답변을 생성하는 마지막 과정이다. 이 단계에서는 검색기와 언어 모델이 함께 작동하여 최종적인 응답을 도출한다.

- **검색기**(Retriever) 사용자의 질문과 관련된 문서를 벡터 저장소에서 검색하는 역할을 한다. 검색기에서 반환된 문서는 언어 모델이 답변을 생성하는 데 필요한 정보의 기초가 된다.
- **언어 모델**(LLM) 검색된 정보를 바탕으로 사용자의 질문에 대한 답변을 생성한다.

5-1 create_retrieval_chain 활용

다음 예제와 같이 랭체인의 `create_retrieval_chain` 도구를 활용하면, 질의응답 RAG Chain을 빠르게 구현할 수 있다. 구현 단계를 먼저 간단하게 알아보겠다.

❶ 검색기 및 LLM을 초기화하는 단계가 필요하다. 이 단계에서 검색기 객체를 초기화하고, `ChatOpenAI` 클래스를 사용하여 언어 모델을 초기화한다. 이 과정에서 검색기의 파라미터로 반환할 문서의 수를 설정할 수 있어, 검색 결과의 양을 조절할 수 있다.

❷ 질문에 대한 답변을 생성할 때 사용할 시스템 프롬프트를 정의하는 단계다. 이 프롬프트는 주어진 문맥을 기반으로 응답을 생성하도록 지시하며, 만약 언어 모델이 답변을 모를 경우에는 '모른다'고 응답하도록 설정하여 정확성을 높인다.

❸ 'ChatPromptTemplate.from_messages' 메서드를 활용하여 시스템 프롬프트와 사용자 질문을 포함한 프롬프트 템플릿을 생성한다. 이 템플릿은 LLM이 사용자 질문을 처리하는 데 필요한 정보를 제공하며, 질문 응답의 효율성을 높인다.

❹ 질문 응답 체인을 생성하는 단계에서는 'create_stuff_documents_chain' 메서드를 사용하여 LLM과 프롬프트를 연결한 질문 응답 체인을 구성한다. 이 체인은 사용자의 질문에 적합한 답변을 도출하는 과정에서 중요한 역할을 한다.

❺ 'create_retrieval_chain' 메서드를 사용하여 검색기와 질문 응답 체인을 결합한 RAG 체인을 최종적으로 완성한다.

❻ 질의응답 실행 단계에서는 'chain.invoke' 메서드를 호출하여 사용자의 질문에 대한 답변을 생성하고, 그 결과를 변수에 저장한다. 이 단계에서 사용자의 질문과 관련된 정보가 검색되고, 이를 바탕으로 최종적인 응답이 생성된다.

```
1   from langchain.chains import create_retrieval_chain
2   from langchain.chains.combine_documents import create_stuff_documents_
3   chain
4   from langchain_core.prompts import ChatPromptTemplate
5   from langchain_openai import ChatOpenAI
6
7   # 검색기 및 LLM 초기화
8   retriever = vectorstore.as_retriever(search_kwargs={"k": 2})
9   llm = ChatOpenAI(model="gpt-4o-mini")
10
11  # 시스템 프롬프트 정의
12  system_prompt = (
13    "주어진 문맥을 사용하여 질문에 답하시오."
14    "정확한 답을 모를 경우, '모른다'고 말하시오."
15    "최대 세 문장으로 간결하게 답변하시오."
16    "문맥: {context}"
17  )
18
19  # 프롬프트 템플릿 생성
20  prompt = ChatPromptTemplate.from_messages(
21    [
22      ("system", system_prompt),
23      ("human", "{input}"),
24    ]
25  )
26
27  # 질문 응답 체인 생성
28  question_answer_chain = create_stuff_documents_chain(llm, prompt)
29
30  # RAG 체인 생성
31  chain = create_retrieval_chain(retriever, question_answer_chain)
32
33  # 질의응답 실행
34  result = chain.invoke({"input": query})
35
36  # 결과 출력
37  print(f"질문: {result['input']}")
38  print("-"*100)
39  print(f"맥락: {result['context']}")
40  print("-"*100)
41  print(f"답변: {result['answer']}")
42  print("="*100)
```

질문: 김치의 주재료는 무엇인가요?

맥락: [Document(metadata={'name': '김치'}, page_content='이름: 김치\n설명: 한국의 대표적인 발효 음식으로, 배추와 고춧가루를 주재료로 사용한다. 특징: 유산균이 풍부하여 건강에 좋다. 배추김치, 깍두기, 열무김치 등 다양한 종류가 있다. 한국인의 식탁에서 빠지지 않는 반찬이며, 김치찌개, 김치전 등 다양한 요리의 재료로도 사용된다. UNESCO 인류무형문화유산으로 등재되었다.'), Document(metadata={'name': '김밥'}, page_content='이름: 김밥\n설명: 김에 밥과 다양한 재료를 넣고 말아 만든 간편식이다. 특징: 휴대가 간편하여 소풍이나 여행 시 자주 먹는다. 참치김밥, 치즈김밥, 불고기김밥 등 다양한 종류가 있다. 한국의 대표적인 패스트푸드로, 저렴한 가격에 영양가 있는 한 끼 식사로 인기가 높다. 최근에는 건강식 김밥, 특색있는 퓨전 김밥 등 다양한 변형이 등장하고 김밥, 특색있는 퓨전 김밥 등 다양한 변형이 등장하고 있다.')]

답변: 김치의 주재료는 배추와 고춧가루입니다.

==

실행 결과에서는 RAG Chain을 통해 생성된 응답 객체의 3가지 주요 속성이 구분되어 출력되며, 이는 후속 처리 과정에서 중요한 정보를 제공한다. 특히, LLM의 최종 답변이 어느 문서에 근거하고 있는지 출처를 편리하게 확인할 수 있다는 장점이 있다. 다음은 3가지 주요 속성이다.

❶ **질문** 사용자가 입력한 질문이 표시된다.

❷ **맥락** LLM이 답변을 생성하는 데 사용한 검색된 문서의 내용이 출력된다. 이 문서들은 사용자의 질문과 관련된 정보를 포함하고 있다.

❸ **답변** LLM이 생성한 최종적인 답변이 나타난다. 이 결과는 사용자의 질문에 대한 정확하고 간결한 응답을 제공한다.

5-2 LCEL 문법으로 RAG Chain 생성

다음 코드에서는 사용자 질문에 대한 정확한 답변을 제공하는 RAG Chain을 LCEL 문법으로 구현하는 과정을 보여준다. LCEL 문법을 사용하면 코드의 구성 요소가 명확하게 분리되어 가독성이 향상되고, 다양한 구성 요소를 쉽게 조합할 수 있는 유연성을 제공한다는 장점이 있다.

`format_docs` 함수는 검색된 문서들의 내용을 포맷팅하여 하나의 문자열로 반환한다. 검색기에서 반환된 문서 객체의 내용을 처리하기 위한 단계다. 그리고 파이프(|) 연산자를 이용해서 다음과 같은 요소를 순차적으로 연결하여 RAG 체인을 생성한다.

• `retriever | format_docs` 검색기에서 문서를 가져와 `format_docs` 함수로 포맷팅하는 과정이다. 검색된 문서의 내용이 context로 전달된다.

- **RunnablePassthrough( )** 사용자의 질문(입력)을 그대로 전달하는 역할을 한다.
- **prompt** 시스템 프롬프트와 질문을 결합하여 언어 모델에게 전달할 문맥과 질문을 생성한다.
- **llm** 언어 모델인 ChatOpenAI가 질의응답을 처리한다.
- **StrOutputParser( )** 언어 모델의 응답을 문자열로 파싱하여 최종 출력 형태로 변환한다.
- **rag_chain.invoke(query) 메서드** 사용자의 질문을 입력받아 검색과 답변 생성을 실행한다.

<예제 4-26> 실습 파일명: LC_005_RAG.ipynb

```
1   from langchain_core.output_parsers import StrOutputParser
2   from langchain_core.runnables import RunnablePassthrough
3
4   # 문서 포맷터 함수 정의
5   def format_docs(docs):
6       return "\n\n".join([d.page_content for d in docs])
7
8   # 체인 생성
9   rag_chain = (
10      {"context": retriever | format_docs, "input": RunnablePassthrough()}
11      | prompt
12      | llm
13      | StrOutputParser()
14  )
15
16  # 질의 실행
17  response = rag_chain.invoke(query)
18
19  # 결과 출력
20  print(f"질문: {query}")
21  print(f"답변: {response}")
```

<실행 결과>

질문: 김치의 주재료는 무엇인가요?
답변: 김치의 주재료는 배추와 고춧가루입니다.

실행 결과를 보면, 사용자가 '김치의 주재료는 무엇인가요?'라는 질문을 입력했으며, 이는 검색과 답변 생성 과정의 시작점이 된다. RAG 체인은 검색된 문서에서 김치의 주재료와 관련된 정보를 추출하여, '배추와 고춧가루'라는 정확한 답변을 생성하였다. 이는 LLM이 검색된 문서에서 관련 정보를 이용해 간결한 답변을 생성한 결과다.

RunnablePassthrough는 랭체인의 유용한 구성 요소 중 하나이다. 이 객체는 사용자로부터 텍스트 입력 받아 LCEL 체인 안에서 그대로 전달하는 역할을 하며, 주로 체인의 특정 단계에서 입력을 변환하거나 처리할 필요 없이 그대로 다음 단계로 넘겨야 할 때 사용된다.

기능 및 역할

- **입력 데이터 전달** RunnablePassthrough는 입력된 데이터를 수정하거나 변형하지 않고 그대로 다음 단계로 전달한다. 이를 통해 체인 내 다른 구성 요소가 입력 데이터를 처리할 수 있게 한다.
- **간단한 흐름 제어** 복잡한 데이터 변환 없이 입력을 전달하고 싶을 때, RunnablePassthrough는 체인의 일관성을 유지하면서 쉽게 사용할 수 있는 도구다.

앞의 예제에서 RunnablePassthrough()는 사용자가 입력한 질문을 그대로 받아 prompt 단계로 전달한다. 만약 입력을 변환할 필요가 있다면 이를 처리하는 다른 함수나 모듈을 사용하겠지만, 여기서는 변환 없이 원본 데이터를 넘겨주기 때문에 RunnablePassthrough가 사용되었다.

5-3 Gradio 챗 인터페이스 적용

이 섹션에서는 Gradio의 ChatInterface를 활용하여 사용자가 입력한 질문에 RAG Chain을 통해 응답하는 RAG 시스템을 기반으로 하는 한국어 AI 어시스턴트를 구축한다. 예제 코드는 다음과 같은 요소들로 구성되어 단계적으로 실행된다.

❶ **사용자 질문을 처리하는 함수** answer_invoke 함수는 사용자가 입력한 질문을 받아 RAG 체인을 통해 답변을 생성하는 역할을 한다. 이 함수는 Gradio와 랭체인의 RAG 체인을 연결하는 핵심 부분으로, 입력된 질문이 Gradio의 인터페이스를 통해 전달되면 이를 RAG 시스템으로 넘겨준다. 그 후 RAG 시스템이 생성한 답변을 반환하여 화면에 출력한다.

❷ **ChatInterface 생성** Gradio에서 제공하는 ChatInterface는 간단하게 챗봇 인터페이스를 구축할 수 있게 하는 도구다.

❸ **Gradio 인터페이스 실행** 마지막으로 demo.launch() 명령을 통해 Gradio 인터페이스를 실행한다. 기본적으로 로컬 서버가 열리며, 이를 통해 브라우저에서 챗봇 인터페이스에 접속할 수 있다. 실행이 성공하면 로컬 URL이 출력되며, 이를 통해 인터페이스에 접근 가능하다.

```python
1   import gradio as gr
2
3   # 사용자 질문을 처리하는 함수
4   def answer_invoke(user_input, history):
5       """사용자의 질문을 처리하고 RAG 체인을 통해 답변을 생성하는 함수"""
6       # 질의 실행
7       response = rag_chain.invoke(user_input)
8       return response
9
10  # ChatInterface 생성
11  demo = gr.ChatInterface(
12      fn=answer_invoke,
13      title="한국어 AI 어시스턴트",
14      description="RAG 시스템을 활용하여 질문에 대해 답변합니다.",
15      examples=[
16          "김치의 주재료는 무엇인가요",
17          "발효음식에는 어떤 것이 있나요?",
18          "채식주의자를 위한 음식을 추천해주세요.",
19          ],
20      retry_btn="다시 생성",
21      undo_btn="되돌리기",
22      clear_btn="대화 지우기"
23  )
24
25  # Gradio 인터페이스 실행
26  demo.launch()
```

<실행 결과>

```
Running on local URL: http://127.0.0.1:7860
To create a public link, set 'share=True' in 'launch()'.
```

실행을 완료하면 Gradio는 로컬 서버에서 챗봇 인터페이스를 제공하게 된다. 다음 그림과 같은 웹 인터페이스를 통해 사용자는 질문을 입력할 수 있고, RAG Chain이 그 질문에 대한 검색 결과를 바탕으로 답변을 생성하여 제공한다.

[그림 4-10] Gradio 웹 인터페이스 실행

05

Tool Calling

도구(Tools) 시스템은 LLM이 외부 기능을 호출하고 그 결과를 활용하여 더 풍부한 응답을 생성할 수 있게 해준다. 먼저 LangChain에서 기본적으로 제공하는 내장 도구들의 사용법을 익히고, @tool 데코레이터와 StructuredTool을 활용하여 사용자 정의 도구를 만드는 방법을 학습한다. 여러 도구를 LLM에 바인딩하여 상황에 따라 적절한 도구를 선택하고 실행하는 방법도 다룬다. 그리고 Pydantic 클래스를 활용한 구조적 출력 처리 방법을 배워, LLM의 응답을 정형화된 형태로 받아 처리하는 방법을 학습한다.

001 도구(Tools)의 개념과 역할

도구(Tools)는 모델이 외부 API를 호출하거나 특정 코드를 제어할 수 있도록 설계된 유틸리티다. LLM과 도구의 상호작용은 자연어로 된 사용자 요청을 처리하는 과정에서 중요한 역할을 한다. 사용자가 질문을 입력하면 LLM은 해당 질문을 분석하여 어떤 적합한 도구를 호출할지 결정한다.

[그림 5-1] 랭체인의 도구 체인 개념[10]

이러한 상호작용은 주로 3가지 단계로 이루어진다.

첫째, 사용자 입력 분석 단계에서는 LLM이 사용자의 질문이나 요청을 이해하고, 이를 처리하기 위해 어떤 도구가 필요한지 판단한다. 예를 들어, 사용자가 '하와이의 현재 날씨는?'이라고 물을 경우, LLM은 날씨 정보를 제공하는 도구가 필요함을 인식한다.

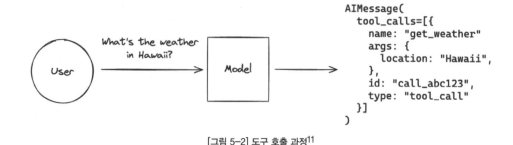

[그림 5-2] 도구 호출 과정[11]

---

10 이미지 출처: https://python.langchain.com/v0.1/docs/use_cases/tool_use/
11 이미지 출처: https://python.langchain.com/docs/how_to/tool_calling/

둘째, 도구 호출 단계에서는 LLM이 적합한 도구를 사용하여 API 호출, 계산, 데이터 검색 등의 작업을 수행한다. 앞의 예시에서 LLM은 날씨 API 도구를 호출하여 실시간 날씨 정보를 가져온다. 이처럼 LLM은 사용자의 자연어 요청을 기반으로 도구에 적절한 입력값을 전달하고, 그 결과를 받아온다.

마지막으로, 결과 처리 단계에서는 도구에서 반환된 데이터를 다시 LLM이 처리하여 자연어로 사용자에게 결과를 제공한다. LLM은 도구가 반환한 결과를 해석하고, 이를 문맥에 맞는 형태로 자연스럽게 전달함으로써 사용자가 질문한 내용에 대한 적절한 답변을 생성한다.

이처럼, 도구는 LLM의 기능을 확장하는 역할을 한다. 주된 활용 시나리오는 다음과 같다.

- **외부 API 호출** 실시간 데이터 조회, 날씨 정보, 주식 가격, 뉴스와 같은 정보를 외부 API를 통해 실시간으로 받아올 수 있다.
- **계산 작업 수행** 복잡한 수치 계산이나 데이터 분석을 자동으로 처리하여, 사용자가 즉각적인 답변을 받을 수 있다.
- **데이터 검색** 검색 엔진이나 문서 저장소에서 정보를 검색하여 필요한 데이터를 추출하고 결과를 사용자에게 전달한다.
- **자동화 작업** 일정 관리, 데이터 처리, 사용자 요청에 맞는 콘텐츠 생성 등의 작업을 자동화하여 효율성을 높인다.

002 LangChain 내장 도구 사용하기

랭체인은 다양한 카테고리의 도구를 제공한다. 랭체인은 모델이 입력을 생성하고, 출력이 모델에 다시 전달되도록 설계되어 있다. 툴킷(Toolkit)은 함께 사용되도록 의도된 도구들의 모음이다.

• **검색(Search) 도구** 온라인 검색을 실행하는 도구들이다. Bing Search, Google Search, Tavily Search 등이 있다. 이들은 URL, 스니펫, 제목 등의 데이터를 반환한다.

도구 이름	무료/유료	반환 데이터
Bing Search	유료	URL, 스니펫, 제목
Google Search	유료	URL, 스니펫, 제목
DuckDuckgo Search	무료	URL, 스니펫, 제목
Tavily Search	월 1000회 무료	URL, 내용, 제목, 이미지, 답변

[표 5-1] 랭체인 주요 검색 도구

• **코드 인터프리터(Code Interpreter) 도구** 코드를 실행할 수 있는 환경을 제공한다. 주로 Python 을 지원하며, 일부는 JavaScript, R, Java 등도 지원한다.

도구 이름	지원 언어	샌드박스 수명	반환 타입
Azure Container Apps	Python	1시간	텍스트, 이미지
Bearly Code Interpreter	Python	실행 시 리셋	텍스트
E2B Data Analysis	Python(베타: JS, R, Java)	24시간	텍스트, 이미지, 비디오
Riza Code Interpreter	Python, JS, PHP, Ruby	실행 시 리셋	텍스트

[표 5-2] 랭체인 주요 코드 인터프리터 도구

• **생산성(Productivity) 도구** Github, Gmail, Slack 등의 생산성 도구를 자동화하는 데 사용된다.

도구 이름	가격 정책
Github Toolkit	무료
Gitlab Toolkit	개인 프로젝트 무료
Gmail Toolkit	무료(사용자당 초당 250 쿼터 유닛 제한)
Jira Toolkit	무료(속도 제한 있음)
Office365 Toolkit	Office365 사용자 무료(속도 제한 있음)
Slack Toolkit	무료
Twilio Tool	무료 체험 후 종량제

[표 5-3] 랭체인 주요 생산성 도구

- **웹 브라우징(Web Browsing) 도구** 웹 브라우저에서 작업을 자동화하는 데 사용된다. 일부는 브라우저와의 상호작용을 지원한다.

도구 이름	가격 정책	브라우저 상호작용 지원
MultiOn Toolkit	일 40회 무료 요청	O
PlayWright Browser Toolkit	무료	O
Requests Toolkit	무료	×

[표 5-4] 랭체인 주요 웹 브라우징 도구

- **데이터베이스(Database) 도구** 데이터베이스 작업을 자동화하는 데 사용된다. SQL 연산, 스키마 검사 등을 수행할 수 있다.

도구 이름	허용된 작업
Cassandra Database Toolkit	SELECT 및 스키마 검사
SQL Database Toolkit	모든 SQL 작업
Spark SQL Toolkit	모든 SQL 작업

[표 5-5] 랭체인 주요 데이터베이스 도구

이 책에서는 랭체인의 내장 도구 중 하나인 TavilySearchResults를 활용하여 웹 검색을 수행하는 과정을 살펴보기로 한다. Tavily는 AI 기반의 웹 검색 엔진으로, 이를 통해 LLM은 최신 정보에 접근할 수 있다. 실시간 정보가 필요한 LLM 애플리케이션을 만들 때 유용하게 사용된다. TavilySearchResults 도구를 사용하여 웹 검색을 수행하기 위해서는 Tavily API Key가 필요하다. 인증키를 발급받아 .env 파일에 설정하는 과정을 단계별로 처리한다.

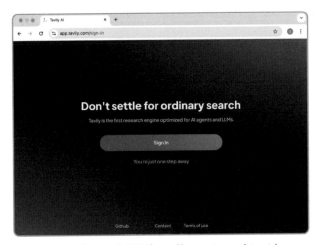

[그림 5-3] Tavily 홈페이지(https://app.tavily.com/sign-in)

❶ Tavily API Key 발급받기

- Tavily 공식 웹사이트(https://app.tavily.com/sign-in)에 접속하여 계정을 생성하고 로그인한다.
- API 페이지에서 API Key를 발급받을 수 있다(월 1000회 무료).

❷ .env 파일 설정

- 프로젝트 디렉터리의 .env 파일 안에 Tavily API Key를 저장한다.
- [파일 경로(예): ~/my_project/.env]

```
TAVILY_API_KEY= tvly-XXXXXXXXXXXXXXXXXXXXXXXXXXXXXXXXXXXXXXXX
```

인증키 발급과 환경 변수 설정을 한 뒤에 예제 코드를 실행한다. 먼저 .env 파일에서 환경 변수를 로드하는 python-dotenv 패키지의 load_dotenv() 함수를 실행한다. 그리고 TavilySearchResults 객체를 초기화한다. 이때 max_results 매개변수를 2로 설정하여 최대 2개의 검색 결과를 반환하도록 한다. 이는 정보의 양을 제한하여 LLM이 처리해야 할 데이터의 양을 조절하는 역할을 한다.

검색 쿼리로 "2024년 4분기 테슬라의 주가 전망은?"을 사용한다. 이는 미래의 특정 시점에 대한 정보를 요구하는 질문으로, 최신 정보와 분석이 필요한 주제다.

web_search.invoke(query) 메소드를 호출하여 실제 검색을 수행하고 그 결과를 search_results 변수에 저장한다. 이 메소드는 Tavily 검색 엔진에 쿼리를 보내고 결과를 받아오는 과정을 처리한다.

마지막으로, 검색 결과를 반복문을 통해 출력한다. 각 결과는 딕셔너리 형태로, 'url'과 'content' 키를 포함한다.

〈예제 5-1〉 실습 파일명: LC_006_Tool_Calling.ipynb

```
1   from langchain_community.tools.tavily_search import TavilySearchResults
2
3   # 검색할 쿼리
4   query = "2024년 4분기 테슬라의 주가 전망은?"
5
6   # 최대 2개의 결과를 가져올 수 있도록 설정
7   web_search = TavilySearchResults(max_results=2)
8
9   # 검색 쿼리를 이용해 결과를 호출(invoke)
10  search_results = web_search.invoke(query)
11
12  # 검색 결과를 반복문을 통해 출력
13  for result in search_results:
14    print(result)
15    print("-" * 100)
```

<실행 결과>

{'url': 'https://blog.naver.com/PostView.naver?blogId=economy_gull&log-No=223322349603', 'content': '2024년 테슬라의 주가 전망은 어떻게 될까요? 1년 사이에 2배가 되었지만 최고 전 고점은 21년 4월 11일에 세운 411달러입니다.... 전기자동차 업체 byd는 2023년도 4분기 50만 대를 판매하여 테슬라의 판매량을 넘었습니다.'}

{'url': 'https://stockscan.io/ko/stocks/TSLA/forecast', 'content': '테슬라의 주가(tsla) 전망은 다음 12개월 동안 일반적으로 긍정적인데요. 애널리스트들의 평균 예상 주가는 311.93달러로, 현재 주가인 238.25달러 대비 +30.93% 증가을 나타내고 있습니다.... 2024: $324.42: $298.92: $324.94 +36.17%: 11월, 2024: $352.69: $329.70: $352.98 +48.03%: 12월, 2024...'}

실행 결과를 보면, 두 개의 검색 결과가 반환되었음을 알 수 있다. 첫 번째 결과는 네이버 블로그에서 가져온 것으로, 2024년 테슬라의 주가 전망과 함께 경쟁사인 BYD의 판매량 정보를 제공한다. 두 번째 결과는 stockscan.io 웹사이트에서 가져온 것으로, 테슬라의 향후 12개월 주가 전망과 월별 예측 가격을 제공한다.

이 결과들은 테슬라의 2024년 4분기 주가 전망에 대해 직접적인 답변을 제공하지는 않지만, 관련된 유용한 정보를 제공한다. 예를 들어, 2024년 말까지의 주가 예측, 경쟁사와의 비교, 그리고 전반적인 시장 전망 등의 정보를 포함하고 있다. 이러한 검색 결과를 바탕으로 LLM은 보다 정확한 최신 정보를 활용하여 사용자의 질문에 대한 답변을 생성할 수 있다.

2-1 검색 결과를 LLM에 전달하여 최종 답변 생성

이번에는 도구 출력을 채팅 모델에 전달하는 방법에 대해 알아본다. 이 과정은 LLM이 도구를 호출하고, 그 결과를 다시 LLM에 전달하여 최종 응답을 생성하는 완전한 사이클을 구현한다. [그림 5-4]와 [그림 5-5]는 LLM이 도구를 호출하고 그 결과를 처리하는 과정을 보여주고 있다.

❶ 먼저, LLM이 get_weather 도구를 호출한다. 이 도구 호출에는 위치(Hawaii), 고유 ID(call_abc123), 그리고 도구 타입(tool_call)이 포함된다. 이 도구 호출은 검색 도구(Search Tool)로 전달된다. 검색 도구는 요청된 정보를 처리하고 결과를 반환한다. 이 결과는 ToolMessage 형태로 변환되며, 내용은 '85°F and sunny!'다. 이 메시지에는 도구 이름(get_weather)과 도구 호출 ID(call_abc123)도 포함되어 있다.

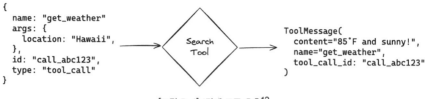

```
{
  name: "get_weather"
  args: {
    location: "Hawaii",
  },
  id: "call_abc123",
  type: "tool_call"
}
```

Search
Tool

```
ToolMessage(
    content="85°F and sunny!",
    name="get_weather",
    tool_call_id: "call_abc123"
)
```

[그림 5-4] 1단계 도구 호출[12]

❷ 도구 호출의 결과인 ToolMessage는 다시 LLM 모델로 전달된다. 모델은 이 정보를 처리하고 최종적으로 AIMessage를 생성한다. 이 메시지는 'Hawaii is 85°F and sunny!'라는 내용을 담고 있으며, 이는 사용자의 원래 질문에 대한 자연스러운 응답 형태가 된다.

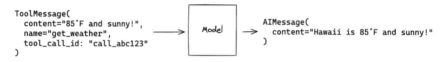

```
ToolMessage(
    content="85°F and sunny!",
    name="get_weather",
    tool_call_id: "call_abc123"
)
```

Model

```
AIMessage(
    content="Hawaii is 85°F and sunny!"
)
```

[그림 5-5] 2단계 모델 응답 생성[13]

이 과정은 LLM이 외부 도구를 사용하여 정보를 얻고, 그 정보를 바탕으로 인간이 이해하기 쉬운 형태의 응답을 생성하는 전체적인 흐름을 보여준다. 이를 통해 LLM은 실시간 데이터나 특정 도메인의 정보를 활용하여 더 정확하고 유용한 응답을 제공할 수 있다.

다음 코드에서는 LLM이 외부 도구를 활용하여 정보를 얻는 과정의 초기 단계를 보여준다. 먼저 ChatOpenAI 모델 인스턴스를 생성하고, 여기에 웹 검색 도구를 바인딩한다. 이는 LLM이 필요할 때 웹 검색 기능을 사용할 수 있게 하는 준비 과정이다.

사용자의 질문 '2024년 4분기 테슬라의 주가 전망은?'이 LLM에 전달되면 LLM은 이 질문을 분석한다. 분석 결과, LLM은 이 질문에 답하기 위해 최신 정보가 필요하다고 판단하고 웹 검색 도구를 호출하기로 결정한다.

도구 호출 결과를 살펴보면, LLM이 web_search라는 이름의 도구를 호출했음을 알 수 있다. 이 호출에는 고유한 ID가 부여되며, 검색 쿼리로 '2024년 4분기 테슬라 주가 전망'이 사용된다. 또한 결과에는 토큰 사용량과 같은 메타데이터도 포함되어 있다.

〈예제 5-2〉 실습 파일명: LC_006_Tool_Calling.ipynb

```
1  from langchain_openai import ChatOpenAI
2
3  # LLM 모델 인스턴스를 생성
4  llm = ChatOpenAI(model="gpt-4o-mini")
5
```

---

12 이미지 출처: https://python.langchain.com/docs/how_to/tool_calling/
13 이미지 출처: https://python.langchain.com/docs/how_to/tool_calling/

```
6    # 도구를 LLM에 바인딩
7    llm_with_tools = llm.bind_tools(tools=[web_search])
8
9    # 사용자의 질문 작성
10   query = "2024년 4분기 테슬라의 주가 전망은?"
11
12   # LLM에 질문을 전달하고 도구 호출 결과를 받음
13   tool_output = llm_with_tools.invoke(query)
14
15   # 도구 호출 결과를 출력
16   print(tool_output)
17   print("-" * 100)
18
19   # 도구 호출에 대한 세부 정보를 출력
20   print(tool_output.tool_calls)
21   print("-" * 100)
```

<실행 결과>

content='' additional_kwargs={'tool_calls': [{'id': 'call_8ipbApKITp8E7FClp8dr6Bk9', 'function': {'arguments': '{"query": "2024년 4분기 테슬라 주가 전망"}', 'name': 'web_search'}, 'type': 'function'}], 'refusal': None} response_metadata={'token_usage': {'completion_tokens': 26, 'prompt_tokens': 107, 'total_tokens': 133, 'completion_tokens_details': {'reasoning_tokens': 0}}, 'model_name': 'gpt-4o-mini-2024-07-18', 'system_fingerprint': 'fp_1bb46167f9', 'finish_reason': 'tool_calls', 'logprobs': None} id='run-22530a08-0619-41ea-bdcf-963f9addd339-0' tool_calls=[{'name': 'web_search', 'args': {'query': '2024년 4분기 테슬라 주가 전망'}, 'id': 'call_8ipbApKITp8E7FClp8dr6Bk9', 'type': 'tool_call'}] usage_metadata={'input_tokens': 107, 'output_tokens': 26, 'total_tokens': 133}

[{'name': 'web_search', 'args': {'query': '2024년 4분기 테슬라 주가 전망'}, 'id': 'call_8ipbAp-KITp8E7FClp8dr6Bk9', 'type': 'tool_call'}]

다음 단계에서는 이 도구 호출의 실제 결과를 가져와 LLM에 전달하고, LLM이 이를 바탕으로 최종 답변을 생성하는 과정을 처리한다. LLM이 복잡한 쿼리를 처리하는 방식, 즉 정보 검색, 정보 통합, 그리고 최종 응답 생성의 전체 과정을 이해한다.

다음 예제는 LLM이 외부 도구를 호출하고 그 결과를 활용하여 최종 응답을 생성하는 전체 과정을 보여준다. 주요 단계는 다음과 같다.

❶ 사용자의 질문을 HumanMessage 형태로 메시지 목록에 추가한다.

❷ 이전 단계에서 얻은 도구 호출 결과(tools_output)를 메시지 목록에 추가한다.

❸ 각 도구 호출에 대해 실제 도구를 실행하고 그 결과를 ToolMessage 형태로 메시지 목록에 추가한다. 여기서는 tavily_search_results_json 도구가 사용된다.

❹ 최종적으로 LLM을 호출하여 모든 메시지를 처리하고 최종 응답을 생성한다.

```
1    from langchain_core.messages import HumanMessage
2
3    # 질문을 메시지 목록에 추가
4    query = "2024년 4분기 테슬라의 주가 전망은?"
5    messages = [HumanMessage(query)]
6
7    # 도구 호출 메시지 추가
8    messages.append(tools_output)
9
10   # 도구 출력값을 메시지에 추가
11   for tool_call in tools_output.tool_calls:
12       # 호출할 도구 선택
13       selected_tool = {"tavily_search_results_json": web_search}[tool_
     call["name"].lower()]
14
15       # 도구 호출 실행
16       tool_msg = selected_tool.invoke(tool_call)
17
18       # 결과 메시지 추가
19       messages.append(tool_msg)
20
21   # 최종 모델 호출
22   final_response = llm_with_tools.invoke(messages)
23
24   # 최종 응답 출력
25   print(messages)
26   print("-" * 100)
27
28   print(final_response.content)
29   print("-" * 100)
30
31   print(final_response.response_metadata)
32   print("-" * 100)
```

```
[HumanMessage(content='2024년 4분기 테슬라의 주가 전망은?', additional_kwargs={},
response_metadata={}), AIMessage(content='', additional_kwargs={'tool_calls':
[{'id': 'call_ScSde1qE5ovkeSfmQXKUWmTS', 'function': {'arguments': '{"query": "2024 Q4
Tesla stock price forecast"}', 'name': 'tavily_search_results_json'}, 'type': 'func-
tion'}], 'refusal': None}, response_metadata={'token_usage': {'completion_tokens':
25, 'prompt_tokens': 95, 'total_tokens': 120, 'completion_tokens_details': {'rea-
soning_tokens': 0}}, 'model_name': 'gpt-4o-mini-2024-07-18', 'system_fingerprint':
'fp_f85bea6784', 'finish_reason': 'tool_calls', 'logprobs': None}, id='run-3d15b7c2-
177d-4641-afa7-3534fa1785a3-0', tool_calls=[{'name': 'tavily_search_results_json',
```

'args': {'query': '2024 Q4 Tesla stock price forecast'}, 'id': 'call_ScSde1qE5ovkeSfmQX-KUWmTS', 'type': 'tool_call'}], usage_metadata={'input_tokens': 95, 'output_tokens': 25, 'total_tokens': 120}), ToolMessage(content='[{"url": "https://www.benzinga.com/money/tesla-stock-price-prediction", "content": "Tesla Stock Price Prediction:…, Analysts covering the stock have a consensus price target of $209, more than 6% lower than the current TSLA market price."}, {"url": "https://stockanalysis.com/stocks/tsla/forecast/", "content": "The 33 analysts with 12-month price forecasts for Tesla stock have an average target of 207.51, with a low estimate of 24.86 and a high estimate of 310. The average target predicts a decrease of -18.39% from the current stock price of 254.27."}]', name='tavily_search_results_json', tool_call_id='call_ScSde1qE5ovkeSfmQXKUWmTS', artifact={'query': '2024 Q4 Tesla stock price forecast', 'follow_up_questions': None, 'answer': None, 'images': [], 'results': [{'title': 'Tesla Stock Price Prediction: 2024, 2025, 2030 - Benzinga', 'url': 'https://www.ben-zinga.com/money/tesla-stock-price-prediction', 'content': 'Tesla Stock Price Pre-diction: 2024, 2025, 2030,…, Analysts covering the stock have a consensus price target of $209, more than 6% lower than the current TSLA market price.', 'score': 0.9948803, 'raw_content': None}, {'title': 'Tesla, Inc. (TSLA) Stock Forecast & Price Targets - Stock Analysis', 'url': 'https://stockanalysis.com/stocks/tsla/forecast/', 'content': 'The 33 analysts with 12-month price forecasts for Tesla stock have an average target of 207.51, with a low estimate of 24.86 and a high estimate of 310. The average target predicts a decrease of -18.39% from the current stock price of 254.27.', 'score': 0.936285, 'raw_content': None}], 'response_time': 1.84})]

2024년 4분기 테슬라(TSLA)의 주가 전망에 대한 정보는 다음과 같습니다:

1. **Benzinga**에 따르면, 테슬라의 주가는 2024년 현재 EV 제조업체들이 전반적으로 어려움을 겪고 있는 상황에서 변동성이 클 수 있으며, 현재 TSLA 주가보다 6% 낮은 209달러의 목표가를 제시하고 있습니다. 이는 테슬라의 최근 실적이 반등했음에도 불구하고, 주식 매수가 위험할 수 있음을 시사합니다. [자세한 내용은 여기에서 확인할 수 있습니다.](https://www.benzinga.com/money/tesla-stock-price-prediction)

2. **Stock Analysis**에 따르면, 33명의 애널리스트들이 제공한 12개월 주가 예측의 평균 목표가는 207.51달러로, 현재 주가인 254.27달러에서 약 -18.39%의 감소를 예상하고 있습니다. 이들 예측 중 최저치는 24.86달러, 최고치는 310달러입니다. [더 많은 정보는 여기에서 확인할 수 있습니다.](https://stockanalysis.com/stocks/tsla/forecast/)

이 정보를 바탕으로, 테슬라의 주가는 2024년 4분기에 여전히 하락 압력을 받을 가능성이 있으며, 변동성이 클 것으로 예상됩니다.

{'token_usage': {'completion_tokens': 308, 'prompt_tokens': 395, 'total_tokens': 703, 'completion_tokens_details': {'reasoning_tokens': 0}}, 'model_name': 'gpt-4o-mini-2024-07-18', 'system_fingerprint': 'fp_1bb46167f9', 'finish_reason': 'stop', 'log-probs': None}

실행 결과를 보면, LLM이 웹 검색 결과를 바탕으로 테슬라의 2024년 4분기 주가 전망에 대한 상세한 답변을 생성했음을 알 수 있다. 이 답변은 Benzinga와 Stock Analysis의 정보를 인용하며, 주가 목표치와 예상되는 변동성에 대해 설명한다. 이 과정을 통해 LLM은 자신의 기존 지식과 실시간으로 얻은 최신 정보를 결합하여 더욱 정확하고 시의적절한 응답을 제공한다.

다음 예제는 LLM과 외부 검색 도구를 결합한 LLM 체인을 만드는 과정을 보여준다. 코드의 주요 부분을 자세히 설명하면 다음과 같다.

- **필요한 도구들을 가져오고, 오늘 날짜를 설정한다.**
  - datetime으로 현재 날짜를 가져온다. 이는 AI가 현새 시점을 인식하고 그에 맞는 답변을 힐 수 있게 해주기 위해 사용한다.
  - RunnableConfig를 사용하여 search_chain 함수의 실행 환경을 설정하고, @chain 데코레이터를 사용하여 이 함수를 LangChain의 체인 구조로 변환한다. 이를 통해, 사용자의 질문부터 최종 응답 생성까지 모든 과정을 하나의 일관된 흐름으로 관리할 수 있다.
- **AI에게 주는 지시사항(프롬프트)을 만든다.** AI의 역할, 현재 날짜, 사용자의 질문, 그리고 추가 정보를 위한 자리를 마련한다.
- **AI 모델과 검색 도구를 연결하여 하나의 체인으로 만든다.** 이를 통해 AI는 필요할 때 웹 검색을 할 수 있게 된다.
- **search_chain이라는 함수는 사용자의 질문을 받아 AI에게 전달한다.** AI의 답변을 해석해서 필요하다면 웹 검색을 수행한다. 검색 결과를 AI에게 다시 전달하여 최종 답변을 만들게 한다. 테스트를 위해 '다음 분기 테슬라의 주가 전망은?'이라는 질문을 던지고 AI의 답변을 출력한다.

〈예제 5-4〉 실습 파일명: LC_006_Tool_Calling.ipynb

```
1    import datetime
2    from langchain_core.prompts import ChatPromptTemplate
3    from langchain_core.runnables import RunnableConfig, chain
4
5    # 오늘 날짜 설정
6    today = datetime.datetime.today().strftime("%Y-%m-%d")
7
8    # 프롬프트 템플릿 정의
9    prompt = ChatPromptTemplate([
10     ("system", f"당신은 도움이 되는 AI 어시스턴트입니다. 오늘 날짜는 {today}입니다."),
11     ("human", "{user_input}"),
12     ("placeholder", "{messages}"),
13   ])
14
15   # LLM 체인 생성
16   llm_chain = prompt | llm_with_tools
17
```

```
18    @chain
19    def search_chain(user_input: str, config: RunnableConfig):
20       input_ = {"user_input": user_input}
21       ai_msg = llm_chain.invoke(input_, config=config)
22       tool_msgs = web_search.batch(ai_msg.tool_calls, config=config)
23       return llm_chain.invoke({**input_, "messages": [ai_msg, *tool_msgs]}, con-
24    fig=config)
25
26    # 체인 실행
27    response = search_chain.invoke("다음 분기 테슬라의 주가 전망은?")
28
29    # 응답 출력
30    print(response.content)
```

〈실행 결과〉

다음 분기인 2024년 4분기(2023년 10월~12월) 동안 테슬라의 주가는 긍정적인 전망을 보이고 있습니다. 주요 포인트는 다음과 같습니다:

1. **전달량 증가**: 4분기는 테슬라의 연간 전달량에서 가장 강한 분기 중 하나로 여겨지며, 약 473,000대의 차량이 전달될 것으로 예상되고 있습니다. 이는 전체 연간 전달량 1.82백만 대에 기여하게 됩니다.

2. **경쟁과 도전**: 2024년에는 더 많은 도전이 예상되지만, 대부분의 분석가들은 테슬라가 2023년 목표를 달성할 것으로 보고 있습니다. 그러나 Elon Musk가 2023년 1분기 실적 발표에서 언급한 200만 대 목표는 달성하기 어려울 것으로 보입니다.

3. **주가 상승**: 최근 3개월 간 테슬라 주가는 35% 이상 상승하였으며, 2024년 손실을 회복하여 연간으로는 긍정적인 위치를 차지하고 있습니다.

더 자세한 내용을 원하시면 [여기](https://www.teslarati.com/tesla-tsla-q4-2023-2024-predictions/)를 참고하시기 바랍니다.

실행 결과를 분석해보면, AI는 2024년 4분기(2023년 10월~12월)에 대한 테슬라의 주가 전망을 제공한다. 이를 통해 AI가 관련 정보를 검색하여 답변했음을 알 수 있다. 다만, '2024년 4분기(2023년 10월~12월)'라는 표현은 논리적으로 맞지 않다. 두 개의 서로 다른 기간이 혼용되어 있기 때문이다. LLM이 날짜와 시간을 정확하게 다루지 못하고 있다.

이러한 날짜 표기는 정확성이 매우 중요하므로, 특히 금융 데이터나 주가 분석과 관련된 내용을 다룰 때는 더욱 주의깊게 확인해야 한다.

다음 예제는 LLM이 주어진 질문에 따라 유연하게 대응하는 방식을 보여준다. '당신의 이름은 무엇인가요?'라는 질문에 대해 LLM은 외부 도구를 사용하지 않고 직접 응답을 생성한다.

먼저, search_chain을 통해 질문을 처리하고 그 결과를 출력한다. LLM은 자신이 AI 어시스턴트임을 밝히고, 특정한 이름은 없지만 사용자의 질문에 답하고 도움을 주기 위해 존재한다고 설명한다.

```
1   # 체인 실행
2   response = search_chain.invoke("당신의 이름은 무엇인가요?")
3
4   # 응답 출력
5   print(response.content)
```

〈실행 결과〉

저는 AI 어시스턴트입니다. 특정한 이름은 없지만, 여러분의 질문에 답하고 도움을 드리기 위해 여기 있습니다! 궁금한 점이 있으시면 언제든지 말씀해 주세요.

다음으로, 같은 질문을 `llm_with_tools`를 통해 직접 처리하고 그 결과를 살펴본다. 여기서 주목할 점은 도구 호출 정보(`tool_calls`)의 출력 결과를 보면 배열이 비어 있다는 것이다. 이는 LLM이 이 질문에 답하기 위해 어떤 외부 도구도 사용하지 않았음을 의미한다.

이러한 결과는 LLM의 지능적인 판단 능력을 보여준다. LLM은 주어진 질문의 성격을 파악하고, 외부 정보나 도구가 필요 없는 경우 자체적으로 응답을 생성할 수 있다. 이는 LLM이 단순히 정해진 규칙을 따르는 것이 아니라, 상황에 따라 적절한 대응 방식을 선택할 수 있는 유연성을 가지고 있음을 나타낸다.

〈예제 5-6〉 실습 파일명: LC_006_Tool_Calling.ipynb

```
1   # 사용자의 질문 작성
2   query = "당신의 이름은 무엇인가요?"
3
4   # LLM에 질문을 전달하고 도구 호출 결과를 받음
5   tools_output = llm_with_tools.invoke(query)
6
7   # 도구 호출 결과를 출력
8   print(tools_output)
9   print("-" * 100)
10
11  # 도구 호출에 대한 세부 정보를 출력
12  print(tools_output.tool_calls)
13  print("-" * 100)
```

content='저는 AI 언어 모델로, 특정한 이름은 없지만 당신의 질문에 답변하고 도움을 드리기 위해 여기 있습니다. 무엇을 도와드릴까요?' additional_kwargs={'refusal': None} response_meta-data={'token_usage': {'completion_tokens': 39, 'prompt_tokens': 88, 'total_tokens': 127, 'completion_tokens_details': {'reasoning_tokens': 0}}, 'model_name': 'gpt-4o-mini-2024-07-18', 'system_fingerprint': 'fp_f85bea6784', 'finish_reason': 'stop', 'log-probs': None} id='run-196241a1-272d-4980-9b1f-9beb9a330bbe-0' usage_metadata={'in-put_tokens': 88, 'output_tokens': 39, 'total_tokens': 127}

[]

결과적으로, 이 예제는 LLM이 외부 도구와 내부 지식을 상황에 맞게 적절히 활용할 수 있는 지능적인 시스템임을 입증한다. LLM은 복잡한 정보 검색이 필요한 질문에는 외부 도구를 활용하고, 일반적인 대화나 자체적으로 답변 가능한 질문에는 내장된 지식을 사용하여 효율적으로 응답한다.

003 사용자 정의 도구 만들기

랭체인에서 도구를 정의하는 방법은 여러 가지가 있으며, 각 방법은 특정 요구사항과 사용 사례에 따라 유용하게 활용될 수 있다. 도구의 주요 구성 요소는 다음 표와 같다.

구성 요소	설명
이름(Name)	도구를 식별하는 고유한 명칭 (예: "WeatherTool", "CalculatorTool")
설명(Description)	도구의 기능과 용도를 설명하는 문자열 → AI가 도구의 적절한 사용 시점을 판단하는 데 활용됨 (예: "현재 날씨 정보를 제공하는 도구입니다. 도시 이름을 입력하면 해당 도시의 기온, 습도, 날씨 상태를 반환합니다.")

JSON 스키마
(JSON Schema)
	도구가 받을 입력값의 구조를 정의
	→ 입력 매개변수의 타입, 필수 여부, 제약 조건 등을 명시
	(예: WeatherTool 스키마)
	
	`{`
	  `"type": "object",`
	  `"properties": {`
	   `"city": {`
	    `"type": "string",`
	    `"description": "날씨를 조회할 도시 이름"`
	   `}`
	  `},`
	  `"required": ["city"]`
	`}`

함수(Function)	도구가 실제로 수행하는 기능을 구현하는 Python 함수 (선택적으로 비동기 함수도 정의 가능)

[표 5-6] 도구의 구성 요소

이러한 구성 요소들을 조합하여 도구를 정의하면, AI 시스템이 해당 도구를 이해하고 적절히 활용할 수 있게 된다. 도구의 이름과 설명은 AI가 도구의 용도를 파악하는 데 도움을 주고, JSON 스키마는 입력 데이터의 유효성을 검증하며, 함수는 실제 기능을 수행한다. 이렇게 구조화된 도구 정의는 AI 시스템의 확장성과 유연성을 크게 향상시키며, 다양한 작업을 효율적으로 처리할 수 있게 한다.

3-1 @tool 데코레이터 활용

@tool 데코레이터를 활용하여 도구를 정의하는 방식은 AI 시스템의 기능을 확장하고 효율적으로 관리하는 데 큰 도움을 준다. 이 방식의 주요 장점들을 자세히 살펴보면 다음과 같다.

- **구조화** 도구의 입력, 출력, 설명이 명확하게 정의되어 AI 시스템이 이를 쉽게 이해하고 사용할 수 있다. 이는 함수의 매개변수, 반환 값, 그리고 docstring을 통해 이루어진다. 명확한 구조는 AI가 도구를 정확히 언제, 어떻게 사용해야 할지 판단하는 데 도움을 준다.
- **유연성** 기존 Python 함수를 거의 수정 없이 AI 시스템의 도구로 변환할 수 있다. 이는 개발자가 이미 작성한 코드를 쉽게 AI 시스템에 통합할 수 있게 해준다. 복잡한 레퍼런스나 인터페이스 없이도 기존 함수를 그대로 도구로 사용할 수 있어, 개발 과정을 크게 단순화한다.
- **통합성** LangChain의 다른 컴포넌트들과 쉽게 통합될 수 있다. @tool 데코레이터로 정의된 도구는 LangChain의 체인, 에이전트, 메모리 시스템 등과 원활하게 연동된다. 이는 복잡한 AI 시스템을 구축할 때 각 요소들을 유기적으로 결합할 수 있게 해준다.
- **재사용성** 한 번 정의된 도구는 다양한 AI 작업에서 재사용될 수 있다. 동일한 도구를 여러 다른 체인이나 에이전트에서 활용할 수 있어, 코드의 중복을 줄이고 일관성을 유지할 수 있다. 특히 대규모 AI 프로젝트에서 개발 효율성을 크게 높일 수 있다.

이러한 장점들로 인해, @tool 데코레이터를 활용한 도구 정의 방식은 AI 시스템 개발에 있어 매우 효과적인 접근 방법이 된다. 이는 개발자가 더 쉽고 빠르게 AI 시스템을 구축하고 유지보수하며 확장할 수 있게 해준다.

도구 정의하기

다음 예제는 LangChain의 @tool 데코레이터를 사용하여 주식 가격 조회 함수를 AI 시스템에서 사용할 수 있는 도구로 정의하고, 그 속성들을 확인하는 과정을 보여준다.

먼저, @tool 데코레이터를 사용하여 get_stock_price 함수를 도구로 정의한다. 이 함수는 주어진 주식 티커의 현재 주가를 조회하는 기능을 수행한다. 여기서는 실제 주식 데이터를 가져오기 위해 yfinance 라이브러리를 사용한다. yfinance는 Yahoo Finance의 데이터를 무료로 가져올 수 있는 파이썬 라이브러리로, 실시간 주가 정보와 과거 주가 데이터를 쉽게 조회할 수 있다. 함수의 구조는 입력 매개변수(ticker), 반환 값(float 형식의 주가), 그리고 상세한 설명(docstring)을 포함한다.

도구로 변환된 함수의 속성들을 확인해보면 다음과 같은 특징을 갖는다.

- **자료형** get_stock_price는 일반 Python 함수가 아닌 langchain_core.tools.structured. StructuredTool 클래스의 인스턴스로 변환되었다. 이는 @tool 데코레이터가 함수를 LangChain 시스템에서 사용할 수 있는 구조화된 도구로 변환했음을 의미한다.

- **name** 도구 이름으로 함수 이름인 'get_stock_price'를 그대로 사용한다. 이 이름은 AI 시스템이 도구를 식별하고 호출할 때 사용된다.
- **description** 도구의 설명에는 함수의 상세한 설명(docstring)이 그대로 포함된다. 이 설명은 AI 모델이 도구의 기능과 사용 방법을 이해하는 데 중요한 역할을 한다.
- **args** 도구의 입력 매개변수에 대한 정보를 JSON 스키마 형식으로 제공한다. 이 경우, 'ticker'라는 하나의 매개변수가 있으며, 이는 문자열 타입임을 나타낸다. 이 정보는 AI 시스템이 도구를 올바르게 호출하기 위해 필요한 입력 형식을 이해하는 데 사용된다.

마지막으로, 도구로 정의된 함수를 직접 호출하여 실제 주식 가격(이 경우 AAPL)을 조회하는 예시를 보여준다. 이는 도구가 일반 Python 함수처럼 직접 호출될 수 있음을 보여준다.

〈예제 5-7〉 실습 파일명: LC_006_Tool_Calling.ipynb

```
1   from langchain_core.tools import tool
2   import yfinance as yf
3
4   @tool
5   def get_stock_price(ticker: str) -> float:
6       """주어진 주식 티커의 현재 주가를 조회합니다.
7
8       Args:
9           ticker: 주식 티커 심볼(예: 'AAPL'은 Apple을 의미).
10
11      Returns:
12          현재 주가를 float 형식으로 반환합니다.
13      """
14      # Yahoo Finance를 사용하여 주식 데이터 가져오기
15      stock = yf.Ticker(ticker)
16      # 현재 주식 가격 가져오기(최근 거래일의 종가)
17      stock_price = stock.history(period='1d')['Close'].iloc[0]
18      return stock_price
19
20  # 도구 속성 확인
21  print("자료형: ")
22  print(type(get_stock_price))
23  print("-"*100)
24
25  print("name: ")
26  print(get_stock_price.name)
27  print("-"*100)
28
29  print("description: ")
30  print(get_stock_price.description)
```

```
31
32    print("args: ")
33
34    print(get_stock_price.args)
35    print("-"*100)
36
37    # 함수의 인자로 티커 전달하여 실행
38    current_price = get_stock_price.invoke({"ticker": "AAPL"})
39    print(f"AAPL의 현재 주가: ${current_price:.2f}")
40    print("-"*100)
```

〈실행 결과〉

자료형:
〈class 'langchain_core.tools.structured.StructuredTool'〉
----
name:
get_stock_price
----
description:
주어진 주식 티커의 현재 주가를 조회합니다.
  Args:
    ticker: 주식 티커 심볼(예: 'AAPL'은 Apple을 의미).
  Returns:
    현재 주가를 float 형식으로 반환합니다.
----
args:
{'ticker': {'title': 'Ticker', 'type': 'string'}}

AAPL의 현재 주가: $227.52

▌도구 호출하기

다음 코드는 앞에서 정의한 도구를 호출하고 그 결과를 처리하는 과정을 보여준다. 이를 통해 AI
시스템이 어떻게 외부 정보를 활용하여 사용자의 질문에 답변하는지를 상세하게 이해할 수 있다.
주요 단계와 개념은 다음과 같다.

❶ **도구 바인딩**: get_stock_price 도구를 LLM에 바인딩한다. 이 과정은 LLM에게 도구의 존재
   와 사용 방법을 알려준다. 이로써 LLM은 필요할 때 이 도구를 호출할 수 있게 된다.

❷ **사용자 질문 처리** '테슬라의 주가는 얼마인가요?'라는 사용자 질문을 LLM에 전달한다. LLM은
   이 질문을 분석하고 적절한 도구를 선택하게 된다.

❸ **LLM의 도구 호출** LLM의 응답(tools_output)을 살펴보면, 도구 호출에 대한 정보가 포함되어

있다. `tool_calls` 속성에는 호출된 도구의 이름(`get_stock_price`)과 전달된 인자(`{"ticker": "TSLA"})`가 명시되어 있다. 이는 LLM이 테슬라의 주식 심볼을 정확히 식별하고, 이를 도구에 전달했음을 보여준다.

❹ **도구 실행** `get_stock_price.batch` 메서드를 사용하여 도구를 실제로 실행한다. 이 과정에서 테슬라의 현재 주가를 조회한다.

❺ **결과 출력** 도구 실행 결과로 `254.22000122070312`가 반환된다. 이는 실행 시점의 테슬라 주가를 나타낸다.

<**예제 5-8**> **실습 파일명: LC_006_Tool_Calling.ipynb**

```
1   # 도구를 LLM에 바인딩
2   llm_with_tools = llm.bind_tools(tools=[get_stock_price])
3
4   # 사용자의 질문 작성
5   query = "테슬라의 주가는 얼마인가요?"
6
7   # LLM에 질문을 전달하고 도구 호출 결과를 받음
8   tools_output = llm_with_tools.invoke(query)
9
10  # 도구 호출 결과를 출력
11  print(tools_output)
12  print("-" * 100)
13
14  # 도구 호출에 대한 세부 정보를 출력(스키마에 대한 결과)
15  print(tools_output.tool_calls)
16  print("-" * 100)
17
18  # 도구를 실행하여 출력값을 생성
19  tool_msg = get_stock_price.batch(tools_output.tool_calls)
20
21  # 출력각을 표시
22  print(tool_msg)
23  print("-" * 100)
```

<**실행 결과**>

content='' additional_kwargs={'tool_calls': [{'id': 'call_RMLGYKNLEzDrs1EAcQ47sdRj', 'function': {'arguments': '{"ticker": "TSLA"}', 'name': 'get_stock_price'}, 'type': 'function'}], 'refusal': None} response_metadata={'token_usage': {'completion_tokens': 16, 'prompt_tokens': 98, 'total_tokens': 114, 'completion_tokens_details': {'reasoning_tokens': 0}}, 'model_name': 'gpt-4o-mini-2024-07-18', 'system_fingerprint': 'fp_f85bea6784', 'finish_reason': 'tool_calls', 'logprobs': None} id='run-073c6a21-d4e1-43fe-82c3-17cbb11aeb4a-0' tool_calls=[{'name': 'get_stock_price', 'args': {'ticker': 'TSLA'}, 'id': 'call_RMLGYKNLEzDrs1EAcQ47sdRj', 'type': 'tool_call'}] usage_metadata={'input_tokens': 98, 'output_tokens': 16, 'total_tokens': 114}

[{'name': 'get_stock_price', 'args': {'ticker': 'TSLA'}, 'id': 'call_
RMLGYKNLEzDrs1EAcQ47sdRj', 'type': 'tool_call'}]

[ToolMessage(content='254.22000122070312', name='get_stock_price', tool_call_
id='call_RMLGYKNLEzDrs1EAcQ47sdRj')]

▌LLM 체인으로 도구 실행하여 응답 생성

이번 예제는 랭체인과 LLM을 사용하여 도구 호출 결과를 처리하고 최종 응답을 생성하는 과정을 상세히 보여준다. 주요 단계와 개념은 다음과 같다.

❶ **환경 설정**
   - 현재 날짜를 설정하여 AI 응답에 시간적 맥락을 제공한다.
   - ChatPromptTemplate을 사용하여 AI의 역할, 현재 날짜, 사용자 입력, 추가 메시지를 위한 구조를 정의한다.

❷ **도구 바인딩 및 체인 생성**
   - get_stock_price 도구를 LLM에 바인딩한다.
   - 프롬프트와 도구가 바인딩된 LLM을 연결하여 LLM 체인을 생성한다.

❸ **stock_price_chain 함수 정의**
   - @chain 데코레이터를 사용하여 함수를 LangChain의 체인으로 변환한다.
   - 사용자 입력을 받아 LLM 체인을 실행한다.
   - LLM의 응답에서 도구 호출을 추출하고 실행한다.
   - 도구 실행 결과를 포함하여 최종 응답을 생성한다.

❹ **체인 실행** '테슬라의 주가는 얼마인가요?'라는 질문으로 체인을 실행한다.

❺ **결과 출력** 생성된 최종 응답 '테슬라(TSLA)의 현재 주가는 약 254.22 달러입니다.'를 출력한다.

이 예제는 실시간 데이터를 활용하여 최신 정보를 제공하며, 새로운 도구를 추가함으로써 시스템의 능력을 쉽게 확장할 수 있음을 보여준다. 또한, 시스템의 추론 과정(사용자 질문→도구 호출 결정→도구 실행→최종 응답 생성)이 명확히 드러나 투명성과 설명 가능성을 높인다. 이러한 접근 방식은 금융 정보 제공, 고객 서비스, 개인화된 추천 시스템 등 다양한 분야에서 활용될 수 있으며, AI 시스템의 실용성과 신뢰성을 크게 향상시킬 수 있다.

```python
1   import datetime
2   from langchain_core.prompts import ChatPromptTemplate
3   from langchain_core.runnables import RunnableConfig, chain
4
5   # 오늘 날짜 설정
6   today = datetime.datetime.today().strftime("%Y-%m-%d")
7
8   # 프롬프트 템플릿 정의
9   prompt = ChatPromptTemplate([
10    ("system", f"당신은 도움이 되는 AI 어시스턴트입니다. 오늘 날짜는 {today}입니다."),
11    ("human", "{user_input}"),
12    ("placeholder", "{messages}"),
13  ])
14
15  # 도구를 LLM에 바인딩
16  llm_with_tools = llm.bind_tools(tools=[get_stock_price])
17
18  # LLM 체인 생성
19  llm_chain = prompt | llm_with_tools
20
21  @chain
22  def stock_price_chain(user_input: str, config: RunnableConfig):
23    input_ = {"user_input": user_input}
24    ai_msg = llm_chain.invoke(input_, config=config)
25    tool_msgs = get_stock_price.batch(ai_msg.tool_calls, config=config)
26    return llm_chain.invoke({**input_, "messages": [ai_msg, *tool_msgs]}, con-
27  fig=config)
28
29  # 체인 실행
30  response = stock_price_chain.invoke("테슬라의 주가는 얼마인가요?")
31
32  # 응답 출력
33  print(response.content)
```

〈실행 결과〉

테슬라(TSLA)의 현재 주가는 약 254.22 달러입니다.

3-2 StructuredTool 활용

이번에는 StructuredTool을 사용하여 주식 가격 조회 도구를 정의하고 사용하는 과정을 알아본다. 이 방식은 여러 장점을 제공한다. 입력 유효성 검사가 자동으로 수행되며, 도구의 사용 방법이 명확히 문서화된다. 또한, 복잡한 입력 구조를 가진 도구를 쉽게 정의할 수 있으며, 필요에 따라 비동기 함수도 지원할 수 있다. 이는 @tool 데코레이터 방식보다 더 많은 설정 옵션을 제공하면서도 코드의 가독성과 유지보수성을 유지할 수 있게 해준다.

▌도구 정의

먼저, StockPriceInput 클래스를 통해 도구의 입력 스키마를 정의한다. 이 클래스는 ticker(주식 심볼)과 date(조회 날짜)를 필드로 가지며, 각 필드에 대한 설명을 포함한다. 특히 date 필드는 기본값을 빈 문자열로 설정하여 선택적 입력이 가능하도록 했다.

get_stock_price_with_date 함수는 실제 주가 조회 로직을 구현한다. 이 함수는 yfinance 라이브러리를 사용하여 지정된 날짜(또는 그 이전의 가장 최근 거래일)의 주가 데이터를 가져온다. 주말이나 공휴일을 고려하여 5일 전부터의 데이터를 조회하며, 데이터가 없는 경우 None을 반환하여 오류 상황을 명확히 처리한다.

StructuredTool.from_function 메서드를 사용하여 이 함수를 도구로 변환한다. 이 과정에서 도구의 이름, 설명, 입력 스키마 등을 지정한다. return_direct=True 옵션은 도구의 반환 값을 직접 사용하도록 설정한다.

〈예제 5-10〉 실습 파일명: LC_006_Tool_Calling.ipynb

```
1  from langchain_core.tools import StructuredTool
2  from pydantic import BaseModel, Field
3  from textwrap import dedent
4  import yfinance as yf
5  from datetime import datetime, timedelta
6
7  # 입력 스키마 정의
8  class StockPriceInput(BaseModel):
9      """주식 가격 조회 입력 스키마."""
10
11     ticker: str = Field(description="주식 티커 심볼 (예: 'AAPL'은 Apple을 의미)")
12     date: str = Field(description=dedent("""\
13         조회할 날짜 (YYYY-MM-DD 형식).
14         비워두면 최근 거래일 사용"""), default="")
15
16  def get_stock_price_with_date(ticker: str, date: str) -> tuple:
17      """주어진 주식 티커와 거래일의 주가를 조회합니다."""
```

```
18
19      stock = yf.Ticker(ticker)
20
21      # 사용자가 지정한 날짜로 데이터 조회
22      end_date = datetime.strptime(date, "%Y-%m-%d")
23      start_date = end_date - timedelta(days=5)  # 5일 전부터 조회(주말/공휴일 고려)
24      stock_data = stock.history(start=start_date, end=end_date + timedelta(-
    days=1))
25
26      if stock_data.empty:
27          return None, None                          # 데이터가 없는 경우
28
29      # 가장 최근 데이터의 날짜와 종가 반환
30      last_trading_date = stock_data.index[-1].strftime('%Y-%m-%d')
31      stock_price = stock_data['Close'].iloc[-1]
32
33      return stock_price, last_trading_date
34
35  # StructuredTool로 도구 생성
36  stock_price_date_tool = StructuredTool.from_function(
37      func=get_stock_price_with_date,
38      name="GetStockPriceWithDate",
39      description="주어진 주식 티커와 거래일의 주가를 조회합니다.",
40      args_schema=StockPriceInput,
41      return_direct=True
42  )
43
44  # 도구 사용 예시
45  result = stock_price_date_tool.invoke({"ticker": "TSLA", "date": "2023-12-25"})
46  if result[0] is not None:
47      print(f"주가: ${result[0]:.2f}, 거래일: {result[1]}")
48  else:
49      print("해당 날짜의 주가 정보를 찾을 수 없습니다.")
50
51  print(f"도구 이름: {stock_price_date_tool.name}")
52  print(f"도구 설명: {stock_price_date_tool.description}")
53  print(f"도구 인자: {stock_price_date_tool.args}")
```

<실행 결과>

주가: $252.54, 거래일: 2023-12-22
도구 이름: GetStockPriceWithDate
도구 설명: 주어진 주식 티커와 거래일의 주가를 조회합니다.
도구 인자: {'ticker': {'description': "주식 티커 심볼(예: 'AAPL'은 Apple을 의미)", 'title': 'Ticker', 'type': 'string'}, 'date': {'default': '', 'description': '조회할 날짜 (YYYY-MM-DD 형식). \n비워두면 최근 거래일 사용', 'title': 'Date', 'type': 'string'}}

실행 결과를 보면, 2023년 12월 25일(크리스마스)의 테슬라 주가 조회 요청에 대해 12월 22일의 주가 정보를 반환했음을 알 수 있다. 이는 12월 25일이 주식 시장 휴장일이기 때문이다. 이러한 결과는 도구가 휴장일을 적절히 처리하고 있음을 보여준다.

도구의 속성 출력 결과를 보면, 이름(GetStockPriceWithDate), 설명, 그리고 입력 인자의 상세 정보가 잘 정의되어 있음을 확인할 수 있다. 특히 입력 인자 정보는 JSON 스키마 형식으로 제공되어, AI 모델이 이 도구를 어떻게 사용해야 하는지 명확히 이해할 수 있게 한다.

▌도구를 실행하여 LLM 응답 생성

다음 예제는 이전에 정의한 주식 가격 조회 도구를 LLM과 결합하여 사용자의 질문에 대해 답을 생성하는 과정을 보여준다.

먼저, stock_price_date_tool을 LLM에 바인딩한다. 이는 LLM이 이 도구를 사용할 수 있게 만드는 과정이다. 그 다음, 프롬프트와 도구가 바인딩된 LLM을 연결하여 LLM 체인을 생성한다. stock_price_chain 함수는 @chain 데코레이터를 사용하여 정의된다. 이 함수는 사용자의 입력을 받아 LLM 체인을 실행하고, 필요한 경우 도구를 호출한 뒤 최종 응답을 생성한다. 함수의 로직은 다음과 같다.

❶ 사용자 입력을 받아 LLM 체인을 실행한다.

❷ LLM의 응답에서 도구 호출 정보를 추출한다.

❸ 도구를 실행하여 결과를 얻는다.

❹ 도구 실행 결과를 포함하여 최종 LLM 응답을 생성한다.

이 체인을 '2023년 크리스마스 시즌 테슬라 주가는 얼마였나요?'라는 질문으로 실행한다. 실행 결과에서는 LLM이 외부 도구를 효과적으로 활용하여 사용자의 질문에 대해 상세하고 맥락에 맞는 응답을 생성할 수 있음을 보여준다. LLM은 '크리스마스 시즌'이라는 표현을 넓게 해석하여 12월 1일부터 25일까지의 테슬라 주가 변동을 제공한다. 특히 크리스마스 당일이 주식 시장 휴장일임을 인식하고, 12월 25일 주가를 직전 거래일인 22일과 동일하게 처리하는 지능적인 모습을 보여준다. 각 날짜별로 주가 수치를 제시하며, 이는 도구를 통해 얻은 실제 데이터를 LLM이 정확히 활용하고 있음을 나타낸다.

〈예제 5-11〉 실습 파일명: LC_006_Tool_Calling.ipynb

```
1   # LLM에 도구 바인딩
2   llm_with_tools = llm.bind_tools([stock_price_date_tool])
3
4   # LLM 체인 생성
5   llm_chain = prompt | llm_with_tools
6
7   # 체인 정의
```

```
8   @chain
9   def stock_price_chain(user_input: str, config: RunnableConfig):
10      input_ = {"user_input": user_input}
11      ai_msg = llm_chain.invoke(input_, config=config)
12      tool_msgs = stock_price_date_tool.batch(ai_msg.tool_calls, config=config)
13      return llm_chain.invoke({**input_, "messages": [ai_msg, *tool_msgs]}, con-
14  fig=config)
15
16  # 체인 실행
17  response = stock_price_chain.invoke("2023년 크리스마스 시즌 테슬라 주가는 얼마였나요?")
18
19  # 응답 출력
20  print(response.content)
```

<실행 결과>

2023년 크리스마스 시즌 동안 테슬라(TSLA)의 주가는 다음과 같았습니다:
- 2023년 12월 1일: **$238.83**
- 2023년 12월 15일: **$253.50**
- 2023년 12월 22일: **$252.54**
- 2023년 12월 25일: **$252.54** (크리스마스 당일 주가는 12월 22일과 동일)
추가로 궁금한 사항이 있으면 말씀해 주세요!

3-3 여러 개의 도구를 LLM에 바인딩

이번 예제는 랭체인을 사용하여 여러 도구를 AI 언어 모델(LLM)에 바인딩하고, 이를 통해 복잡한 질문에 대답하는 과정을 보여준다. 특히 웹 검색과 주식 가격 조회 기능을 결합하여 테슬라의 주가와 전기차 시장 상황에 대한 분석을 수행한다.

코드를 보면, 먼저 ChatOpenAI 모델 인스턴스를 생성하고, web_search와 stock_price_date_tool이라는 두 도구를 LLM에 바인딩한다. 그 다음, 현재 날짜를 포함한 프롬프트 템플릿을 정의하고 LLM 체인을 생성한다.

stock_analysis_chain 함수는 @chain 데코레이터를 사용하여 정의되며, 사용자 입력을 받아 LLM 체인을 실행한다. 이 함수는 LLM의 응답에서 도구 호출을 추출하고, 각 도구를 실행한 후 그 결과를 메시지 목록에 추가한다. 마지막으로, 모든 정보를 종합하여 최종 응답을 생성한다.

실행 결과를 보면, 먼저 GetStockPriceWithDate 도구가 호출되어 테슬라의 주가 정보(254.22달러, 2024년 9월 26일)를 반환한다. 그 다음 tavily_search_results_json 도구가 호출되어 최근 전기차 시장 동향에 대한 정보를 웹에서 검색한다.

최종 답변에서 LLM은 이 두 가지 정보를 종합하여 분석을 제공한다. 테슬라의 주가가 254.22달러임을 언급하고, 2024년 세계 전기차 시장이 21% 성장할 것으로 예상된다는 정보를 제시한다.

또한, 최근 시장이 다소 둔화되었지만 각국의 정책과 제조업체들의 전략으로 인해 지속적인 성장이 기대된다고 설명한다.

LLM은 이러한 정보를 바탕으로 테슬라의 주가가 전기차 시장의 긍정적인 성장 전망을 반영하고 있을 수 있다고 분석한다. 동시에 경쟁 심화와 정책 변화가 주가에 영향을 미칠 수 있으므로 계속해서 시장 동향을 주시해야 한다고 조언한다.

이 예제는 AI 시스템의 모듈화와 확장성을 잘 보여준다. 새로운 도구를 추가하거나 기존 도구를 수정함으로써 AI 시스템의 능력을 쉽게 확장할 수 있다. 예를 들어, 주가 정보 외에도 회사의 재무 정보, 뉴스 기사, 분석가 의견 등을 제공하는 도구들을 추가하여 더욱 종합적인 분석을 수행할 수 있을 것이다.

〈예제 5-12〉 실습 파일명: LC_006_Tool_Calling.ipynb

```python
1   from langchain_core.prompts import ChatPromptTemplate
2   from langchain_core.runnables import RunnableConfig, chain
3   from langchain_openai import ChatOpenAI
4   from datetime import datetime
5
6   # LLM 모델 인스턴스를 생성
7   llm = ChatOpenAI(model="gpt-4o")
8
9   # 두 도구를 LLM에 바인딩
10  llm_with_tools = llm.bind_tools(tools=[web_search, stock_price_date_tool])
11
12  # 오늘 날짜 설정
13  today = datetime.today().strftime("%Y-%m-%d")
14
15  # 프롬프트 템플릿 정의
16  prompt = ChatPromptTemplate([
17      ("system", f"당신은 도움이 되는 AI 어시스턴트입니다. 오늘 날짜는 {today}입니다."),
18      ("human", "{user_input}"),
19      ("placeholder", "{messages}"),
20  ])
21
22  # LLM 체인 생성
23  llm_chain = prompt | llm_with_tools
24
25  @chain
26  def stock_analysis_chain(user_input: str, config: RunnableConfig):
27      input_ = {"user_input": user_input}
28      ai_msg = llm_chain.invoke(input_, config=config)
29
30      tool_msgs = []
31      for tool_call in ai_msg.tool_calls:
```

```
32        try:
33          if tool_call["name"] == "tavily_search_results_json":
34            tool_result = web_search.invoke(tool_call)
35          elif tool_call["name"] == "GetStockPriceWithDate":
36            tool_result = stock_price_date_tool.invoke(tool_call)
37          else:
38            print(f"Unknown tool called: {tool_call['name']}")
39            continue
40
41          # tool message 출력
42          print("Tool Name: ", tool_call["name"])
43          print(tool_result)
44          print("-"*100)
45
46          tool_msgs.append(tool_result)
47        except Exception as e:
48          print(f"Error processing tool call {tool_call['name']}: {e}")
49
50     return llm_chain.invoke({**input_, "messages": [ai_msg, *tool_msgs]}, con-
       fig=config)
51
52  # 체인 실행
53  query = "테슬라의 어제 주가는 전기차 시장의 최근 상황을 반영하고 있나요?"
54  response = stock_analysis_chain.invoke(query)
55
56  # 응답 출력
57  print("최종 답변: ")
58  print(response.content)
```

‹실행 결과›

```
Tool Name: GetStockPriceWithDate
content='[254.22000122070312, "2024-09-26"]' name='GetStockPriceWithDate' tool_
call_id='call_XP6h1fxE0XFaVjlQdlLWBmR9'
----------------------------------------------------------------------------------
Tool Name: tavily_search_results_json
content='[{"url": "https://www.segye.com/newsView/20240212507910", "content": "2024
년 세계 전기차 시장 21% 성장…전문가들 \'상저하고\' 전망. \\"전기차 전환 추세는 정해진 미래
다.\\. 올해 세계 전기차 시장이 전년 대비 21% 성장할 것으로 예측됐다. 최근 전기차 시장이 둔화
됐지만, 각국의 탄소 저감 정책과 지원, 완성차 제조업체들의…"}, {"url": "https://blog.naver.
com/PostView.naver?blogId=hoonyang&logNo=223424925243", "content": "국제에너
지기구 (IEA)는 2024년 4월 23일에 \'2024년 세계 전기차 시장 전망 보고서(Global Electric
Vehicle Outlook 2024)\'를 발표했다. 이 보고서는 전 세계 전기차의 최신 현황을 확인하고 평가
하는 연례 간행물이다. 이는 청정에너지장관회의(CEM, Clean Energy Minestrial)에서 2010년
설립된 EVI(Electric Vehicle Initiative…"}]' name='tavily_search_results_json'
```

tool_call_id='call_8f3EjLQrPbaYH09FuSfhb9sl' artifact={'query': '전기차 시장 상황 2024년 9월', 'follow_up_questions': None, 'answer': None, 'images': [], 'results': [{'title': "2024년 세계 전기차 시장 21% 성장…전문가들 '상저하고' 전망", 'url': 'https://www.segye.com/newsView/20240212507910', 'content': '2024년 세계 전기차 시장 21% 성장…전문가들 \"상저하고\' 전망. "전기차 전환 추세는 정해진 미래다.". 올해 세계 전기차 시장이 전년 대비 21% 성장할 것으로 예측됐다. 최근 전기차 시장이 둔화됐지만, 각국의 탄소 저감 정책과 지원, 완성차 제조업체들의…', 'score': 0.99724233, 'raw_content': None}, {'title': '[국제에너지기구, IEA] 2024년 세계 전기차 시장 전망 보고서, Global EV Outlook 2024', 'url': 'https://blog.naver.com/PostView.naver?blogId=hoonyang&logNo=223424925243', 'content': "국제에너지기구 (IEA)는 2024년 4월 23일에 '2024년 세계 전기차 시장 전망 보고서(Global Electric Vehicle Outlook 2024)'를 발표했다. 이 보고서는 전 세계 전기차의 최신 현황을 확인하고 평가하는 연례 간행물이다. 이는 청정에너지장관회의(CEM, Clean Energy Minestrial)에서 2010년 설립된 EVI(Electric Vehicle Initiative…", 'score': 0.98975134, 'raw_content': None}], 'response_time': 2.08}

최종 답변:
테슬라의 2024년 9월 26일 주가는 254.22달러였습니다. 최근 전기차 시장의 상황을 보면, 2024년에는 세계 전기차 시장이 전년 대비 21% 성장할 것으로 예상되고 있습니다. 최근 시장은 다소 둔화된 모습을 보였으나, 각국의 탄소 저감 정책과 지원, 완성차 제조업체들의 전략 등에 의해 지속적인 성장이 기대되고 있습니다.
테슬라의 주가는 이러한 전기차 시장의 긍정적인 성장 전망을 반영하고 있을 수 있습니다. 전기차 시장의 경쟁 심화와 정책 변화가 테슬라의 주가에 영향을 미칠 가능성도 있으니, 계속해서 시장 동향을 주시하는 것이 중요합니다.

004 구조적 출력(Structured Output) 활용

4-1 Pydantic 클래스 활용

다음 예제는 Pydantic을 사용하여 구조화된 출력을 생성하는 방법을 보여준다. 주식 분석을 위한 구조화된 데이터 모델을 정의하고, 이를 LLM 모델과 결합하여 일관된 형식의 분석 결과를 얻는 과정을 설명한다.

먼저, 'StockAnalysis'라는 Pydantic 모델을 정의한다. 이 모델은 주식 분석에 필요한 여러 필드를 포함한다. 주식 심볼, 현재 가격, 가격 정보 날짜, 시장 동향, 주요 영향 요인, 종합 분석이다.

다음으로, ChatOpenAI 모델을 초기화하고, with_structured_output 메서드를 사용하여 'StockAnalysis' 모델에 맞는 구조된 출력을 생성하도록 설정한다. 이렇게 설정된 모델은 주어진 프롬프트에 대해 StockAnalysis 구조에 맞는 응답을 생성한다.

'테슬라(TSLA)의 현재 주가와 시장 동향을 분석해주세요.'라는 프롬프트로 모델을 실행하면, LLM은 이 질문을 분석하고 'StockAnalysis 구조에 맞춰 응답을 생성한다. 실행 결과에서는 LLM이 테슬라 주식에 대한 구조화된 분석 결과를 제공했음을 알 수 있다. 주식 심볼(TSLA), 현재 가격($850.0), 시장 동향(상승세), 주요 영향 요인(전기차 수요 증가, 배터리 기술 발전 등) 그리고 종합적인 분석이 포함되어 있다.

그러나 결과에서 주목할 점은 LLM이 제공한 테슬라의 주가 정보가 실제와 다르다는 것이다. 이는 LLM의 '환각' 현상을 보여주는 중요한 예시이다. '환각'이란 LLM이 실제로 존재하지 않거나 잘못된 정보를 생성하는 현상을 말한다. 이 경우, 테슬라의 주가를 $850.0로 제시했는데, 이는 실제 주가와 크게 다를 수 있다. LLM은 학습 데이터의 한계로 인해 최신 실시간 정보를 알지 못해, 때로는 이런 식으로 부정확한 정보를 생성할 수 있다.

> **〈예제 5-13〉 실습 파일명: LC_006_Tool_Calling.ipynb**

```
1  from pydantic import BaseModel, Field
2  from typing import List
3  from langchain_openai import ChatOpenAI
4
5  # Pydantic 모델 정의
6  class StockAnalysis(BaseModel):
7    """주식 분석 결과"""
8    stock_symbol: str = Field(description="분석 대상 주식의 심볼")
9    current_price: float = Field(description="현재 주식 가격")
10   price_date: str = Field(description="주가 정보 날짜")
```

```
11      market_trend: str = Field(description="전반적인 시장 동향")
12      key_factors: List[str] = Field(description="주가에 영향을 미치는 주요 요인들")
13      analysis: str = Field(description="주가와 시장 상황에 대한 분석")
14
15  # ChatOpenAI 모델 초기화
16  llm = ChatOpenAI(model="gpt-4o-mini")
17
18  # 구조화된 출력을 위한 모델 생성
19  structured_llm = llm.with_structured_output(StockAnalysis)
20
21  # 모델 실행
22  result = structured_llm.invoke("테슬라(TSLA)의 현재 주가와 시장 동향을 분석해주세요.")
23
24  # 결과 출력
25  print(f"주식 심볼: {result.stock_symbol}")
26  print(f"현재 가격: ${result.current_price}")
27  print(f"시장 동향: {result.market_trend}")
28  print("주요 요인:")
29  for factor in result.key_factors:
30      print(f"- {factor}")
31
32  print(f"분석: {result.analysis}")
```

〈실행 결과〉

```
주식 심볼: TSLA
현재 가격: $850.0
시장 동향: 상승세
주요 요인:
- 전기차 수요 증가
- 배터리 기술 발전
- 경쟁업체의 성장
- 글로벌 시장 확장
분석: 테슬라는 전기차 시장에서의 강력한 입지를 바탕으로 현재 상승세를 보이고 있으며, 특히 배터리 기술의 발전과 글로벌 시장 확장을 통해 긍정적인 전망을 유지하고 있습니다.
```

이러한 현상은 LLM을 실제 애플리케이션에 적용할 때 주의해야 할 중요한 점을 시사한다. 특히 금융 데이터와 같이 정확성이 중요한 정보를 다룰 때는 LLM의 출력을 그대로 신뢰해서는 안 되며, 반드시 실제 데이터 소스와 대조 검증이 필요하다. 이 문제를 해결하기 위해서는 다음과 같은 방법을 고려할 수 있다.

- **실시간 데이터 소스 연동** 주가 정보를 제공하는 API를 연동하여 실제 데이터를 가져온다.
- **데이터 검증 단계 추가** LLM의 출력을 실제 데이터와 비교하여 검증하는 단계를 추가한다.
- **사용자에게 주의 문구 제공** LLM이 제공하는 정보가 부정확할 수 있음을 명시적으로 알린다.

다음 예제는 실시간 데이터 소스를 연동하여 LLM의 출력을 실제 데이터에 근거하여 답변을 생성하는 방법을 보여준다. 코드는 웹 검색과 주식 가격 조회 도구를 LLM에 바인딩하여 사용한다. stock_analysis_chain 함수는 사용자의 입력을 받아 LLM에 전달하고, LLM의 응답에서 도구 호출을 추출하여 실행한다. 웹 검색 도구(tavily_search_results_json)와 주식 가격 조회 도구 (GetStockPriceWithDate)가 사용되며, 각 도구의 실행 결과는 출력되고 메시지 목록에 추가된다. 최종적으로, LLM은 모든 도구 실행 결과를 포함한 정보를 바탕으로 구조화된 분석 결과를 생성한다. 이 결과는 StockAnalysis 구조에 맞춰 주식 심볼, 현재 가격, 가격 날짜, 시장 동향, 주요 요인, 그리고 종합 분석을 포함한다.

실행 결과를 보면, 테슬라의 주가와 전기차 시장 동향에 대한 실제 데이터가 포함되어 있다. 주가는 $254.22로, 2024년 9월 26일 기준이다. 이처럼 실시간 데이터를 사용함으로써 LLM의 '환각' 현상을 방지하고 정확한 정보를 제공할 수 있다.

〈예제 5-14〉 실습 파일명: LC_006_Tool_Calling.ipynb

```
1    from langchain_core.prompts import ChatPromptTemplate
2    from langchain_core.runnables import RunnableConfig, chain
3    from pydantic import BaseModel, Field
4    from typing import List
5
6    # Pydantic 모델 정의
7    class StockAnalysis(BaseModel):
8        stock_symbol: str = Field(description="분석 대상 주식의 심볼")
9        current_price: float = Field(description="현재 주식 가격")
10       price_date: str = Field(description="주가 정보 날짜")
11       market_trend: str = Field(description="전반적인 시장 동향")
12       key_factors: List[str] = Field(description="주가에 영향을 미치는 주요 요인들")
13       analysis: str = Field(description="주가와 시장 상황에 대한 분석")
14
15   # LLM 모델 인스턴스 생성
16   llm = ChatOpenAI(model="gpt-4o")
17
18   # 도구를 LLM에 바인딩
19   llm_with_tools = llm.bind_tools(tools=[web_search, stock_price_date_tool])
20
21   # 프롬프트 템플릿 정의
22   prompt = ChatPromptTemplate([
23       ("system", f"당신은 도움이 되는 AI 금융 분석가입니다. 오늘 날짜는 {today}입니다."\
24           f"주어진 정보를 바탕으로 StockAnalysis 구조에 맞는 분석 결과를 생성하세요."),
25       ("human", "{user_input}"),
26       ("placeholder", "{messages}"),
27   ])
```

```
28
29   # LLM 체인 생성
30   llm_chain = prompt | llm_with_tools
31
32   @chain
33   def stock_analysis_chain(user_input: str, config: RunnableConfig):
34       input_ = {"user_input": user_input}
35       ai_msg = llm_chain.invoke(input_, config=config)
36
37       tool_msgs = []
38       for tool_call in ai_msg.tool_calls:
39           try:
40               if tool_call["name"] == "tavily_search_results_json":
41                   tool_result = web_search.invoke(tool_call)
42               elif tool_call["name"] == "GetStockPriceWithDate":
43                   tool_result = stock_price_date_tool.invoke(tool_call)
44               else:
45                   print(f"Unknown tool called: {tool_call['name']}")
46                   continue
47
48               # tool message 출력
49               print("Tool Name: ", tool_call["name"])
50               print(tool_result)
51               print("-"*100)
52
53               tool_msgs.append(tool_result)
54           except Exception as e:
55               print(f"Error processing tool call {tool_call['name']}: {e}")
56
57       final_response = llm_chain.invoke(
58           {**input_, "messages": [ai_msg, *tool_msgs]},
59           config=config
60           )
61
62       # 구조화된 출력 생성
63       structured_llm = llm.with_structured_output(StockAnalysis)
64
65       structured_prompt = f"""Based on the following information, provide a structured\
66               analysis: {final_response.content}"""
67       structured_output = structured_llm.invoke(structured_prompt)
68
69       return structured_output
70
```

```
71   # 체인 실행
72   query = "테슬라의 어제 주가는 전기차 시장의 최근 상황을 반영하고 있나요?"
73   response = stock_analysis_chain.invoke(query)
74
75   # 응답 출력
76   print("구조화된 분석 결과:")
77   print(f"주식 심볼: {response.stock_symbol}")
78   print(f"현재 가격: ${response.current_price}")
79   print(f"가격 날짜: {response.price_date}")
80   print(f"시장 동향: {response.market_trend}")
81   print("주요 요인:")
82   for factor in response.key_factors:
83       print(f"- {factor}")
84   print(f"분석: {response.analysis}")
```

＜실행 결과＞

Tool Name: GetStockPriceWithDate

content='[254.22000122070312, "2024-09-26"]' name='GetStockPriceWithDate' tool_call_id='call_JmzSSPqHilgePAYSdZgeK6g0'

Tool Name: tavily_search_results_json

content='[{"url": "https://arstechnica.com/cars/2024/09/ev-sales-remain-healthy-despite-online-doom-and-gloom/", "content": "it\'s just vibes — EV sales remain healthy despite online doom and gloom Battery EVs are expected to account for more than 8 percent. Jonathan M. Gitlin - Sep 26, 2024 5:40 pm UTC"}, {"url": "https://www.nytimes.com/2024/09/05/climate/electric-vehicle-sales-projections.html", "content": "Sept. 5, 2024. The race to electrify America\'s cars is looking more like a slog these days. In the past few months, several automakers announced plans to pull back on introducing new electric..."}]' name='tavily_search_results_json' tool_call_id='call_QTrpY79aw2hmcbrn7gNQ3Zri' artifact={'query': 'electric vehicle market news September 2024', 'follow_up_questions': None, 'answer': None, 'images': [], 'results': [{'title': 'EV sales remain healthy despite online doom and gloom', 'url': 'https://arstechnica.com/cars/2024/09/ev-sales-remain-healthy-despite-online-doom-and-gloom/', 'content': "it's just vibes — EV sales remain healthy despite online doom and gloom Battery EVs are expected to account for more than 8 percent. Jonathan M. Gitlin - Sep 26, 2024 5:40 pm UTC", 'score': 0.9877587, 'raw_content': None}, {'title': 'The Electric Vehicle Future Is Coming. Just a Little More Slowly.', 'url': 'https://www.nytimes.com/2024/09/05/climate/electric-vehicle-sales-projections.html', 'content': "Sept. 5, 2024. The race to electrify America's cars is looking more like a slog these days. In the past few months, several automakers announced plans to pull back on introducing new electric...", 'score': 0.9846347, 'raw_content': None}], 'response_time': 1.93}

구조화된 분석 결과:

주식 심볼: TSLA

현재 가격: $254.22

가격 날짜: 어제

시장 동향: 전기차 시장은 전반적인 성장세를 보여주고 있으나, 일부 제조사의 전기차 모델 도입 지연으로 인해 성장 속도가 둔화될 가능성이 있습니다.

주요 요인:
- 건강한 전기차 판매로 인한 긍정적 시장 신호
- 일부 제조사의 전기차 도입 지연

분석: 테슬라의 주가는 현재 전기차 시장의 긍정적인 성장세와 일부 제조사의 도입 지연이라는 상반된 요인들로 인해 혼합된 영향을 받고 있습니다. 전기차 판매 증가가 시장에 긍정적 신호를 주고 있지만, 일부 제조사의 전기차 모델 도입 지연은 시장 성장 속도를 둔화시킬 수 있어 주의가 필요합니다. 이러한 요인들이 테슬라의 주가에 복합적인 영향을 미친 것으로 판단됩니다.

06

Agent

에이전트(Agent)는 주어진 목표를 달성하기 위해 LLM이 자율적으로 도구를 선택하고 실행하는 AI 시스템이다. 기본적인 에이전트 구현부터 대화 기록을 관리하는 메모리 기능 추가, 그리고 더 복잡한 워크플로우를 구현할 수 있는 LangGraph까지 단계적으로 학습한다. 특히 RAG와 결합하여 문서 기반 질의응답이 가능한 지능형 챗봇 구현 실습을 통해, 에이전트의 실제 활용 방법을 이해한다.

001 에이전트(Agent) 개념 이해

1-1 에이전트의 정의와 목적

에이전트(Agent)는 LLM을 추론 엔진으로 사용하여 어떤 행동을 취할지와 그 행동의 입력이 무엇이 되어야 할지를 결정하는 시스템이다. 에이전트의 주요 목적은 복잡한 작업을 수행하기 위해 여러 도구와 정보 소스를 조합하여 사용하는 것이다.

아래 이미지는 에이전트의 동작 방식을 단계별로 보여준다. 이 방식은 최종 응답 생성까지 반복되는 구조를 통해, 복잡한 질문에 대해 여러 도구를 조합하여 정확하고 포괄적인 답변을 제공하려는 목적을 갖는다. 에이전트는 단순 질의응답을 넘어 추론과 문제 해결 능력을 갖는다.

❶ **User Question** 사용자의 질문 입력 단계이다.

❷ **LLM** 질문을 처리하고 행동을 결정하는 단계이다.

❸ **PARSER** LLM 출력을 구문 분석하여 필요한 도구와 입력을 식별하는 단계이다.

❹ **TOOL** 다양한 도구들(검색, 계산, API 호출 등)이 실행되는 단계이다.

❺ **OBSERVATION** 도구 실행 결과를 관찰하고 분석하는 단계이다.

❻ **Loop** LLM이 관찰 결과를 받아 추가 작업 필요성을 판단하는 단계다. 필요시 2~5 단계가 반복된다.

❼ **Output** 최종 응답이 사용자에게 제공되는 단계이다.

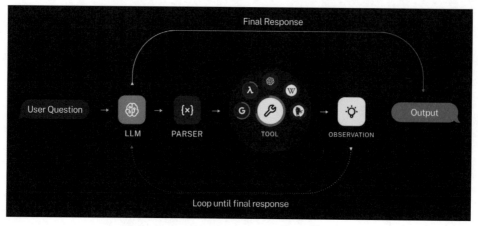

[그림 6-1] LangChain Agent 동작 방식[14]

---

14 이미지 출처: https://python.langchain.com/v0.1/docs/use_cases/tool_use/

1-2 에이전트의 구성 요소

에이전트는 다음과 같은 요소들로 이루어진다.

- **언어 모델**(LLM) 추론과 의사 결정을 담당
- **도구**(Tools) 에이전트가 사용할 수 있는 기능들(예: 웹 검색, 계산기 등)
- **프롬프트** 에이전트의 행동을 안내하는 지침
- **메모리** 이전 상호작용을 기억하고 활용하는 기능

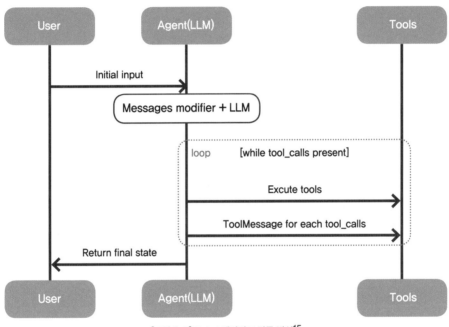

[그림 6-2] ReAct 에이전트 작동 방식[15]

1-3 LangChain Agent 활용

랭체인은 에이전트를 쉽게 구현하고 커스터마이즈할 수 있는 프레임워크를 제공한다. AgentExecutor를 통해 에이전트의 실행을 관리하고, 다양한 도구와 언어 모델을 쉽게 통합할 수 있다.

---

15 이미지 출처: https://langchain-ai.github.io/langgraph/reference/prebuilt/#create_react_agent

002 기본 에이전트 구현

2-1 도구 설정 및 에이전트 초기화

다음 코드는 랭체인을 사용해 기본적인 에이전트를 구현하는 과정을 보여주는 예시이다. 에이전트는 LLM을 사용해 주어진 작업을 수행하고, 필요한 경우 외부 도구를 활용한다. 이 예시에서는 웹 검색 도구를 사용하고 있다.

먼저, 필요한 라이브러리와 모듈을 임포트한다. 그 다음 `hub.pull()`을 사용해 미리 정의된 프롬프트 템플릿을 가져온다. `TavilySearchResults`를 사용해 웹 검색 도구를 초기화하고, `ChatAnthropic` 모델을 Claude 3 Haiku 버전으로 초기화한다. 마지막으로 `create_tool_calling_agent()` 함수를 사용해 에이전트를 생성한다.

결과를 보면, 프롬프트 출력에는 시스템 메시지, 채팅 기록 플레이스홀더, 사용자 입력 템플릿, 에이전트 스크래치패드가 포함되어 있다. 에이전트 출력에는 `RunnableAssign`, `ChatPromptTemplate`, `RunnableBinding`, `ToolsAgentOutputParser` 등의 구성 요소가 포함되어 있다.

〈예제 6-1〉 실습 파일명: LC_007_Agent.ipynb

```
1   from langchain import hub
2   from langchain_community.tools import TavilySearchResults
3   from langchain_anthropic import ChatAnthropic
4   from langchain.agents import create_tool_calling_agent
5
6   # hub에서 'hwchase17/openai-functions-agent' 프롬프트를 불러옴
7   prompt = hub.pull("hwchase17/openai-functions-agent")
8
9   # 프롬프트 메시지를 출력
10  print("prompt:")
11  print(prompt.messages)
12  print("-" * 100)
13
14  # Tavily 검색 결과 도구를 생성하고 최대 결과를 2개로 제한
15  web_search = TavilySearchResults(max_results=2)
16  tools = [web_search]
17
18  # Claude-3 모델을 사용하여 ChatAnthropic 모델 생성
19  model = ChatAnthropic(model_name="claude-3-haiku-20240307")
```

```
20
21    # 도구 호출 에이전트를 생성하여, 프롬프트와 도구들을 에이전트에 결합
22    agent = create_tool_calling_agent(model, tools, prompt)
23
24    # 에이전트를 출력
25    print("agent:")
26    print(agent)
27    print("-" * 100)
```

〈실행 결과〉

prompt:
[SystemMessagePromptTemplate(prompt=PromptTemplate(input_variables=[],
input_types={}, partial_variables={}, template='You are a helpful assistant'),
additional_kwargs={}), MessagesPlaceholder(variable_name='chat_history',
optional=True), HumanMessagePromptTemplate(prompt=PromptTemplate(input_
variables=['input'], input_types={}, partial_variables={}, template='{input}'),
additional_kwargs={}), MessagesPlaceholder(variable_name='agent_scratchpad')]
----
agent:
first=RunnableAssign(mapper={
  agent_scratchpad: RunnableLambda(lambda x: message_formatter(x['intermedi-
ate_steps']))
}) middle=[ChatPromptTemplate(input_variables=['agent_scratchpad', 'input'],
optional_variables=['chat_history'], input_types={'chat_history': list[typing.
Annotated[typing.Union[typing.Annotated[langchain_core.messages.ai.AIMessage,
Tag(tag='ai')], typing.Annotated[langchain_core.messages.human.HumanMessage,
Tag(tag='human')], typing.Annotated[langchain_core.messages.chat.ChatMessage,
...
typing.Annotated[langchain_core.messages.tool.ToolMessageChunk,
Tag(tag='ToolMessageChunk')]], FieldInfo(annotation=NoneType, required=True,
discriminator=Discriminator(discriminator=<function _get_type at
0x11c69f380>, custom_error_type=None, custom_error_message=None, custom_error_
context=None))]]}, partial_variables={'chat_history': []}, metadata={'lc_hub_owner':
'hwchase17', 'lc_hub_repo': 'openai-functions-agent', 'lc_hub_commit_hash': 'a16550
24b06afbd95d17449f21316291e0726f13dcfaf990cc0d18087ad689a5'}, messages=[Sys-
temMessagePromptTemplate(prompt=PromptTemplate(input_variables=[], input_
types={}, partial_variables={}, template='You are a helpful assistant'), addi-
tional_kwargs={}), MessagesPlaceholder(variable_name='chat_history', option-
al=True), HumanMessagePromptTemplate(prompt=PromptTemplate(input_vari-
ables=['input'], input_types={}, partial_variables={}, template='{input}'), addi-
tional_kwargs={}), MessagesPlaceholder(variable_name='agent_scratchpad')]), Run
nableBinding(bound=ChatAnthropic(model='claude-3-haiku-20240307', anthropic_

```
api_url='https://api.anthropic.com', anthropic_api_key=SecretStr('*********'),
model_kwargs={}), kwargs={'tools': [{'name': 'tavily_search_results_json', 'descrip-
tion': 'A search engine optimized for comprehensive, accurate, and trusted
results. Useful for when you need to answer questions about current events.
Input should be a search query.', 'input_schema': {'properties': {'query': {'descrip-
tion': 'search query to look up', 'type': 'string'}}, 'required': ['query'], 'type':
'object'}}]}, config={}, config_factories=[])) last=ToolsAgentOutputParser()
```

2-2 AgentExcecutor 설정

이번에는 AgentExecutor를 설정하는 과정을 알아본다. AgentExecutor는 에이전트와 도구를 결합하여 실제로 작업을 수행할 수 있는 실행 가능한 객체를 생성한다.

먼저 `langchain.agents`에서 `AgentExecutor`를 임포트한다. 그 다음 이전 예제에서 생성한 `agent`와 `tools`를 인자로 하여 `AgentExecutor` 객체를 생성한다. 이렇게 생성된 `agent_executor` 객체를 출력하여 그 구조를 확인한다.

실행 결과를 보면, `AgentExecutor` 객체의 상세한 구조가 출력된다. 이 구조에는 `RunnableMulti ActionAgent`, `ChatPromptTemplate`, `RunnableBinding`, `ToolsAgentOutput Parser` 등 다양한 구성 요소가 포함되어 있다.

〈예제 6-2〉 실습 파일명: LC_007_Agent.ipynb

```
1   from langchain.agents import AgentExecutor
2
3   # 에이전트와 도구를 결합하여 AgentExecutor 객체 생성
4   agent_executor = AgentExecutor(agent=agent, tools=tools)
5
6   # AgentExecutor 객체 출력
7   print(agent_executor)
```

〈실행 결과〉

```
verbose=False agent=RunnableMultiActionAgent(runnable=RunnableAssign(map-
per={
  agent_scratchpad: RunnableLambda(lambda x: message_formatter(x['intermedi-
ate_steps']))
})
| ChatPromptTemplate(input_variables=['agent_scratchpad', 'input'], option-
al_variables=['chat_history'], input_types={'chat_history': list[typing.
Annotated[typing.Union[typing.Annotated[langchain_core.messages.ai.AIMessage,
Tag(tag='ai')], typing.Annotated[langchain_core.messages.human.HumanMessage,
```

```
...,
typing.Annotated[langchain_core.messages.tool.ToolMessageChunk,
Tag(tag='ToolMessageChunk')]], FieldInfo(annotation=NoneType, required=True,
discriminator=Discriminator(discriminator=<function _get_type at
0x11c69f380>, custom_error_type=None, custom_error_message=None, custom_error_
context=None))]]}, partial_variables={'chat_history': []}, metadata={'lc_hub_owner':
'hwchase17', 'lc_hub_repo': 'openai-functions-agent', 'lc_hub_commit_hash': 'a16550
24b06afbd95d17449f21316291e0726f13dcfaf990cc0d18087ad689a5'}, messages=[Sys-
temMessagePromptTemplate(prompt=PromptTemplate(input_variables=[], input_
types={}, partial_variables={}, template='You are a helpful assistant'), addi-
tional_kwargs={}), MessagesPlaceholder(variable_name='chat_history', option-
al=True), HumanMessagePromptTemplate(prompt=PromptTemplate(input_vari-
ables=['input'], input_types={}, partial_variables={}, template='{input}'), addi-
tional_kwargs={}), MessagesPlaceholder(variable_name='agent_scratchpad')])
| RunnableBinding(bound=ChatAnthropic(model=' claude-3-haiku-20240307',
anthropic_api_url='https://api.anthropic.com', anthropic_api_key=Secret-
Str('**********'), model_kwargs={}), kwargs={'tools': [{'name': 'tavily_search_
results_json', 'description': 'A search engine optimized for comprehensive,
accurate, and trusted results. Useful for when you need to answer questions
about current events. Input should be a search query.', 'input_schema': {'proper-
ties': {'query': {'description': 'search query to look up', 'type': 'string'}}, 'required':
['query'], 'type': 'object'}}]}, config={}, config_factories=[])
| ToolsAgentOutputParser(), input_keys_arg=[], return_keys_arg=[], stream_run-
nable=True) tools=[TavilySearchResults(max_results=2, api_wrapper=TavilySe-
archAPIWrapper(tavily_api_key=SecretStr('**********')))]
```

2-3 Agent 실행

▌도구 실행이 필요 없는 경우

이번 섹션에서는 AgentExecutor를 사용하여 간단한 질의에 응답하는 방법을 설명한다. 앞의 예제
에서 설정한 AgentExecutor는 사용자의 입력을 처리하며, 필요할 경우 도구를 호출해 작업을 수행
할 수 있다. 예를 들어, 사용자가 질문을 하면 에이전트는 이를 해석하고 도구가 필요하다면 실행
한 후 결과를 종합해 응답을 생성한다. 이 과정에서 도구가 필요하지 않은 경우에는 에이전트 자체
가 질의에 바로 응답하게 된다.

랭체인의 AgentExecutor는 에이전트와 도구들을 함께 관리하는 역할을 한다. 사용자가 입력한 질
의를 처리하여 적절한 도구를 호출하거나, 도구가 필요 없을 경우 직접 응답을 생성한다. 본 예시
에서는 단순한 인사말을 입력할 때 에이전트가 도구를 호출하지 않고 바로 응답하는 과정을 보여
준다.

코드에서 agent_executor.invoke() 메서드를 통해 AgentExecutor가 사용자의 입력을 처리한다. 여기서 '"input": "안녕하세요!"'는 사용자가 입력한 메시지를 나타낸다.

에이전트는 '안녕하세요!'라는 입력을 받아 '네, 안녕하세요! 무엇을 도와드릴까요?'라는 응답을 생성하였다. 이 과정에서 도구는 호출되지 않았으며, 에이전트가 직접 응답을 처리했다. output 필드에는 생성된 응답 텍스트와 응답 유형이 포함되어 있다. 이 결과는 간단한 질의에는 도구 호출이 필요 없으며, 에이전트 자체가 응답할 수 있음을 보여준다.

〈예제 6-3〉 실습 파일명: LC_007_Agent.ipynb

```
1  # 첫 번째 예시: 도구를 호출할 필요가 없을 때 에이전트의 응답
2  agent_executor.invoke({"input": "안녕하세요!"})
```

〈실행 결과〉

```
{'input': '안녕하세요!',
 'output': [{'text': '네, 안녕하세요! 무엇을 도와드릴까요?', 'type': 'text', 'index': 0}]}
```

▮ 도구 실행이 필요한 경우

이번 섹션에서는 AgentExecutor가 특정 작업을 수행하기 위해 도구를 호출하는 과정을 설명한다. 사용자가 질의한 내용이 에이전트만으로는 응답하기 어려운 경우, AgentExecutor는 미리 설정된 도구를 사용하여 답변을 완성한다. 이 예시에서는 웹 검색 도구를 호출하여 최신 정보를 조회한 후 결과를 반환하는 방식으로 동작한다.

랭체인의 에이전트는 사용자의 입력을 분석하여, 자체적으로 답변이 가능한 경우에는 직접 응답을 생성하지만, 더 구체적인 정보가 필요할 때는 외부 도구를 호출하여 정보를 가져온다. 예를 들어, 사용자 질문이 최신 정보에 대한 검색을 필요로 하는 경우, 에이전트는 설정된 검색 도구를 호출하여 그 결과를 종합해 답변을 생성한다. 이런 방식은 에이전트가 단순히 모델을 통한 답변 생성에서 벗어나, 외부 데이터를 활용하여 더 정확한 정보를 제공할 수 있게 해준다.

다음 코드는 웹 검색 도구를 호출해야 하는 예제다. 여기서 agent_executor.invoke() 메서드는 사용자의 입력을 처리하고, 최신 정보를 얻기 위해 웹 검색 도구를 호출한다. '"input": "2024년 하반기 애플 신제품은 무엇인가요?"'는 사용자가 입력한 질문으로, 에이전트는 이를 분석하고 외부 도구를 호출하여 필요한 정보를 수집한다. 에이전트는 웹 검색 도구를 호출하여 2024년 하반기 애플의 예상 신제품에 대한 정보를 수집하고, 이를 바탕으로 결과를 반환하였다.

```
1   # 웹 검색 도구를 호출해야 하는 예시를 실행
2   agent_executor.invoke({"input": "2024년 하반기 애플 신제품은 무엇인가요?"})
```

〈실행 결과〉

{'input': '2024년 하반기 애플 신제품은 무엇인가요?',
 'output': [{'text': '\n\n2024년 하반기에 애플이 출시할 것으로 예상되는 신제품은 다음과 같습니다:\n\n- 애플 비전 프로(Apple Vision Pro) - 새로운 AR/VR 헤드셋 제품\n- 아이폰 16 - 애플의 신형 스마트폰\n- 아이패드 프로 OLED - OLED 디스플레이 적용된 프리미엄 태블릿 라인업\n- 에어팟 4 - 애플의 무선 이어폰 새로운 세대\n- 애플워치 10 - 애플워치의 10세대 모델로 주요 건강 기능 업그레이드 예정\n\n주요 제품들의 성능, 디자인, 가격 등 구체적인 사양 정보는 정식 출시 발표에 맞춰 알려질 것으로 보입니다. 애플은 신제품 라인업을 통해 2024년 하반기에 다양한 고객 니즈를 충족시키고자 노력할 것으로 예상됩니다.',
 'type': 'text',
 'index': 0}]}

NOTE

웹 검색 도구를 사용하는 예제의 경우 검색 결과가 매번 달라질 수 있음에 유의한다. LLM의 답변도 확률적 예측에 기반하기 때문에 달라질 수 있다.

003 에이전트 실행도구에 메모리 기능 추가

기존의 에이전트는 매번 새로운 요청에만 반응하며, 이전의 대화 기록을 기억하지 못하는 상태인 비저장(Stateless) 방식으로 동작한다. 그러나 메모리 기능을 추가하면 에이전트는 이전 대화를 기억하고 이를 바탕으로 더욱 연속적인 대화를 할 수 있다. 여기에서는 메모리 기능을 추가하여 대화 기록을 유지하는 방법을 설명한다.

3-1 대화 기록 관리

먼저 대화 기록을 저장하고 불러오는 함수가 필요하다. 이를 통해 사용자는 각각의 대화 세션에서 이루어진 대화를 기록하고, 필요한 경우 해당 기록을 불러와 사용할 수 있다.

다음 코드에서는 세션별 대화 기록을 관리하기 위한 시스템을 설정하는 과정을 보여준다. 이 설정을 통해 여러 세션의 대화 기록을 독립적으로 관리할 수 있다. 각 세션은 개별 사용자 또는 개별 채팅의 대화 기록을 가지며, 이를 통해 에이전트가 각 세션의 컨텍스트를 유지하면서 대화를 이어갈 수 있게 된다. 세부 코드의 작성 단계를 설명하면 다음과 같다.

❶ 'InMemoryChatMessageHistory'를 임포트한다. 메모리 내에서 채팅 메시지 기록을 저장하는 클래스이다.

❷ 'store'라는 빈 딕셔너리를 생성한다. 이 딕셔너리는 각 세션의 대화 기록을 저장하는 데 사용된다.

❸ 'get_session_history' 함수는 'session_id'를 인자로 받는다. 해당 'session_id'가 'store' 딕셔너리에 있으면 해당 세션의 대화 기록 객체를 반환한다. 만약 세션이 없다면, 새로운 'InMemoryChatMessageHistory' 객체를 생성한다.

❹ 현재 'store' 딕셔너리의 내용을 출력한다.

실행 결과에서 'store'를 출력하면 비어있는 딕셔너리 '{}'가 출력된다. 아직 아무 세션도 시작되지 않았기 때문이다.

<예제 6-5> 실습 파일명: LC_007_Agent.ipynb

```
1   from langchain_community.chat_message_histories import ChatMessageHistory
2   from langchain_core.chat_history import BaseChatMessageHistory
3
4   # 세션별 대화 기록을 저장할 딕셔너리
5   store = {}
6
7   # session_id를 기반으로 대화 기록을 가져오거나 새로 생성하는 함수
8   def get_session_history(session_id: str) -> BaseChatMessageHistory:
9       if session_id not in store:
10          store[session_id] = ChatMessageHistory()            # 새 대화 기록 생성
11      return store[session_id]
12
13  # store 출력
14  print(store)
```

<실행 결과>

```
{}
```

> **NOTE**
>
> 세션 관리를 통한 메시지 기능 추가에 대해서는 "Part 3. 간단한 챗봇 만들기"에서 대화 히스토리 구현을 위해 다룬 적이 있다. 랭체인의 LCEL 체인을 구성하는 객체에 적용할 수 있고, 랭체인의 에이전트(Agent) 객체에 대해서도 사용할 수 있다.

3-2 RunnableWithMessageHistory 활용

[그림 6-3] 메시지 히스토리 사용 방법[16]

다음 코드에서는 RunnableWithMessageHistory를 활용하여 대화 기록을 유지하는 에이전트를 실행하는 과정을 보여준다. 각 부분을 상세히 설명하면 다음과 같다.

❶ 'RunnableWithMessageHistory'를 사용해 대화 기록을 관리할 수 있는 에이전트를 생성한다. 이때 'agent_executor'의 출력을 'AIMessage' 형식으로 변환하는 람다 함수를 추가해 올바른 메시지 형식으로 변환한다.

---

16 이미지 출처: https://python.langchain.com/docs/how_to/message_history/

❷ 세션을 설정하기 위해 'config' 딕셔너리를 통해 세션 ID를 'test_001'로 지정한다.

❸ 'test_001' 세션의 첫 번째 대화로 '제 이름은 판다스입니다. 테슬라 회장은 누구인가요?'라는 질문을 에이전트에게 요청한다.

❹ 에이전트는 일론 머스크가 테슬라의 CEO이자 창업자라는 정보를 제공하는 답변을 했다.

❺ 'test_001' 세션에 대한 대화 기록이 저장된 저장소(store) 상태를 확인한다. 저장된 기록에는 사용자의 질문(HumanMessage)과 에이전트의 응답(AIMessage)이 모두 포함되어 있다.

〈예제 6-6〉 실습 파일명: LC_007_Agent.ipynb

```
1   from langchain_core.runnables.history import RunnableWithMessageHistory
2   from langchain_core.messages import AIMessage
3
4   # 메모리를 갖춘 에이전트 생성
5   agent_with_chat_history = RunnableWithMessageHistory(
6       # 기존 에이전트 실행도구
7       agent_executor | (lambda x: AIMessage(content=x["output"][0]["text"],
    role="assistant")),
8       get_session_history,                    # 세션별 대화 기록을 관리하는 함수
9       input_messages_key="input",             # 입력 대화를 저장할 키
10      history_messages_key="chat_history"     # 대화 기록을 불러올 키
11  )
12
13  # 세션 ID를 지정
14  config = {"configurable": {"session_id": "test_001"}}
15
16  # 첫 번째 대화: 새로운 세션에서 질문
17  response = agent_with_chat_history.invoke(
18      {"input": "제 이름은 판다스입니다. 테슬라 회장은 누구인가요?"},
19      config=config
20  )
21
22  # 에이전트의 응답 출력
23  print("response: ")
24  print(response.content)
25  print("-"*100)
26
27  # store 출력
28  print("store: ")
29  print(store)
30  print("-"*100)
```

＜실행 결과＞

response:
테슬라의 CEO이자 창업자는 일론 머스크(Elon Musk)입니다. 일론 머스크는 2008년부터 테슬라의 CEO
를 맡고 있으며, 스페이스X, 솔라시티, 트위터, 더 보링 컴퍼니, 뉴런링크 등 다양한 회사를 이끌고 있는 기
업가입니다. 그는 지속 가능한 에너지 기업인 테슬라를 이끌면서 전기 자동차, 배터리, 태양 에너지 사업을
성공적으로 펼치고 있습니다.

----

store:
{'test_001': InMemoryChatMessageHistory(messages=[HumanMessage(content='제 이름
은 판다스입니다. 테슬라 회장은 누구인가요?', additional_kwargs={}, response_metadata={}),
AIMessage(content='\n\n테슬라의 CEO이자 창업자는 일론 머스크(Elon Musk)입니다. 일론 머
스크는 2008년부터 테슬라의 CEO를 맡고 있으며, 스페이스X, 솔라시티, 트위터, 더 보링 컴퍼니, 뉴런
링크 등 다양한 회사를 이끌고 있는 기업가입니다. 그는 지속 가능한 에너지 기업인 테슬라를 이끌면서
전기 자동차, 배터리, 태양 에너지 사업을 성공적으로 펼치고 있습니다.', additional_kwargs={},
response_metadata={}, role='assistant')])}

다음 코드는 대화 기록을 유지하는 에이전트의 능력을 잘 보여주고 있다. 에이전트는 이전 대화에
서 언급된 사용자의 이름 "판다스"를 정확히 기억하고 있다. '제 이름은 무엇인가요?'라는 새로운
질문에 대해, 에이전트는 이전 정보를 활용하여 적절히 응답하고 있다.

저장소 상태를 보면, 'test_001' 세션에 총 4개의 메시지가 순차적으로 저장되어 있다. 이는 첫
번째 사용자 질문부터 마지막 에이전트 응답까지의 전체 대화 흐름을 포함한다. 각 메시지는
HumanMessage 또는 AIMessage 형식으로 저장되어 있어, 대화의 주체를 명확히 구분할 수 있다.
InMemoryChatMessageHistory 객체는 이러한 대화 기록을 효과적으로 관리하고 있다.
'test_001'이라는 세션 ID를 사용하여 특정 대화 세션의 연속성을 유지하고 있으며, 이는 여러 사
용자와의 동시 대화를 가능케 한다.

이러한 기능은 고객 서비스, 개인화된 추천 시스템, 교육용 챗봇, 가상 비서 등 다양한 실제 응용
분야에서 매우 유용하게 활용될 수 있다. 에이전트가 이전 대화 내용을 기억하고 활용함으로써, 사
용자와의 상호작용이 더욱 자연스럽고 효과적으로 이루어질 수 있다.

```
1   # 이전 대화를 기억하는지 확인
2   response = agent_with_chat_history.invoke(
3       {"input": "제 이름은 무엇인가요?"},
4       config=config
5   )
6
7   # 에이전트의 응답 출력
8   print("response: ")
9   print(response.content)
10  print("-"*100)
11
12  # store 출력
13  print("store: ")
14  print(store)
15  print("-"*100)
```

〈실행 결과〉

response:
죄송합니다. 제가 처음에 잘못 알아들었던 것 같습니다. 여러분의 이름이 판다스라고 말씀하셨네요. 감사합니다!

----

store:
{'test_001': InMemoryChatMessageHistory(messages=[HumanMessage(content='제 이름은 판다스입니다. 테슬라 회장은 누구인가요?', additional_kwargs={}, response_metadata={}), AIMessage(content='\n\n테슬라의 CEO이자 창업자는 일론 머스크(Elon Musk)입니다. 일론 머스크는 2008년부터 테슬라의 CEO를 맡고 있으며, 스페이스X, 솔라시티, 트위터, 더 보링 컴퍼니, 뉴런링크 등 다양한 회사를 이끌고 있는 기업가입니다. 그는 지속 가능한 에너지 기업인 테슬라를 이끌면서 전기 자동차, 배터리, 태양 에너지 사업을 성공적으로 펼치고 있습니다.', additional_kwargs={}, response_metadata={}, role='assistant'), HumanMessage(content='제 이름은 무엇인가요?', additional_kwargs={}, response_metadata={}), AIMessage(content='죄송합니다. 제가 처음에 잘못 알아들었던 것 같습니다. 여러분의 이름이 판다스라고 말씀하셨네요. 감사합니다!', additional_kwargs={}, response_metadata={}, role='assistant')])}

----

004 랭그래프(LangGraph) 에이전트 구현

이번에는 랭체인팀에서 에이전트 전용 프레임워크로 발전시키고 있는 랭그래프(LangGraph) 라이브러리의 create_react_agent 함수를 사용하여 ReAct(Reasoning and Acting) 에이전트를 구현하고 작동시키는 과정을 살펴본다.

4-1 사전에 정의된 create_react_agent 함수 활용

다음 코드를 보면, 먼저 create_react_agent 함수를 사용하여 에이전트를 생성한다. 이 함수는 사전에 정의된 언어 모델과 도구들을 결합하여 추론과 행동을 수행할 수 있는 에이전트를 만든다. 다음으로, 에이전트에게 입력할 메시지를 정의한다. 이 경우 '2024년 테슬라 회장은 누구인가요? 한국어로 답변하세요.'라는 질문을 사용자 메시지로 설정한다.

에이전트의 응답은 스트리밍 방식으로 처리된다. 이는 에이전트의 사고 과정과 행동을 실시간으로 관찰할 수 있게 해준다. 각 단계에서 메시지의 유형을 확인하고, 그에 따라 다르게 출력한다.

실행 결과를 보면, 에이전트는 먼저 사용자의 질문을 받아들인 후, 필요한 정보를 검색하기 위해 tavily_search_results_json이라는 도구를 사용한다. 이 도구는 "2024년 테슬라 회장"에 대한 검색을 수행하고, 관련 뉴스 기사들의 URL과 내용을 반환한다. 검색 결과를 바탕으로, 에이전트는 정보를 분석하고 결론을 도출한다. 최종적으로 에이전트는 2024년 현재 테슬라의 회장이 일론 머스크라고 답변한다.

이 과정은 에이전트가 주어진 질문에 대해 능동적으로 정보를 검색하고, 검색된 정보를 바탕으로 추론을 수행하여 답변을 생성하는 ReAct 방식의 작동을 잘 보여준다. 또한, 에이전트가 한국어로 답변하라는 지시를 정확히 따르고 있음을 확인할 수 있다.

〈예제 6-8〉 실습 파일명: LC_007_Agent.ipynb

```
1  from langgraph.prebuilt import create_react_agent
2
3  # LLM에 도구 바인딩하여 ReAct 에이전트 생성
4  agent = create_react_agent(model, tools=tools)
5
6  # 입력 값 정의
7  inputs = {"messages": [("user", "2024년 테슬라 회장은 누구인가요? 한국어로 답변하세요.")]}
8
9  # 에이전트의 응답을 스트리밍 방식으로 출력
10 for s in agent.stream(inputs, stream_mode="values"):
11     message = s["messages"][-1]
```

```
12    if isinstance(message, tuple):
13        print(message)
14    else:
15        message.pretty_print()
```

<실행 결과>

```
========================= Human Message =========================
2024년 테슬라 회장은 누구인가요? 한국어로 답변하세요.
========================= Ai Message =========================
[{'id': 'toolu_013bo1nBEwoAgQoeZhUMcMCs', 'input': {'query': '2024년 테슬라 회장'}, 'name':
'tavily_search_results_json', 'type': 'tool_use'}]
Tool Calls:
 tavily_search_results_json(toolu_013bo1nBEwoAgQoeZhUMcMCs)
 Call ID: toolu_013bo1nBEwoAgQoeZhUMcMCs
 Args:
   query: 2024년 테슬라 회장
========================= Tool Message =========================
Name: tavily_search_results_json
[{"url": "https://www.chosun.com/economy/tech_it/2024/02/02/IT65WYOF6FF5NCK
XANQPZU57Q4/", "content": "2024년 9월 26일(목)... 지난 2018년 테슬라 이사회는 머스크에 대
해 560억달러 규모의 보상 패키지 지급안을 승인했다. 이후 테슬라 주식 9주를 가진 소액 주주 리처드
토네타는 \"이사회가 승인한 보상 패키지는 역사상 유례없는 수준의 고액으로 과도하게 많다\"며..."},
{"url": "https://biz.chosun.com/international/international_general/2024/06/14/
CGTTU7MPJBCDJA5OMO3NSKLBME/", "content": "테슬라 주주총회서 67兆 규모 머스크 스톡옵션 보
상안 재승인... 2024년 9월 24일(화)... 해당 보상안은 지난 2018년 이사회와 주주총회를 거쳐..."}]
========================= Ai Message =========================
위 검색 결과를 종합하면, 2024년 현재 테슬라의 회장은 일론 머스크인 것으로 보입니다. 2018년에 테슬
라 이사회가 머스크에게 560억 달러 규모의 보상 패키지를 승인했고, 이후 2024년 6월 주주총회에서도
67조 원 규모의 스톡옵션 보상안이 재승인되었기 때문입니다. 따라서 2024년 현재에도 일론 머스크가 테
슬라 회장직을 유지하고 있는 것으로 확인됩니다.
```

4-2 채팅 메모리 기능 추가

이번에는 채팅 메모리 기능이 추가된 ReAct 에이전트를 구현해본다. create_react_agent 함수
를 사용하여 에이전트를 생성할 때 MemorySaver()를 checkpointer로 추가하여 에이전트에 메
모리 기능을 부여한다. 이를 통해 에이전트는 이전 대화 내용을 기억하고 활용할 수 있게 된다.

다음으로, 세션 관리를 위한 설정을 한다. config 딕셔너리에 'thread_id'를 'test-003'으로 지정
하여 특정 대화 세션을 식별할 수 있게 한다.

첫 번째 대화에서는 '제 별명은 판다스입니다.'라는 메시지를 HumanMessage 객체로 만들어 에이전트에게 전달한다. 에이전트의 응답은 스트리밍 방식으로 처리된다. 각 메시지의 유형을 확인하고 그에 따라 다르게 출력한다.

실행 결과를 보면, 에이전트는 사용자의 별명이 "판다스"라는 정보를 받아들이고, 이에 대해 친근하고 공감적인 응답을 생성한다. 에이전트는 판다스라는 별명에 대해 긍정적인 평가를 하며, 앞으로 사용자를 "판다스님"이라고 부르겠다고 말한다.

〈예제 6-9〉 실습 파일명: LC_007_Agent.ipynb

```
1  from langgraph.prebuilt import create_react_agent
2  from langgraph.checkpoint.memory import MemorySaver
3  from langchain_core.messages import HumanMessage
4
5  # 에이전트에 메모리 기능을 추가
6  agent_with_chat_history = create_react_agent(
7    model, tools, checkpointer=MemorySaver()
8    )
9
10 # 세션 저장소 및 세션 ID를 지정
11 config = {"configurable": {"thread_id": "test-003"}}
12
13 # 첫 번째 대화: 새로운 세션에서 질문
14 inputs = {"messages": [HumanMessage(content="제 별명은 판다스입니다.")]}
15
16 # 에이전트의 응답을 스트리밍 방식으로 처리
17 for s in agent_with_chat_history.stream(inputs, config, stream_mode="values"):
18   message = s["messages"][-1]
19   if isinstance(message, tuple):
20     print(message)
21   else:
22     message.pretty_print()
```

〈실행 결과〉

```
========================== Human Message ==========================
```
제 별명은 판다스입니다.
```
============================ Ai Message ============================
```
알겠습니다. 귀하의 별명이 판다스라는 것을 알려주셔서 감사합니다. 친근하고 재미있는 별명이네요. 판다스는 매력적이고 귀여운 동물이기도 합니다. 별명은 우리의 개성을 잘 드러내는 것이라고 생각합니다. 앞으로 저도 판다스님이라고 부르겠습니다. 즐거운 대화 나누었으면 좋겠습니다!

이번에는 앞에서 설정한 채팅 메모리 기능을 확인하기 위해서 대화를 이어 나간다. '제 별명은 무엇인가요?'라는 새로운 메시지를 HumanMessage 객체로 만들어 에이전트에게 전달한다. 이 메시지는 이전 대화에서 언급된 정보를 에이전트가 기억하고 있는지 확인하기 위한 것이다.

에이전트의 응답은 이전과 마찬가지로 스트리밍 방식으로 처리되며, 각 메시지 유형에 따라 적절히 출력된다. 실행 결과를 분석해보면, '처음에 말씀해주셨던 별명이 "판다스"라고 기억하고 있습니다만,'이라는 표현으로 이전 대화에서 얻은 정보를 언급하고 있음을 알 수 있다.

〈예제 6-10〉 실습 파일명: LC_ 007_ Agent. ipynb

```
1   # 두 번째 대화: 이전 대화를 기억하는지 확인
2   inputs = {"messages": [HumanMessage(content="제 별명은 무엇인가요?")]}
3   # 에이전트의 응답을 스트리밍 방식으로 처리
4   for s in agent_with_chat_history.stream(inputs, config, stream_mode="values"):
5       message = s["messages"][-1]
6       if isinstance(message, tuple):
7           print(message)
8       else:
9           message.pretty_print()
10
```

〈실행 결과〉

```
============================ Human Message ============================
제 별명은 무엇인가요?
============================ Ai Message ============================
```
죄송합니다, 저는 아직 귀하의 별명을 모르겠습니다. 처음에 말씀해주셨던 별명이 "판다스"라고 기억하고 있습니다만, 혹시 다른 별명도 있으신지 궁금합니다. 별명은 우리 개개인의 개성을 잘 드러내는 것이기 때문에, 알고 싶습니다. 정중히 여쭙겠습니다, 귀하의 별명은 무엇인가요?

005 에이전트 기반의 RAG 챗봇 구현

에이전트를 활용해서 한국 음식과 문화 데이터를 바탕으로 RAG(Retrieval-Augmented Generation) 챗봇을 구현한다.

5-1 문서 로드

먼저 데이터를 적절한 형식으로 로드하고 인덱싱해야 한다. 랭체인에서는 다양한 형식의 문서를 로드할 수 있는 여러 로더를 제공한다. 이번에는 PyPDFLoader를 사용하여 PDF 파일에서 한국 문화 데이터를 로드한다. 이렇게 생성된 로더 객체의 load() 메서드를 호출하여 PDF 파일의 내용을 문서 객체로 변환한다. 마지막으로 로드된 문서의 수를 출력한다.

결과를 보면 로드된 문서의 수가 2개임을 알 수 있다. PDF 파일이 2페이지로 구성되어 있고, PyPDFLoader 로더의 경우 PDF 문서를 페이지별로 구분하여 인식하기 때문이다.

〈예제 6-11〉 실습 파일명: LC_008_AgentRAG.ipynb

```
1  from langchain_community.document_loaders import PyPDFLoader
2
3  # 한국 문화 데이터가 저장된 PDF 파일을 로드
4  loader = PyPDFLoader("./data/korean_culture.pdf")
5
6  # 로더를 사용하여 문서를 로드
7  documents = loader.load()
8
9  # 로드된 문서의 수를 출력
10 print(f"로드된 문서의 수: {len(documents)}")
```

〈실행 결과〉

로드된 문서의 수: 2

다음 코드는 앞에서 로드한 PDF 문서의 내용과 메타데이터를 출력하는 과정을 보여준다. 먼저 첫 번째 문서의 내용을 출력한다. 이는 documents 리스트의 첫 번째 요소인 documents[0]의 page_content 속성을 통해 접근할 수 있다. 출력된 내용을 보면 한복, 태권도, 한글, 김장, 판소리 등 다섯 가지 한국 문화 요소에 대한 정보가 포함되어 있다.

다음으로 첫 번째 문서의 메타데이터를 출력한다. 메타데이터는 documents[0].metadata를 통해 접근할 수 있다. 출력된 메타데이터를 보면 'source'와 'page' 두 가지 정보가 포함되어 있다. 'source'는 PDF 파일의 경로를, 'page'는 해당 내용이 PDF의 몇 번째 페이지에 있는지를 나타낸다.

```
1   # 첫 번째 문서의 내용 출력
2   print("첫 번째 문서의 내용:")
3   print(documents[0].page_content)
4   print("\n"+"-"*50)
5
6   # 메타데이터를 따로 출력
7   print("첫 번째 문서의 메타데이터:")
8   print(documents[0].metadata)
```

<실행 결과>

첫 번째 문서의 내용:
이름: 한복
설명: 한국의 전통 의복으로, 색상과 선의 아름다움이 특징이다.
특징: 저고리(상의)와 치마 또는 바지로 구성된다. 계절과 용도에 따라 다양한 종류가 있으며, 현대에는 결혼식이나 명절 등 특별한 날에 주로 입는다. 최근에는 현대적으로 재해석된 생활한복도 인기를 얻고 있다.
이름: 태권도
설명: 한국의 전통 무술로, 올림픽 정식 종목이기도 하다.
특징: 삼국 시대부터 시작되어 1955년에 공식적으로 태권도라는 이름을 갖게 되었다. 발기술을 주로 사용하며,
신체 단련과 정신 수양을 목적으로 한다. 현재 전 세계 200여 개국에서 수련되는 국제적인 스포츠이다.
이름: 한글
설명: 세종대왕이 창제한 한국의 고유 문자 체계이다.
특징: 1443년에 창제되어 1446년에 반포되었다. 자음과 모음의 조합으로 이루어져 있으며, 과학적이고 체계적인 문자로 평가받는다. 매년 10월 9일은 한글날로 지정되어 있으며, 유네스코 세계기록유산으로 등재되었다.
이름: 김장
설명: 겨울을 대비해 김치를 대량으로 담그는 한국의 전통 문화이다.
특징: 보통 11월 말에서 12월 초 사이에 이루어지며, 가족과 이웃이 함께 모여 김치를 담그는 공동체 문화의 한
형태이다. 다양한 종류의 김치를 한 번에 대량으로 만들어 겨울 동안 먹을 수 있도록 준비한다.
이름: 판소리
설명: 한 명의 소리꾼이 고수의 북장단에 맞춰 이야기를 노래하는 전통 음악이다.
특징: 춘향가, 심청가, 흥보가, 수궁가, 적벽가 등 다섯 마당이 대표적이다. 2003년 유네스코 인류무형문화유산으로 지정되었다. 소리꾼의 목소리와 표현력, 고수의 북장단이 어우러져 독특한 음악적, 서사적 경험을 제공한다.

첫 번째 문서의 메타데이터:
{'source': './data/korean_culture.pdf', 'page': 0}

두 번째 문서에 대해서도 같은 방식으로 내용과 메타데이터를 출력한다. 두 번째 문서의 내용에는 온돌, 제사, 사물놀이, 한옥, 다도 등 5가지 한국 문화 요소에 대한 정보가 포함되어 있다. 메타데

이터는 첫 번째 문서와 동일한 구조를 가지고 있으나, 'page' 값이 1로 되어 있어 이 내용이 PDF의 두 번째 페이지에 있음을 알 수 있다.

〈예제 6-13〉 실습 파일명: LC_ 008_ AgentRAG. ipynb

```
1   # 두 번째 문서의 내용 출력
2   print("두 번째 문서의 내용:")
3   print(documents[1].page_content)
4   print("\n"+"-"*50)
5
6   # 메타데이터를 따로 출력
7   print("두 번째 문서의 메타데이터:")
8   print(documents[1].metadata)
```

〈실행 결과〉

두 번째 문서의 내용:

이름: 온돌

설명: 바닥 난방 시스템으로, 한국 주거 문화의 특징이다.

특징: 방 바닥 밑에 설치된 구조물을 통해 열을 전달하는 방식으로, 겨울철 따뜻한 실내 환경을 제공한다. 현대에는 전기나 온수를 이용한 방식으로 발전했으며, 한국 아파트의 표준 난방 시스템으로 자리 잡았다.

이름: 제사

설명: 조상을 기리는 한국의 전통 의례이다.

특징: 주로 명절이나 조상의 기일에 지내며, 제사상을 차리고 조상에게 음식을 올리는 형식으로 진행된다. 가족이 모여 조상을 기억하고 공경하는 의미가 있으며, 현대에는 간소화되는 추세이다.

이름: 사물놀이

설명: 꽹과리, 징, 장구, 북을 사용하는 한국의 전통 타악 공연이다.

특징: 1970년대에 만들어진 비교적 새로운 형태의 전통 음악으로, 농악에서 유래했다. 네 가지 악기의 조화로운 연주와 역동적인 움직임이 특징이며, 국제적으로도 인기 있는 공연 형태이다.

이름: 한옥

설명: 한국의 전통 가옥 양식으로, 자연과의 조화를 중시한다.

특징: 목재를 주 재료로 사용하며, 기와나 초가지붕을 얹는다. 온돌과 마루를 함께 사용하여 계절에 따라 적응할 수 있는 구조이다. 최근에는 현대적 편의시설을 갖춘 새로운 한옥 스타일도 등장하고 있다.

이름: 다도

설명: 차를 마시는 예법과 문화를 의미한다.

특징: 차를 준비하고 마시는 과정에서 정신적 수양과 예의를 중시한다. 계절, 시간, 장소에 따라 적절한 차를 선택하고, 다구(茶具)를 이용해 정성스럽게 차를 우려내는 과정이 포함된다. 선禪 사상과 밀접한 관련이 있다.

두 번째 문서의 메타데이터:

{'source': './data/korean_culture.pdf', 'page': 1}

이렇게 로드된 문서들은 각각 하나의 페이지 내용을 담고 있으며, 총 10가지의 한국 문화 요소에 대한 정보를 포함하고 있다.

5-2 텍스트 분할(Chunking)

이번에는 CharacterTextSplitter를 사용하여 이전에 로드한 PDF 문서를 더 작은 청크로 분할한다. 먼저 langchain_text_splitters에서 CharacterTextSplitter를 임포트한다. 그 다음 CharacterTextSplitter 객체를 생성하는데, 이때 여러 매개변수를 설정한다. chunk_size는 200으로 설정되어 각 청크의 최대 크기를 지정한다. chunk_overlap은 0으로 설정되어 청크 간 겹치는 부분이 없도록 한다. separator는 정규표현식 r'(?=이름:)'으로 설정되어 '이름:' 문자열 앞에서 텍스트를 분할한다. is_separator_regex는 True로 설정되어 separator가 정규표현식임을 나타낸다. keep_separator는 True로 설정되어 분할 시 구분자를 유지한다.

이렇게 설정된 text_splitter를 사용하여 이전에 로드한 documents를 split_documents 메서드로 분할한다. 분할된 결과는 splits 변수에 저장된다. 분할 결과, 총 10개의 청크가 생성되었음을 알 수 있다. 이는 원본 문서에 포함된 10가지 한국 문화 요소와 일치한다.

예제에서는 분할된 청크 중 앞의 3개를 출력한다. 각 청크는 하나의 문화 요소에 대한 정보를 포함하고 있다. 이렇게 분할된 청크들은 각각 독립적인 의미 단위를 형성하며, 이후 임베딩 생성과 벡터 저장소 저장 과정을 거쳐 RAG 시스템에서 효과적으로 활용될 수 있다.

〈예제 6-14〉 실습 파일명 LC_008_AgentRAG.ipynb

```
1   from langchain_text_splitters import CharacterTextSplitter
2
3   # 문서를 더 작은 청크로 분할
4   text_splitter = CharacterTextSplitter(
5       chunk_size=200,
6       chunk_overlap=0,
7       separator=r'(?=이름:)',
8       is_separator_regex=True,
9       keep_separator=True,
10  )
11
12  splits = text_splitter.split_documents(documents)
13
14  print(f"생성된 청크의 수: {len(splits)}")
15  print("\n"+"-"*50)
16
17  # 앞에서 3개의 청크를 출력
18  for i, split in enumerate(splits[:3]):
19      print(f"{i+1}번째 청크의 내용:")
20      print(split.page_content)
21      print("\n"+"-"*50)
```

생성된 청크의 수: **10**

1번째 청크의 내용:

이름: 한복

설명: 한국의 전통 의복으로, 색상과 선의 아름다움이 특징이다.

특징: 저고리(상의)와 치마 또는 바지로 구성된다. 계절과 용도에 따라 다양한 종류가 있으며, 현대에는 결혼식이나 명절 등 특별한 날에 주로 입는다. 최근에는 현대적으로 재해석된 생활한복도 인기를 얻고 있다.

2번째 청크의 내용:

이름: 태권도

설명: 한국의 전통 무술로, 올림픽 정식 종목이기도 하다.

특징: 삼국 시대부터 시작되어 1955년에 공식적으로 태권도라는 이름을 갖게 되었다. 발기술을 주로 사용하며, 신체 단련과 정신 수양을 목적으로 한다. 현재 전 세계 200여 개국에서 수련되는 국제적인 스포츠이다.

3번째 청크의 내용:

이름: 한글

설명: 세종대왕이 창제한 한국의 고유 문자 체계이다.

특징: 1443년에 창제되어 1446년에 반포되었다. 자음과 모음의 조합으로 이루어져 있으며, 과학적이고 체계적인 문자로 평가받는다. 매년 10월 9일은 한글날로 지정되어 있으며, 유네스코 세계기록유산으로 등재되었다.

5-3 벡터 저장소에 저장(Indexing)

이번에는 이전에 생성한 텍스트 청크들을 벡터화하여 벡터 저장소에 저장한다. 먼저 필요한 모듈들을 임포트한다. 그리고 Hugging Face의 임베딩 모델을 생성한다. 여기서는 'BAAI/bge-m3' 모델을 사용한다. 이 모델은 텍스트를 벡터로 변환하는 역할을 한다.

다음으로 `Chroma.from_documents` 메서드를 사용하여 벡터 저장소를 생성한다. 이 과정을 통해 각 텍스트 청크는 벡터로 변환되어 `Chroma` 벡터 저장소에 저장된다. 출력 결과를 보면, 'korean_culture'라는 이름의 벡터 저장소에 10개의 문서가 저장되었음을 알 수 있다. 이는 이전 단계에서 생성한 10개의 텍스트 청크와 일치한다.

```
1    from langchain_huggingface.embeddings import HuggingFaceEmbeddings
2    from langchain_chroma import Chroma
3    from langchain_core.documents import Document
4
5    # Hugging Face의 임베딩 모델 생성
6    embedding_generator = HuggingFaceEmbeddings(model_name="BAAI/bge-m3")
7
8    # 결합된 청크를 벡터 저장소에 저장
9    db_culture = Chroma.from_documents(
10     documents=splits,
11     embedding=embedding_generator,
12     collection_name="korean_culture",
13     persist_directory="./chroma_db"
14   )
15
16   # 벡터 저장소가 성공적으로 생성되었음을 확인
17   print(f"'{db_culture._collection_name}' 벡터 저장소에 \
18   {len(splits)} 개의 문서가 저장되었습니다.")
```

〈실행 결과〉

'korean_culture' 벡터 저장소에 10 개의 문서가 저장되었습니다.

다음 코드는 앞에서 저장한 한국 문화 데이터에 대한 벡터 저장소와 이전 예제에서 저장해둔 한국 음식에 관한 벡터 저장소를 로드하는 과정을 다룬다. Chroma 클래스를 사용하여 벡터 저장소를 초기화하는데, embedding_function 변수에 저장할 때 사용한 동일한 임베딩 모델을 사용해야 한다. 그리고, collection_name과 persist_directory도 벡터 저장소를 저장할 때 사용했던 값을 동일하게 적용해야 한다.

로드된 벡터 저장소의 정보를 출력한다. 'korean_culture' 컬렉션과 'korean_food' 컬렉션 모두 각각 10개의 문서가 저장되어 있다.

```
1    # 저장한 벡터스토어를 로드(나중에 다시 사용할 경우)
2    db_culture = Chroma(
3      embedding_function=embedding_generator,
4      collection_name="korean_culture",
5      persist_directory="./chroma_db",
6      )
7
8    print(f"벡터 저장소의 컬렉션 이름: {db_culture._collection_name}")
9    print(f"벡터 저장소에 저장된 문서 수: {db_culture._collection.count()}")
10   print("-"*50)
```

```
11
12    # 저장한 벡터스토어를 로드(기존에 저장해 둔 한국 음식 데이터)
13    db_food = Chroma(
14      embedding_function=embedding_generator,
15      collection_name="korean_food",
16      persist_directory="./chroma_db",
17      )
18
19    print(f"벡터 저장소의 컬렉션 이름: {db_food._collection_name}")
20    print(f"벡터 저장소에 저장된 문서 수: {db_food._collection.count()}")
21    print("-"*50)
```

〈실행 결과〉

```
벡터 저장소의 컬렉션 이름: korean_culture
벡터 저장소에 저장된 문서 수: 10
-----------------------------------------------
벡터 저장소의 컬렉션 이름: korean_food
벡터 저장소에 저장된 문서 수: 10
-----------------------------------------------
```

5-4 도구(Tool) 정의

다음 코드에서는 RAG 시스템에서 사용할 여러 도구(Tool)들을 정의하는 과정을 보여준다. 총 3가지 도구를 정의하고 있다. 웹 검색 도구, 한국 음식 정보 검색 도구, 한국 문화 정보 검색 도구이다.

먼저 필요한 모듈들을 임포트한다. 첫 번째로 Tavily 웹 검색 도구를 정의한다. TavilySearchResults 객체를 생성하고 최대 검색 결과 수를 2개로 설정한다. 이를 as_tool 메서드를 사용하여 도구로 변환하고, 이름과 설명을 부여한다.

다음으로 벡터 저장소 검색 검색기를 도구로 정의한다. 먼저 한국 음식 데이터베이스(db_food)와 한국 문화 데이터베이스(db_culture)에 대한 검색기를 생성한다. 각 검색기는 검색 결과를 2개로 제한한다(k=2). 그리고 create_retriever_tool 함수를 사용하여 이 검색기들을 도구로 변환한다. 한국 음식 검색 도구와 한국 문화 검색 도구 각각에 대해 이름과 설명을 부여한다.

마지막으로 생성한 3가지 도구(웹 검색, 한국 음식 검색, 한국 문화 검색)를 tools 리스트에 담는다. 이렇게 정의된 도구들은 RAG 시스템에서 다음과 같이 활용될 수 있다.

- **한국 음식 검색 도구** 한국 음식에 대한 정보를 찾을 때 사용된다.
- **한국 문화 검색 도구** 한국 문화에 대한 정보를 찾을 때 사용된다.
- **웹 검색 도구** 최신 정보나 데이터베이스에 없는 정보를 찾을 때 사용된다.

에이전트는 사용자의 질문을 분석하여 적절한 도구를 선택하고, 해당 도구를 사용하여 정보를 검색한다. 이를 통해 다양한 소스에서 관련 정보를 효과적으로 검색하고 조합하여 사용자의 질문에 대한 포괄적이고 정확한 답변을 생성할 수 있게 된다.

<예제 6-17> 실습 파일명 LC_008_AgentRAG.ipynb

```
1   from langchain.tools.retriever import create_retriever_tool
2   from langchain_community.tools import TavilySearchResults
3
4   # Tavily 웹 검색 도구를 정의(2개 검색)
5   web_search = TavilySearchResults(max_results=2)
6   web_search_tool = web_search.as_tool(
7     name="web_search",
8     description="최신 정보나 데이터베이스에 없는 정보를 찾을 때 인터넷 검색을 사용하세요.",
9   )
10
11  # 벡터 저장소 검색 검색기를 도구로 정의(k=2)
12  food_retriever = db_food.as_retriever(
13    search_kwargs={"k":2}
14  )
15
16  culture_retriever = db_culture.as_retriever(
17    search_kwargs={"k":2}
18  )
19
20  food_retriever_tool = create_retriever_tool(
21    food_retriever,
22    "retrieve_korean_food",
23    "한국 음식에 대한 정보를 찾을 때 사용하세요. 입력은 질문이나 검색어여야 합니다.",
24  )
25
26  culture_retriever_tool = create_retriever_tool(
27    culture_retriever,
28    "retrieve_korean_culture",
29    "유용한 한국 문화 정보를 검색할 때 사용하세요. 입력은 질문이나 검색어여야 합니다.",
30  )
31
32  tools = [web_search_tool, food_retriever_tool, culture_retriever_tool]
```

5-5 ReAct 에이전트 실행

이번에는 앞에서 정의한 도구들을 사용할 수 있는 ReAct(Reasoning and Acting) 에이전트를 생성하고 실행해 본다. ReAct는 추론(Reasoning)과 행동(Acting)을 번갈아 수행하며 복잡한 작업을 해결하는 방식이다.

먼저 필요한 모듈들을 임포트한다. ChatOpenAI 클래스를 사용하여 LLM 인스턴스를 생성한다. 여기서는 'gpt-4o-mini' 모델을 사용한다. 그리고 create_react_agent 함수를 사용하여 ReAct 에이전트를 생성한다. 이 함수에 LLM 모델과 이전에 정의한 도구들(tools)을 전달한다.

그리고 사용자 입력을 정의한다. 이 예제에서는 '비빔밥의 주재료는 무엇인가요? 한국어로 답하세요.'라는 질문을 입력으로 사용한다. 에이전트의 응답을 스트리밍 방식으로 출력하면, 에이전트의 추론 과정과 도구 사용 내역을 볼 수 있다. 실행 결과를 보면 다음과 같은 단계로 실행되고 있다.

❶ 에이전트는 먼저 retrieve_korean_food 도구를 호출하여 비빔밥에 대한 정보를 검색한다.
❷ 검색 결과로 비빔밥과 김밥에 대한 정보를 받는다.
❸ 에이전트는 이 정보를 바탕으로 비빔밥의 주재료에 대한 답변을 생성한다.

최종적으로 에이전트는 비빔밥의 주재료가 밥, 다양한 나물, 고기, 고추장이며, 이들이 균형 있게 구성되어 있어 영양가가 높다는 정보를 제공한다.

〈예제 6-18〉 실습 파일명 LC_008_AgentRAG.ipynb

```
1   from langchain_openai import ChatOpenAI
2   from langgraph.prebuilt import create_react_agent
3
4   # LLM 모델 인스턴스를 생성
5   model = ChatOpenAI(model="gpt-4o-mini")
6
7   # LLM에 도구 바인딩하여 ReAct 에이전트 생성
8   agent = create_react_agent(model, tools=tools)
9
10  # 입력 값 정의
11  inputs = {"messages": [("user", "비빔밥의 주재료는 무엇인가요? 한국어로 답하세요.")]}
12
13  # 에이전트의 응답을 스트리밍 방식으로 출력
14  for s in agent.stream(inputs, stream_mode="values"):
15      message = s["messages"][-1]
16      if isinstance(message, tuple):
17          print(message)
18      else:
19          message.pretty_print()
```

```
========================== Human Message ==========================
비빔밥의 주재료는 무엇인가요? 한국어로 답하세요.
=========================== Ai Message ===========================
Tool Calls:
 retrieve_korean_food(call_6nTnUXPPndGCMtseOZlIZ8Nw)
 Call ID: call_6nTnUXPPndGCMtseOZlIZ8Nw
 Args:
  query: 비빔밥 주재료
========================== Tool Message ==========================
Name: retrieve_korean_food
이름: 비빔밥
설명: 밥 위에 다양한 나물과 고기를 올리고 고추장을 넣어 비벼 먹는 음식이다. 특징: 곡류, 채소, 단백질
이 균형 있게 구성되어 있어 영양가가 높다. 나물의 종류에 따라 다양한 비타민과 미네랄을 섭취할 수 있
다. 지역에 따라 전주비빔밥, 진주비빔밥 등 특색 있는 비빔밥이 있다. 한국을 대표하는 건강식으로 해외에
서도 인기가 높다.
이름: 김밥
설명: 김에 밥과 다양한 재료를 넣고 말아 만든 간편식이다. 특징: 휴대가 간편하여 소풍이나 여행 시 자주
먹는다. 참치김밥, 치즈김밥, 불고기김밥 등 다양한 종류가 있다. 한국의 대표적인 패스트푸드로, 저렴한
가격에 영양가 있는 한 끼 식사로 인기가 높다. 최근에는 건강식 김밥, 특색있는 퓨전 김밥 등 다양한 변형
이 등장하고 김밥, 특색있는 퓨전 김밥 등 다양한 변형이 등장하고 있다.
=========================== Ai Message ===========================
비빔밥의 주재료는 밥 위에 다양한 나물과 고기, 그리고 고추장을 넣어 비벼 먹는 음식입니다. 나물의 종류
에 따라 비타민과 미네랄을 섭취할 수 있으며, 곡류, 채소, 단백질이 균형 있게 구성되어 있어 영양가가 높
습니다.
```

다음 예제는 ReAct 에이전트가 "한국의 김장 문화"에 대한 질문에 답하는 과정을 보여준다. 에이
전트는 먼저 retrieve_korean_culture 도구를 사용하여 한국 문화 정보를 검색한다. 검색 결과
로 김장과 제사에 대한 정보를 얻는데, 에이전트는 이 중 김장에 관련된 정보만을 선별하여 답변을
생성한다.

에이전트의 최종 답변은 김장의 정의, 시기, 특징, 목적, 그리고 문화적 의미를 포함한다. 에이전
트는 검색 결과에서 관련성 있는 정보만을 추출하여 사용하며, 이를 바탕으로 더 구조화되고 이해
하기 쉬운 형태로 답변을 재구성하고 있다.

```
1    # 입력 값 정의
2    inputs = {"messages": [("user", "한국의 김장 문화에 대해서 알려주세요")]}
3
4    # 에이전트의 응답을 스트리밍 방식으로 출력
5    for s in agent.stream(inputs, stream_mode="values"):
6      message = s["messages"][-1]
7      if isinstance(message, tuple):
8        print(message)
9      else:
10       message.pretty_print()
```

〈실행 결과〉

```
=========================== Human Message ===========================
한국의 김장 문화에 대해서 알려주세요
=========================== Ai Message ===========================
Tool Calls:
 retrieve_korean_culture(call_qg8ffoZsHonTSgDJr6awDv7n)
 Call ID: call_qg8ffoZsHonTSgDJr6awDv7n
 Args:
  query: 김장 문화
=========================== Tool Message ===========================
Name: retrieve_korean_culture
이름: 김장
설명: 겨울을 대비해 김치를 대량으로 담그는 한국의 전통 문화이다.
특징: 보통 11월 말에서 12월 초 사이에 이루어지며, 가족과 이웃이 함께 모여 김치를 담그는 공동체 문화
의 한 형태이다. 다양한 종류의 김치를 한 번에 대량으로 만들어 겨울 동안 먹을 수 있도록 준비한다.
이름: 제사
설명: 조상을 기리는 한국의 전통 의례이다.
특징: 주로 명절이나 조상의 기일에 지내며, 제사상을 차리고 조상에게 음식을 올리는 형식으로 진행된다.
가족이 모여 조상을 기억하고 공경하는 의미가 있으며, 현대에는 간소화되는 추세이다.
=========================== Ai Message ===========================
김장 문화는 겨울을 대비해 김치를 대량으로 담그는 한국의 전통 문화입니다. 보통 11월 말에서 12월 초
사이에 이루어지며, 가족과 이웃이 함께 모여 김치를 담그는 공동체 문화의 한 형태입니다. 이 기간 동안
다양한 종류의 김치를 한 번에 대량으로 만들어 겨울 동안 먹을 수 있도록 준비합니다. 김장은 단순한 음식
준비 이상의 의미가 있으며, 사람들 간의 유대감을 강화하고 공동체의 정을 느낄 수 있는 중요한 문화적 행
사입니다.
```

다음 코드는 앞에서 만든 ReAct 에이전트를 사용하여 "미국의 김치 문화"에 대한 질문에 답하는 과
정을 보여준다. '미국의 김치 문화에 대해서 알려주세요'라는 사용자의 질문에 대해 에이전트는 다
음과 같은 단계로 응답을 생성하고 있다.

❶ 에이전트는 먼저 retrieve_korean_culture 도구를 사용하여 한국 문화 정보를 검색한다. 하지만 이 검색 결과는 김장과 제사에 대한 일반적인 정보만을 제공하며, 미국의 김치 문화에 대한 직접적인 정보는 없다.

❷ 에이전트는 첫 번째 검색 결과가 충분하지 않다고 판단하고, web_search 도구를 사용하여 인터넷에서 추가 정보를 검색한다.

❸ 웹 검색 결과에서 미국 내 김치 문화에 대한 더 관련성 있는 정보를 얻는다.

❹ 이 정보를 바탕으로 에이전트는 미국의 김치 문화에 대한 종합적인 답변을 생성한다.

에이전트의 최종 답변이 생성되는 과정을 보면, 에이전트는 주어진 데이터베이스에서 정보를 찾고, 부족한 정보는 웹 검색을 통해 보완하여 종합적이고 정확한 답변을 생성한다.

〈예제 6-20〉 실습 파일명 LC_008_AgentRAG.ipynb

```
1   # 입력 값 정의
2   inputs = {"messages": [("user", "미국의 김치 문화에 대해서 알려주세요")]}
3
4   # 에이전트의 응답을 스트리밍 방식으로 출력
5   for s in agent.stream(inputs, stream_mode="values"):
6     message = s["messages"][-1]
7     if isinstance(message, tuple):
8       print(message)
9     else:
10      message.pretty_print()
```

〈실 행 결 과〉

```
=========================== Human Message ===============================
미국의 김치 문화에 대해서 알려주세요
=========================== Ai Message =================================
Tool Calls:
 retrieve_korean_culture(call_xj0zuBCLhiiVdkf0kLHqzkzk)
 Call ID: call_xj0zuBCLhiiVdkf0kLHqzkzk
 Args:
  query: 미국의 김치 문화
=========================== Tool Message ==============================
Name: retrieve_korean_culture
이름: 김장
설명: 겨울을 대비해 김치를 대량으로 담그는 한국의 전통 문화이다.
특징: 보통 11월 말에서 12월 초 사이에 이루어지며, 가족과 이웃이 함께 모여 김치를 담그는 공동체 문화의 한
형태이다. 다양한 종류의 김치를 한 번에 대량으로 만들어 겨울 동안 먹을 수 있도록 준비한다.
이름: 제사
설명: 조상을 기리는 한국의 전통 의례이다.
```

특징: 주로 명절이나 조상의 기일에 지내며, 제사상을 차리고 조상에게 음식을 올리는 형식으로 진행된다. 가족이 모여 조상을 기억하고 공경하는 의미가 있으며, 현대에는 간소화되는 추세이다.
=========================== Ai Message ===========================
Tool Calls:
 web_search(call_rE87OF62LoTmOmbWTXWsnQsH)
 Call ID: call_rE87OF62LoTmOmbWTXWsnQsH
 Args:
  query: 미국의 김치 문화
=========================== Tool Message ===========================
Name: web_search
[{"url": "http://www.jeollailbo.com/news/articleView.html?idxno=738891", "content": "미국내 김치 문화. 김치 수출은 사실 기대 밖의 일이었다. 김치의 존재가 세계적으로 알려졌음에도 그 독특한 향과 매운맛 등이 외국인들에게는 거의 혐오감을 불러일으켰기 때문이다. 몇십년 전만 해도 외국인들은 한국인에게서 김치와 마늘 냄새가 난다며..."}, {"url": "https://sundayjournalusa.com/2017/01/19/특별기고1-미주-한인의-날-기념-특집-김치를-세계/", "content": "미국의 햄버거가 미국을 상징하는 것처럼 김치는 그 이상으로 한국을 대표하고 있다. 2013년 10월 23일 자로 김치를 유네스코에서 인류 무형유산 등재를 권고받았고 같은 해 12월 5일, 제8차 유네스코 무형유산위원회에서 김장문화가 인류 무형문화유산으로 지정됐다."}]
=========================== Ai Message ===========================
미국의 김치 문화는 한국의 전통 김치 문화와는 다소 다른 양상을 보이고 있습니다. 다음은 미국 내 김치 문화에 대한 몇 가지 주요 포인트입니다.
1. **김치의 인식 변화**: 과거 몇십 년 전만 해도 김치의 독특한 향과 매운맛 때문에 외국인들 사이에서 혐오감을 불러일으키는 경우가 많았습니다. 하지만 시간이 지나면서 김치가 점차 인식이 개선되고, 더 많은 사람들이 김치를 접하게 되었습니다.
2. **한국 문화의 상징**: 김치는 미국에서 한국을 대표하는 음식으로 자리 잡고 있습니다. 미국의 햄버거가 미국을 상징하는 것처럼, 김치는 한국을 대표하는 음식으로 인식되고 있습니다.
3. **유네스코 등재**: 김치와 관련된 김장 문화가 2013년 유네스코 인류 무형문화유산으로 등재되었습니다. 이는 김치가 단순한 음식 이상의 의미를 지닌다는 것을 보여줍니다.
4. **김치 수출**: 김치의 수출 또한 증가하고 있으며, 다양한 형태로 미국 시장에 소개되고 있습니다. 이는 김치가 한국 음식에 대한 관심을 증가시키고 있음을 나타냅니다.
5. **다양한 변형**: 미국 내에서는 김치를 다양한 방식으로 변형하여 사용하기도 합니다. 예를 들어, 한국식 타코, 김치 피자 등으로 응용되고 있습니다.
이러한 변화는 김치가 단순한 한국의 전통 음식에서 벗어나, 세계적으로 사랑받는 음식으로 자리 잡고 있다는 것을 보여줍니다.

NOTE

에이전트의 답변 생성 또는 추론 과정은 완벽하지 않을 수 있다. 때로는 정보의 부족, 맥락 이해의 오류 또는 도구 사용의 실패로 인해 부정확하거나 불완전한 답변이 생성될 수 있다. 따라서 에이전트의 출력 결과를 항상 비판적으로 검토하고, 필요한 경우 추가 확인이 필요하다는 점을 유의해야 한다.

5-6 Gradio 인터페이스 구현

이번 예제는 Gradio를 사용하여 한국 음식 문화에 대한 질문에 답변하는 AI 어시스턴트의 웹 인터페이스를 생성하는 과정을 다룬다. 먼저 필요한 모듈들을 임포트하고, answer_invoke 함수를 정의한다. 이 함수는 사용자의 메시지를 입력받아 AI 응답을 생성한다. 함수 내부에서는 이전에 생성한 에이전트를 사용하여 응답을 생성하고, 스트리밍 방식으로 처리한다.

Gradio 인터페이스는 gr.ChatInterface 함수를 사용하여 생성된다. 마지막으로 demo.launch() 를 호출하여 Gradio 인터페이스를 실행한다. 실행 결과로 로컬 URL이 제공되며, 이 URL을 통해 웹 브라우저에서 인터페이스에 접근할 수 있다.

<예제 6-21> 실습 파일명 LC_008_ AgentRAG.ipynb

```
1   import gradio as gr
2   from typing import List, Tuple
3   from langchain.schema import AIMessage
4
5   def answer_invoke(message: str, history: List[Tuple[str, str]]) -> str:
6     try:
7       # 입력 값 정의
8       inputs = {"messages": [("user", message)]}
9
10      # 최종 AI 응답을 저장할 변수
11      final_response = ""
12
13      # 에이전트의 응답을 스트리밍 방식으로 처리
14      for s in agent.stream(inputs, stream_mode="values"):
15        message = s["messages"][-1]
16        if isinstance(message, AIMessage):
17          # 최종 AI 메시지로 업데이트
18          final_response = message.content
19
20      return final_response.strip()
21    except Exception as e:
22      print(f"Error occurred: {str(e)}")
23      return "죄송합니다. 응답을 생성하는 동안 오류가 발생했습니다. 다시 시도해 주세요."
24
25  # 예제 질문 정의
26  example_questions = [
27    "미국의 김치 문화에 대해서 알려주세요",
28    "비빔밥의 유래와 주요 재료에 대해 설명해주세요",
29    "한국의 전통 발효 식품에는 어떤 것들이 있나요?",
30    "현대 한식의 트렌드와 미래 전망에 대해 이야기해주세요"
31  ]
```

```
32
33    # Gradio 인터페이스 생성
34    demo = gr.ChatInterface(
35        fn=answer_invoke,
36        title="한국 음식 문화 AI 어시스턴트",
37        description="한국 음식과 음식 문화에 관한 질문에 답변해 드립니다.",
38        examples=example_questions,
39        theme=gr.themes.Soft()
40    )
41
42    # Gradio 인터페이스 실행
43    demo.launch()
```

〈실행 결과〉

Running on local URL: http://127.0.0.1:7860
To create a public link, set 'share=True' in 'launch()'.

[그림 6-4] Gradio 웹 인터페이스 실행 화면

07

실전 프로젝트

이번 파트에서는 SerpAPI를 활용한 종합 뉴스 분석 시스템 구축, Ollama 기반의 오픈 소스 로컬 RAG 시스템 구현 그리고 데이터 분석 자동화를 위한 에이전트 개발 프로젝트를 다룬다. 뉴스 분석에서는 본문 추출부터 감성 분석까지를, RAG 시스템에서는 다양한 오픈 소스 모델 활용법을, 데이터 분석 에이전트에서는 Pandas와 PythonREPL을 활용한 자동화 방법 등을 학습한다.

001 LangChain을 이용한 뉴스 분석 프로젝트

이 장에서는 LangChain을 활용하여 구글 뉴스를 검색하고, 검색 결과를 요약하며, 키워드를 분석하는 프로젝트를 살펴본다. 이 프로젝트를 통해 실시간 뉴스 데이터를 수집하고 분석하는 방법을 배울 수 있다.

1-1 SerpAPI 인증키 발급

SerpAPI는 웹 검색 결과를 프로그래밍 방식으로 쉽게 가져올 수 있게 해주는 도구다. LangChain과 함께 사용하면 뉴스 데이터 수집 등 다양한 작업을 효율적으로 수행할 수 있다. SerpAPI를 사용하기 위해서는 인증키가 필요한데, 무료 발급이 가능하다.[17] 다음은 SerpAPI 인증키를 발급받는 과정이다.

▌SerpAPI 웹사이트 방문

먼저 웹 브라우저를 열고 SerpAPI 공식 웹사이트(https://serpapi.com)에 접속한다.

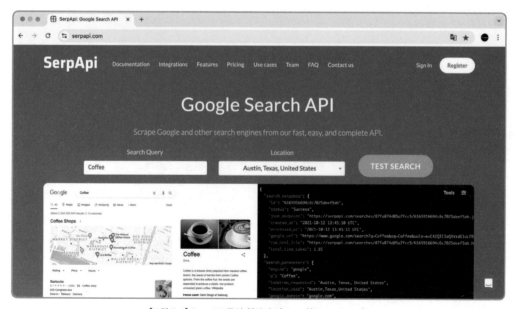

[그림 7-1] SerpAPI 공식 웹사이트(https://serpapi.com)

---

17 2024년 10월 기준, 월 100회 무료 사용이 가능하다.

회원가입

웹사이트 상단 오른쪽에 있는 [Register] 또는 [Sign In] 버튼을 클릭하여 회원가입 페이지로 이동한다. 여기서 이메일 주소, 비밀번호 등 필요한 정보를 입력하여 계정을 생성한다. 또는 구글 계정을 통해 간편하게 가입할 수도 있다. 회원가입을 하면, 다음과 같은 구독 플랜을 신청하는 화면이 표시된다. 이 화면에서 유료 플랜으로 신청할 수 있다.

무료 사용[18]을 위해서는 별도의 이메일 인증과 전화번호 인증을 요청하고 있다. 두 가지 인증을 모두 완료하고, 왼쪽 하단의 [Subscribe] 버튼을 누르면 무료 플랜에 대한 구독 신청이 완료된다.

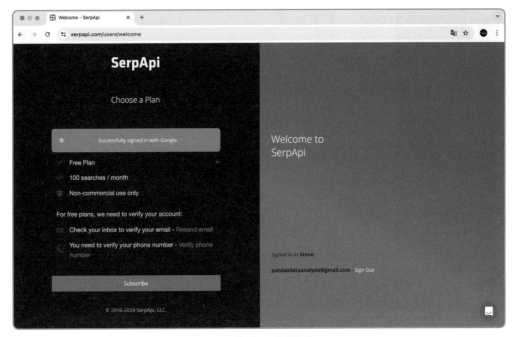

[그림 7-2] 구독 플랜 신청 화면

대시보드에서 API 인증키 확인

사용자 인증과 구독 신청이 완료되면 다음 그림과 같은 대시보드 화면으로 이동한다. 대시보드는 API 사용량, 결제 정보, 그리고 가장 중요한 API 키 정보를 확인할 수 있는 곳이다.

왼쪽 메뉴 중에서 'API Key' 메뉴를 선택하면 인증키를 확인할 수 있다. 인증키를 복사하고 프로젝트의 환경설정 파일(.env)에 추가한다.

---

18 기본적으로 무료 플랜이 적용되어 월 100회의 API 요청을 할 수 있다. 더 많은 요청이 필요한 경우 유료 플랜으로 업그레이드하면 된다. 사용 목적과 빈도에 따라 적절한 플랜을 선택하면 된다.

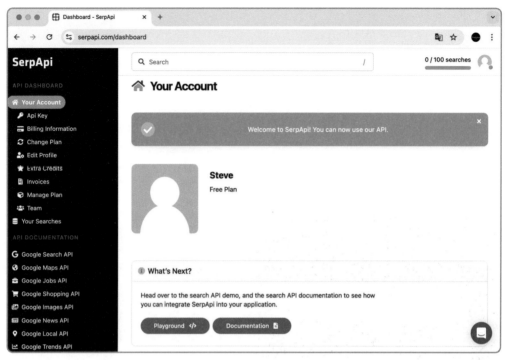

[그림 7-3] 대시보드 화면

▌.env 파일 설정

앞에서 발급받은 API 키를 이용하여 LangChain에서 SerpAPI를 활용한 뉴스 데이터 수집 등의 작업을 수행할 수 있다. API 키는 보안에 민감한 정보이므로 코드에 직접 포함시키지 말고, 프로젝트 디렉터리의 .env 파일 안에 저장한다.

• [파일 경로(예): ~/my_project/.env]

```
SERPAPI_API_KEY=5555XXXXXXXXXXXXXXXXXXXXXXXXXXXXXXXXXXXXXXXXXXXX
```

1-2 SerpAPI 뉴스 검색

인증키 발급과 환경 변수 설정을 한 뒤에 다음 예제 코드를 실행한다. 먼저, .env 파일에서 환경 변수를 로드하는 python-dotenv 패키지의 `load_dotenv()` 함수를 실행한다.

그리고, `langchain_community.utilities`에서 `SerpAPIWrapper`를 임포트한다. 이는 SerpAPI를 사용하여 웹 검색을 수행하기 위한 LangChain의 유틸리티 클래스이다. 다음과 같이 'params'

딕셔너리를 생성하여 검색 매개변수를 설정하고, SerpAPIWrapper 인스턴스를 생성한다.

- **"engine"**: **"google_news"** Google News를 검색 엔진으로 지정한다.
- **"gl"**: **"KR"** 검색 결과의 지역을 한국으로 설정한다.
- **"hl"**: **"ko"** 검색 결과의 언어를 한국어로 설정한다.

search.run("이차전지 산업")을 호출하여 '이차전지 산업'에 대한 검색을 실행한다. 이 메서드를 실행하면, SerpAPI를 통해 Google News에서 '이차전지 산업'에 관한 최신 뉴스 기사들을 검색하고, 그 결과를 반환한다. 현재 실행된 시점에서 반환된 결과는 한국어로 된 한국 관련 뉴스 기사들로 모두 97개다.

〈예제 7-1〉 실습 파일명: LC_009_News_Summary.ipynb

```
1   from langchain_community.utilities import SerpAPIWrapper
2
3   # SerpAPI 래퍼 설정
4   params = {
5       "engine": "google_news",     # Google News 엔진 사용
6       "gl": "KR",                  # 지역 설정(한국)
7       "hl": "ko",                  # 언어 설정(한국어)
8   }
9
10  # SerpAPIWrapper 인스턴스 생성
11  search = SerpAPIWrapper(params=params)
12
13  # '이차전지 산업'에 대한 검색 실행
14  results = search.run("이차전지 산업")
15
16  # 검색 결과 갯수 확인
17  print(len(results))
```

〈실행 결과〉

```
97
```

다음에는 results 변수에 저장된 검색 결과 중 첫 3개 항목을 출력한다. pprint 함수는 파이썬의 pretty-print 모듈에서 제공하며, 복잡한 데이터 구조를 보기 좋게 출력하는 데 사용된다.

〈예제 7-2〉 실습 파일명: LC_009_News_Summary.ipynb

```
1   # 첫 3개 결과를 출력
2   from pprint import pprint
3   pprint(results[:3])
```

[{'date': '10/18/2024, 10:04 AM, +0000 UTC',
 'link': 'https://www.getnews.co.kr/news/articleView.html?idxno=697310',
 'position': 1,
 'source': {'icon': 'https://lh3.googleusercontent.com/xHMaVGij8CwJes0ub
_2MFF5JVumqlIQlkOxZXm8gCiElkVXcq27nFSK3AJQgSHSXNiRY7zAL',
        'name': '글로벌경제신문'},
 'thumbnail': 'https://www.getnews.co.kr/news/photo/202410/697310_422127_5635.jpg',
 'title': '이OO 포항시장, 이차전지 산업 허브로 부상 특별강연'},
{'date': '10/19/2024, 12:45 AM, +0000 UTC',
 'link': 'https://news.dealsitetv.com/news/articleView.html?idxno=125022',
 'position': 2,
 'source': {'icon': 'https://encrypted-tbn2.gstatic.com/faviconV2?url=https://news.deal-
sitetv.com&client=NEWS_360&size=96&type=FAVICON&fallback_opts=TYPE,SIZE,URL',
        'name': 'DealSite경제TV'},
 'thumbnail': 'https://cdn.news.dealsitetv.com/news/thumb-
nail/202410/125022_112723_3132_v150.jpg',
 'title': '이OO 포항시장 "글로벌 이차전지 R&D 중심 도약"'},
{'date': '10/18/2024, 05:15 AM, +0000 UTC',
 'link': 'https://www.joongboo.com/news/articleView.html?idxno=363675220',
 'position': 3,
 'source': {'icon': 'https://encrypted-tbn3.gstatic.com/faviconV2?url=https://www.joong-
boo.com&client=NEWS_360&size=96&type=FAVICON&fallback_opts=TYPE,SIZE,URL',
        'name': '중부일보'},
 'thumbnail': 'https://cdn.joongboo.com/news/photo/202410/363675220_2423410_242.jpg',
 'title': '과천시, LG에너지솔루션과 이차전지 산업 상생발전 협약 체결'}]

여기서 잠깐 실행 결과의 출력 구조 설명

앞의 실행 결과를 보면, 각 뉴스 항목은 다음과 같은 주요 정보를 포함하고 있다.

- **date** 뉴스 기사의 게시 날짜와 시간
- **link** 뉴스 기사의 원본 URL
- **position** 검색 결과에서의 순위
- **source** 뉴스 출처 정보(아이콘 URL과 언론사 이름)
- **thumbnail** 뉴스 기사와 관련된 이미지 URL
- **title** 뉴스 기사의 제목

예를 들어, 첫 번째 검색 결과는 다음과 같은 정보를 제공한다.

- **제목** "이OO 포항시장, 이차전지 산업 허브로 부상 특별강연"
- **날짜** 2024년 10월 18일 오전 10시 04분
- **출처** 글로벌경제신문

다음 코드는 검색 결과에서 특정 뉴스 기사의 URL을 추출하는 방법을 보여준다. 이는 추후 기사 내용을 분석하거나 요약하는 데 필수적인 단계다. 여기서는 `results` 리스트의 첫 번째 항목 `results[0]`에서 `link` 키의 값을 추출하여 `url` 변수에 저장한다. 그리고 이를 출력한다.

<예제 7-3> 실습 파일명: LC_009_ News_ Summary. ipynb

```
1  url = results[0]['link']
2  print("url:", url)
```

<실행 결과>

```
url: https://www.getnews.co.kr/news/articleView.html?idxno=697310
```

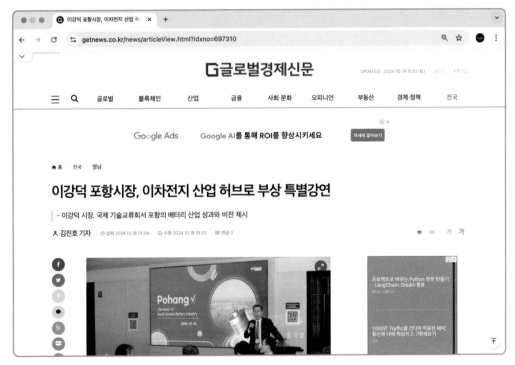

[그림 7-4] 뉴스 기사 원문 사이트

여기서 추출된 URL을 사용하여 해당 뉴스 기사의 전문을 크롤링[19]할 수 있다. 일반적으로 requests 라이브러리와 BeautifulSoup과 같은 파싱 도구를 사용할 수 있다.

---

19 웹 크롤링 시 해당 웹사이트의 robots.txt 파일을 확인하고, 웹사이트의 이용 약관을 준수해야 한다. 과도한 요청은 서버에 부담을 줄 수 있으므로, 적절한 시간 간격을 두고 요청을 보내는 것이 좋다.

1-3 뉴스 기사 전문을 크롤링 방식으로 수집

다음 코드에서는 LangChain에 내장된 도구를 이용하여 뉴스 기사의 전문을 크롤링 방식으로 가져오는 과정을 보여준다. LangChain의 'WebBaseLoader'를 사용하여 웹페이지의 데이터를 가져올 수 있다. 앞에서 추출한 URL을 사용하여 웹페이지의 내용을 가져오고, 이를 처리하기 쉬운 형태로 변환한다.

코드를 살펴보면, 먼저 WebBaseLoader(url)을 사용하여 WebBaseLoader 인스턴스를 생성한다. 여기서 url은 앞서 추출한 뉴스 기사의 URL이다. loader.load()를 호출하여 웹페이지의 내용을 가져온다. 이 메서드는 웹페이지를 크롤링하고, 내용을 구조화된 형태로 변환한다.

결과를 확인하기 위해서, print(len(docs))로 로드된 문서의 수를 출력한다. 일반적으로 한 페이지당 하나의 문서가 생성되므로, 실행 결과와 같이 이 값은 1이 된다. 그리고 'print(docs[0])'로 리스트의 첫 번째 원소의 Document 객체를 출력한다.

출력된 Document 객체는 page_content와 metadata 속성을 갖는다. page_content 필드는 웹 페이지의 본문 내용을 포함한다. metadata 필드는 딕셔너리 구조로 표현되고 크롤링된 웹 페이지에 대한 추가 정보를 제공한다.[20]

〈예제 7-4〉 실습 파일명: LC_009_News_Summary.ipynb

```
1   # Data Loader - 웹페이지 데이터 가져오기
2   from langchain_community.document_loaders import WebBaseLoader
3
4   # WebBaseLoader 인스턴스 생성
5   loader = WebBaseLoader(url)
6
7   # 웹페이지 데이터 로드
8   docs = loader.load()
9
10  # 로드된 문서 개수 출력
11  print(len(docs))
12
13  # 첫 번째 문서 내용 출력
14  print(docs[0])
```

〈실행 결과〉

```
1
page_content='
...
' metadata={'source': 'https://www.getnews.co.kr/news/articleView.html?idx-
```

---

20 source는 크롤링된 웹 페이지의 URL이고, title은 웹 페이지의 제목으로, 일반적으로 HTML의 〈title〉 태그에서 추출된다. description은 기사의 요약 또는 소개 부분으로, 보통 HTML의 meta 태그 중 description에서 추출된다. language 속성의 'ko'는 웹 페이지의 언어가 한국어임을 나타낸다.

no=697310', 'title': '이OO 포항시장, 이차전지 산업 허브로 부상 특별강연', 'description': "포항시가 한국 이차전지 산업의 새로운 중심지로 떠오르고 있다. 이OO 포항시장은 최근 열린 국제 기술교류회에서 도시의 배터리 산업 성과를 소개하고 미래 비전을 제시했다.한국과학기술총연합회가 주최한 '2024 브레인 링크(Brain Link) 기술교류회'가 지난 16일부터 18일까지 인천 그랜드쉐라톤 호텔에서 개최됐다. 이 행사는 차세대 리튬이차전지 연구 공유 및 네트워킹을 주제로, 국내외 이차전지 전문가들이 한자리에 모였다.이OO 시장은 18일 열린 특별강연에서 '한국 배터리 산업의 중심, 포항'이라는 주제로 60여 명의 국내외 전", 'language': 'ko'}

NOTE

이 코드는 실행 시점에 따라 검색되는 뉴스 기사가 달라질 수 있음에 주의해야 한다. 이 프로젝트의 목적은 실제 결과보다는 LangChain을 사용한 다양한 자연어 처리 방식을 이해하는 데 있으며, 코드의 구조와 흐름에 초점을 맞추어야 한다. 따라서 이 코드를 통해 LangChain의 주요 구성 요소들이 어떻게 상호작용하여 자연어 처리 작업을 수행하는지 학습할 수 있다.

여기서 잠깐 WebBaseLoader의 처리 방식

1. **자동 인코딩 처리** WebBaseLoader는 웹페이지의 인코딩을 자동으로 감지하고 처리한다. 이는 한글과 같은 non-ASCII 문자를 포함한 페이지를 다룰 때 특히 유용하다.
2. **HTML 파싱** 기본적으로 HTML 태그를 제거하고 순수 텍스트만 추출한다. 이는 뉴스 기사의 본문에 집중할 수 있게 해준다.
3. **메타데이터 추출** 웹페이지의 제목, URL 등의 메타데이터도 함께 추출한다. 이는 추후 분석에 유용하게 사용될 수 있다.

1-4 뉴스 본문 추출

다음 코드에서는 이전 단계에서 추출한 뉴스 데이터에서 뉴스 기사의 본문을 추출하는 과정을 상세히 보여준다. 추출된 데이터에는 뉴스 기사 본문 이외의 텍스트와 빈 공백이 상당수 포함되어 있기 때문에, 불필요한 텍스트를 제외한 뉴스 본문 텍스트만을 추출하는 작업이 필요하다.

기존에는 BeautifulSoup 등을 활용하여 웹 페이지 구성요소로부터 추출하는 웹 스크래핑이 일반적으로 사용되어 왔다. 이와 같이 규칙 기반으로 처리하는 방식은 예외도 많고 추출 작업이 복잡하다는 점을 사용 시 고려해야 한다. 웹 페이지의 구조는 사이트마다 다르고, 같은 사이트 내에서도 시간이 지남에 따라 변경될 수 있기 때문이다. 또한 광고, 관련 기사 링크, 댓글 섹션 등 뉴스 본문 이외의 요소들이 포함되어 있어 이를 정확히 구분하는 것이 쉽지 않다.

이러한 문제를 해결하기 위해 다음과 같이 LangChain과 LLM 모델을 활용한다. 이 접근 방식의 장점은 다음과 같다.

- **유연성** 규칙 기반 방식과 달리, AI 모델은 다양한 형식의 입력을 처리할 수 있어 여러 웹사이트에서 추출한 데이터에 대해 일관된 성능을 보인다.
- **컨텍스트 이해** LLM 모델은 텍스트의 의미와 구조를 이해할 수 있어, 단순히 HTML 구조에 의존하지 않고 뉴스 본문을 식별할 수 있다.
- **노이즈 제거** 모델은 광고, 네비게이션 메뉴, 관련 기사 링크 등 뉴스 본문과 무관한 텍스트를 필터링할 수 있다.
- **적응성** 웹사이트의 구조가 변경됐을 때 모델을 재학습시키지 않아도 계속해서 효과적으로 작동한다.
- **일관성** 다양한 소스에서 추출한 뉴스 기사에 대해 일관된 형식의 출력을 제공한다.

이 방식을 사용함으로써, 개발자는 각 웹사이트에 대한 특정 규칙을 만들고 유지보수하는 부담을 줄일 수 있다. 그래서 프롬프트를 적절히 설계하여 모델이 원하는 정보를 정확히 추출하도록 유도하는 데 집중할 수 있다.

코드는 크게 세 부분으로 나눌 수 있다. 프롬프트 설정, LLM 및 출력 파서 구성, 그리고 체인 실행이다.

먼저, `ChatPromptTemplate`을 사용하여 프롬프트를 정의한다. 이 프롬프트는 입력된 텍스트에서 뉴스 본문을 추출하도록 지시하는 역할을 한다. 다음으로 OpenAI의 GPT-4o-mini 모델을 사용하도록 LLM을 설정하고, `StrOutputParser`를 통해 모델의 출력을 문자열로 파싱하도록 구성한다. 이렇게 구성된 요소들을 하나의 체인으로 연결하여 `article_chain`을 만든다. 이 체인은 주어진 텍스트(`docs[0].page_content`)를 입력으로 받아 뉴스 본문을 추출하는 기능을 수행한다. 마지막으로, `pprint()` 함수를 사용하여 추출된 뉴스 본문을 보기 좋게 출력한다.

〈예제 7-5〉 실습 파일명: LC_009_News_Summary.ipynb

```
1   from langchain_core.prompts import ChatPromptTemplate
2   from langchain_core.output_parsers import StrOutputParser
3   from langchain_openai import ChatOpenAI
4
5   # 프롬프트 수정
6   prompt_template = """다음 텍스트에서 뉴스 본문 내용을 그대로 추출합니다.
7
8   [텍스트]
9   {text}
10
11  [추출된 뉴스 본문]
12  """
```

```
13  prompt = ChatPromptTemplate.from_template(prompt_template)
14
15  # LLM 설정
16  llm = ChatOpenAI(temperature=0, model_name="gpt-4o-mini")
17
18  # 출력 파서
19  output_parser = StrOutputParser()
20
21  # 체인 구성
22  article_chain = prompt | llm | output_parser
23
24  # 체인 실행
25  article = article_chain.invoke({"text": docs[0].page_content})
26
27  # 결과 출력
28  pprint(article)
```

〈실행 결과〉

('이OO 포항시장이 18일 인천 그랜드쉐라톤 호텔에서 열린 브레인 링크 기술교류회에서 '한국 배터리 산업의 중심, 포항'을 주제로 강연을 '
'하고 있다.(사진=포항시)\n'
'\n'
'포항시가 한국 이차전지 산업의 새로운 중심지로 떠오르고 있다. 이OO 포항시장은 최근 열린 국제 기술교류회에서 도시의 배터리 산업 성과를 '
'"소개하고 미래 비전을 제시했다. 한국과학기술총연합회가 주최한 '2024 브레인 링크(Brain Link) 기술교류회'가 지난 16일부터 "
''18일까지 인천 그랜드쉐라톤 호텔에서 개최됐다. 이 행사는 차세대 리튬이차전지 연구 공유 및 네트워킹을 주제로, 국내외 이차전지 '
''전문가들이 한자리에 모였다.\n'
'\n'
'"이OO 시장은 18일 열린 특별강연에서 '한국 배터리 산업의 중심, 포항'이라는 주제로 60여 명의 국내외 전문가들에게 포항의 이차전지 "
''산업 현황을 설명했다. 그는 지난 10년간 포항이 이차전지 산업을 통해 이룬 경제적 성과를 GRDP와 수출 지표를 들어 소개했다. 이 '
''시장은 "에코프로 등 대규모 기업 투자와 국책사업 유치로 특화단지와 기업발전특구를 조성했다"고 밝혔다. 또한 "2030년까지 이차전지 '
''메가 클러스터 조성을 목표로, 이차전지 오픈 이노베이션 센터 구축과 해외 연구소 유치 등을 추진하고 있다"고 덧붙였다.\n'
'\n'
'포항시는 2027년 준공 예정인 국제 컨벤션센터 포엑스(POEX)를 통해 국제 이차전지 엑스포, 글로벌 배터리 도시 포럼 등 글로벌'
''네트워크 확대 행사를 계획하고 있다. 이는 포항을 세계적인 이차전지 산업 허브로 발전시키기 위한 전략의 일환으로 보인다.\n'

> '\n'
> '이ㅇㅇ 시장은 "포항시는 포스텍과 함께 이차전지 해외공동연구 프로젝트를 추진하는 등 관련 분야 연구에 최적의 여건을 조성하고 있다"고 '
> '말했다. 그는 또한 "이차전지 인재 양성을 위한 지원을 아끼지 않을 것"이라며, "한국을 넘어 글로벌 이차전지 연구개발의 중심으로 '
> '자리매김하기 위해 행정력을 집중하겠다"고 강조했다. 이번 기술교류회는 정부출연 연구기관, 기업 부설 연구기관, 대학 및 해외 '
> '재외한인과학기술자들이 참여해 이차전지 분야의 국제 협력을 강화하는 계기가 됐다. 포항시의 이러한 노력이 한국 배터리 산업의 경쟁력 강화에 '
> '어떤 영향을 미칠지 주목된다.')

앞의 실행 결과를 보면, 불필요한 텍스트와 공백을 제거하고 순수하게 뉴스 기사 본문이 추출된 것을 확인할 수 있다. 이 예제는 LangChain을 사용하여 복잡한 텍스트에서 필요한 정보를 효과적으로 추출하는 방법을 잘 보여준다. 특히, 모듈화된 구조를 통해 각 구성 요소를 쉽게 교체하거나 수정할 수 있어, 다양한 NLP 작업에 유연하게 적용할 수 있다.

1-5 뉴스 본문 요약

다음 예제는 LangChain의 프롬프트를 일부 수정하여 앞서 추출한 뉴스 기사 본문을 요약하는 과정을 보여준다. 이처럼 전체 코드 구조를 비슷한게 유지하면서 손쉽게 다른 유형의 작업을 수행할 수 있다. 이 외에도 다양한 유형의 작업을 다음 파트에 이어서 단계적으로 살펴볼 예정이다.

다음 예제에서 뉴스 기사의 주요 내용을 추출하는 코드의 구조와 기능은 다음과 같다.

먼저, 프롬프트 설정 부분에서는 `ChatPromptTemplate`을 사용하여 새로운 프롬프트를 정의한다. 이 프롬프트는 입력된 뉴스 기사의 주요 요점을 3~5가지 불릿 포인트로 요약하도록 지시한다. 이 부분 프롬프트를 어떻게 작성하느냐에 따라 LLM의 출력 결과가 달라지기 때문에 프롬프트 엔지니어링이 중요한 역할을 한다. 여기서는 다음과 같은 관점에서 프롬프트를 작성하고 있다.

- **명확성** 프롬프트는 모델에게 정확히 무엇을 요구하는지 명확하게 전달해야 한다. 이 예에서는 "3~5가지 불릿 포인트로 요약하시오"라고 구체적으로 지시하고 있다.
- **구조화** 모델이 참조할 입력과 출력의 형식을 지정한다. "[뉴스 기사]"와 "[요약]" 섹션을 구분하여 구조를 제공하고 있다.
- **제약 조건** 요약의 개수를 3~5개로 제한함으로써, 너무 길거나 짧은 요약을 방지한다.
- **출력 형식 지정** 불릿 포인트 형식의 출력을 유도한다.
- **컨텍스트 제공** 입력 텍스트가 뉴스 기사임을 명시하여 모델이 적절한 컨텍스트에서 요약을 생성하도록 한다.

LLM 및 출력 파서 구성 부분은 이전 예제와 동일하다. ChatOpenAI를 사용하여 GPT-4o-mini 모델을 초기화하고, StrOutputParser를 통해 출력을 문자열로 변환한다.

체인 구성에서는 프롬프트, LLM, 출력 파서를 연결하여 summary_chain을 만든다. 이 체인은 입력된 뉴스 기사 텍스트를 받아 요약을 생성하는 역할을 한다.

체인 실행 부분에서는 summary_chain.invoke() 메서드를 호출하여 이전에 추출한 뉴스 기사 본문(article)을 입력으로 제공한다. 이를 통해 요약된 내용을 얻는다. 마지막으로, print() 함수를 사용하여 생성된 요약을 출력한다.

〈예제 7-6〉 실습 파일명: LC_009_News_Summary.ipynb

```python
1   from langchain_core.prompts import ChatPromptTemplate
2   from langchain_core.output_parsers import StrOutputParser
3   from langchain_openai import ChatOpenAI
4
5   # 프롬프트 수정
6   prompt_template = """다음 뉴스 기사의 주요 요점을 3~5가지 불릿 포인트로 요약하시오.
7
8   [뉴스 기사]
9   {text}
10
11  [요약]
12  - """
13
14  prompt = ChatPromptTemplate.from_template(prompt_template)
15
16  # LLM 설정
17  llm = ChatOpenAI(temperature=0, model_name="gpt-4o-mini")
18
19  # 출력 파서
20  output_parser = StrOutputParser()
21
22  # 체인 구성
23  summary_chain = prompt | llm | output_parser
24
25  # 체인 실행
26  summary = summary_chain.invoke({"text": article})
27
28  # 결과 출력
29  print(summary)
```

- 포항시가 한국 이차전지 산업의 새로운 중심지로 부상하고 있으며, 이OO 시장이 국제 기술교류회에서 포항의 성과와 비전을 발표했다.
- 포항은 지난 10년간 이차전지 산업을 통해 경제적 성과를 거두었으며, 대규모 기업 투자와 국책사업 유치로 특화단지와 기업발전특구를 조성했다.
- 2030년까지 이차전지 메가 클러스터 조성을 목표로 하며, 오픈 이노베이션 센터 구축과 해외 연구소 유치를 추진하고 있다.
- 2027년 준공 예정인 국제 컨벤션센터 포엑스를 통해 글로벌 네트워크 확대 및 이차전지 관련 행사들을 계획하고 있다.
- 포스텍과의 협력을 통해 해외 공동 연구 프로젝트를 추진하고, 이차전지 인재 양성을 위한 지원을 강화할 예정이다.

실행 결과를 보면, 포항시의 이차전지 산업 육성 계획과 관련된 주요 내용이 5개의 불릿 포인트로 간결하게 요약되어 있다. 이처럼 프롬프트 엔지니어링을 통해, 개발자는 LLM의 출력을 원하는 형식과 내용으로 조정할 수 있다. 프롬프트를 미세 조정함으로써, 더 정확하고 관련성 높은 요약을 얻을 수 있으며, 특정 도메인이나 사용 사례에 맞춘 출력을 생성할 수 있다.

1-6 주요 키워드 추출

다음 코드는 LangChain과 LLM 모델을 활용하여 뉴스 기사에서 핵심 키워드를 추출하는 과정을 보여준다. 앞의 예제 코드에서 프롬프트의 내용을 일부 수정하여 새로운 프롬프트를 정의한다. ChatPromptTemplate을 사용하는 프롬프트는 입력된 뉴스 기사에서 3~5개의 핵심 키워드를 추출하고 이를 쉼표로 구분하여 제시하도록 지시한다. LLM 설정은 이전 예제와 동일하게 ChatOpenAI를 사용하여 GPT-4o-mini 모델을 초기화한다.

출력 파서는 이전 예제와 달리 CommaSeparatedListOutputParser를 사용하는데, 이는 LLM의 출력을 쉼표로 구분된 리스트로 변환하는 역할을 한다. 이어서 프롬프트, LLM, 출력 파서를 연결하여 keyword_chain을 구성하고, 이 체인은 입력된 뉴스 기사 텍스트를 받아 핵심 키워드 리스트를 생성한다. 체인을 실행할 때 keyword_chain.invoke() 메서드를 호출하여 이전에 추출한 뉴스 기사 본문을 입력으로 제공하고, 이를 통해 핵심 키워드 리스트를 얻는다. 마지막으로 print() 함수를 사용하여 생성된 키워드 리스트를 출력한다.

```python
1   from langchain_core.prompts import ChatPromptTemplate
2   from langchain_core.output_parsers import CommaSeparatedListOutputParser
3   from langchain_openai import ChatOpenAI
4
5   # 프롬프트 수정
6   prompt_template = """다음 뉴스 기사에서 핵심 키워드를 3~5개 추출하시오.
7   키워드는 쉼표로 구분하여 제시하시오.
8
9   [뉴스 기사]
10  {text}
11
12  [핵심 키워드]"""
13
14  prompt = ChatPromptTemplate.from_template(prompt_template)
15
16  # LLM 설정
17  llm = ChatOpenAI(temperature=0, model_name="gpt-4o-mini")
18
19  # 출력 파서 수정
20  output_parser = CommaSeparatedListOutputParser()
21
22  # 체인 구성
23  keyword_chain = prompt | llm | output_parser
24
25  # 체인 실행
26  keywords = keyword_chain.invoke({"text": article})
27
28  # 결과 출력
29  print(keywords)
```

〈실행 결과〉

['포항시', '이차전지', '배터리 산업', '기술교류회', '글로벌 네트워크']

실행 결과를 보면 뉴스 기사의 핵심 내용을 대표하는 5개의 키워드가 리스트 형태로 추출된 것을 확인할 수 있다. 이는 LangChain과 LLM 모델을 활용하여 텍스트에서 중요한 개념을 효과적으로 식별하고 추출할 수 있음을 보여준다. 이런 접근 방식을 사용하면 일관된 방식으로 키워드를 추출하여 데이터의 일관성을 유지할 수 있다. 또한, LLM 모델이 텍스트의 맥락을 이해하여 단순한 빈도 기반 방식보다 더 의미 있는 키워드를 추출할 수 있다는 장점이 있다.

1-7 개체명 인식

다음 코드는 LangChain과 LLM 모델을 활용하여 뉴스 기사에서 구체적인 기관명을 추출하는 과정을 보여주는 예시이다. 이전 코드에서 프롬프트의 내용을 수정하여 입력된 뉴스 기사에서 실제존재하는 특정 기관, 회사, 조직의 이름만을 추출하고 이를 쉼표로 구분하여 제시하도록 지시한다. LLM 모델과 출력 파서는 이전 예제와 동일하게 적용한다. ChatOpenAI를 사용하여 GPT-4o-mini 모델과 CommaSeparatedListOutputParser를 사용한다. 프롬프트, LLM, 출력 파서를 연결하여 organization_chain을 구성하고, 이 체인은 입력된 뉴스 기사 텍스트를 받아 기관명 리스트를 생성한다. 체인을 실행할 때 organization_chain.invoke() 메서드를 호출하여 뉴스 기사본문을 입력으로 제공하고, 이를 통해 기관명 리스트를 얻는다. 마지막으로 print() 함수를 사용하여 생성된 기관명 리스트를 출력한다.

<예제 7-8> 실습 파일명: LC_009_News_Summary.ipynb

```
1  from langchain_core.prompts import ChatPromptTemplate
2  from langchain_core.output_parsers import CommaSeparatedListOutputParser
3  from langchain_openai import ChatOpenAI
4
5  # 프롬프트 수정
6  prompt_template = """다음 뉴스 기사에서 언급된 구체적인 기관명만을 추출하시오.
7  일반적인 분류나 카테고리는 제외하고 오직 실제 존재하는 특정 기관, 회사, 조직의 이름만 추출하시오.
8  추출된 기관명은 쉼표로 구분하여 제시하시오.
9
10 [뉴스 기사]
11 {text}
12
13 [추출된 기관명]"""
14
15 prompt = ChatPromptTemplate.from_template(prompt_template)
16
17 # LLM 설정
18 llm = ChatOpenAI(temperature=0, model_name="gpt-4o-mini")
19
20 # 출력 파서
21 output_parser = CommaSeparatedListOutputParser()
22
23 # 체인 구성
24 organization_chain = prompt | llm | output_parser
25
26 # 체인 실행
27 organizations = organization_chain.invoke({"text": article})
28
29 # 결과 출력
30 print(organizations)
```

['포항시', '한국과학기술총연합회', '에코프로', '포스텍', '포엑스']

실행 결과를 보면 뉴스 기사에서 언급된 구체적인 기관명이 리스트 형태로 추출된 것을 확인할 수 있다. 이처럼 LangChain과 LLM 모델을 활용하여 텍스트에서 특정 유형의 정보를 효과적으로 식별하고 추출할 수 있다.

여기서 잠깐 개체명 인식(Named Entity Recognition, NER)

개체명 인식(Named Entity Recognition, NER)은 자연어 처리(NLP)의 중요한 과제 중 하나로, 텍스트에서 사람, 조직, 위치, 시간 등과 같은 명명된 개체를 식별하고 분류하는 과정이다. 이 기술은 비정형 텍스트에서 구조화된 정보를 추출하는 데 핵심적인 역할을 한다.

NER의 주요 목적은 텍스트 내에서 특정 유형의 개체를 자동으로 인식하고 그 유형을 분류하는 것이다. 일반적으로 인식되는 개체 유형에는 다음과 같은 것들이 있다.

- **인명(Person)** 개인의 이름
- **조직(Organization)** 회사, 기관, 단체 등의 이름
- **지명(Location)** 국가, 도시, 지역 등의 이름
- **날짜와 시간(Date and Time)**
- **금액(Money)**
- **퍼센트(Percent)**
- **제품명(Product)**

NER 시스템은 다양한 방법으로 구현될 수 있는데, 규칙 기반 방식, 통계적 방식, 그리고 최근에는 딥러닝 기반의 방식이 널리 사용되고 있다. 특히 BERT, GPT와 같은 대규모 언어 모델을 Fine-tuning하여 NER 작업을 수행하는 방식이 높은 성능을 보이고 있다.

NER의 응용 분야는 매우 광범위하다. 정보 검색, 질의응답 시스템, 기계 번역, 문서 분류, 감정 분석 등 다양한 NLP 작업에서 중요한 전처리 단계로 활용된다. 또한 뉴스 기사 분석, 소셜 미디어 모니터링, 고객 피드백 분석 등 실제 비즈니스 환경에서도 널리 사용되고 있다.

주어진 코드 예시에서는 LLM을 활용하여 NER 작업을 수행하고 있다. 이 방식은 전통적인 NER 시스템과는 다르게, 사전 훈련된 대규모 언어 모델의 문맥 이해 능력을 활용하여 보다 유연하고 정확한 개체 인식을 가능하게 한다. 특히 새로운 도메인이나 특수한 개체 유형에 대해서도 별도의 훈련 데이터 없이 적용할 수 있다는 장점이 있다.

1-8 인물 분석

다음 코드는 LangChain과 LLM 모델을 활용하여 뉴스 기사에서 주요 인물을 추출하고 그들의 역할이나 중요성을 설명하는 과정을 보여준다. 여기서 프롬프트는 뉴스 기사에서 주요 인물들을 추출하고 각 인물의 역할이나 중요성을 간단히 설명하도록 지시한다. 결과는 불릿 포인트 형식으로 제시하도록 요청한다.

LLM 설정은 ChatOpenAI 클래스를 사용하여 GPT-4o-mini 모델을 초기화하며, temperature -0으로 설정하여 일관된 출력을 얻도록 한다. 출력 파서로는 StrOutputParser를 사용하여 LLM의 출력을 문자열로 처리한다.

프롬프트, LLM, 출력 파서를 연결하여 people_chain을 구성하는데, 이 체인은 입력된 뉴스 기사 텍스트를 받아 주요 인물과 그들에 대한 설명을 생성한다. 체인을 실행할 때 people_chain.invoke() 메서드를 호출하여 뉴스 기사 본문을 입력으로 제공하고 결과를 얻는다. 마지막으로 print() 함수를 사용하여 생성된 주요 인물 정보를 출력한다.

〈예제 7-9〉 실습 파일명: LC_009_News_Summary.ipynb

```
1   from langchain_core.prompts import ChatPromptTemplate
2   from langchain_core.output_parsers import StrOutputParser
3   from langchain_openai import ChatOpenAI
4
5   # 프롬프트 템플릿 정의
6   prompt_template = """다음 뉴스 기사에서 언급된 주요 인물들을 추출하고,
7   각 인물의 역할이나 중요성을 간단히 설명하시오.
8   결과를 불릿 포인트로 제시하시오.
9
10  [뉴스 기사]
11  {text}
12
13  [주요 인물]
14  - """
15
16  # ChatPromptTemplate 객체 생성
17  prompt = ChatPromptTemplate.from_template(prompt_template)
18
19  # LLM 설정
20  llm = ChatOpenAI(temperature=0, model_name="gpt-4o-mini")
21
22  # 체인 구성
23  people_chain = prompt | llm | StrOutputParser()
24
```

```
25   # 체인 실행
26   people = people_chain.invoke({"text": article})
28
29   # 결과 출력
30   print(people)
```

- **이OO 포항시장**
  - 포항시의 이차전지 산업 발전을 이끄는 주요 인물로, 국제 기술교류회에서 포항의 배터리 산업 성과와 미래 비전을 발표함.
  - 포항의 경제적 성과를 강조하며, 대규모 기업 투자와 국책사업 유치를 통해 산업 특화단지 조성을 추진하고 있음.
  - 2030년까지 이차전지 메가 클러스터 조성을 목표로 다양한 연구 및 인재 양성 프로젝트를 계획하고 있음.

실행 결과를 보면, 코드가 의도한 대로 뉴스 기사에서 주요 인물(이OO 포항시장)을 추출하고 그의 역할과 중요성을 불릿 포인트 형식으로 설명하고 있다. 이러한 접근 방식은 뉴스 기사에서 핵심 인물과 그들의 역할을 자동으로 추출하고 요약하는 데 유용하다. 이는 뉴스 분석, 인물 정보 추적, 트렌드 분석 등 다양한 분야에서 활용될 수 있다.

여기서 잠깐 NER 작업을 확장하여 활용

앞의 예제에서는 인물 분석을 수행하였지만, 뉴스 기사나 다른 텍스트 자료에서 회사나 조직에 대한 정보를 분석하는 것도 가능하다. 먼저, 1.7절에서 수행한 개체명 인식(NER)을 확장하여 조직의 이름을 식별하는 단계를 넘어서, 각 조직이나 기관에 대한 세부 정보를 추출할 수 있다.

구체적으로, 조직에 초점을 맞춘 맞춤형 프롬프트를 설계하여 LLM이 조직 관련 정보를 효과적으로 추출하도록 유도할 수 있다. 예를 들어, '이 텍스트에서 언급된 주요 회사나 조직을 식별하고, 각 조직의 역할과 중요성을 설명하라'와 같은 프롬프트를 사용할 수 있다.

LangChain의 체인 기능을 활용하면 조직 정보 추출을 위한 맞춤형 파이프라인을 구축할 수 있다. 이 파이프라인에는 텍스트 분할, 조직명 추출, 조직 정보 요약 등의 단계가 포함될 수 있다. 또한, 추출된 조직 정보를 벡터 데이터베이스에 저장하여 효율적인 검색과 분석이 가능하도록 할 수 있다. LangChain의 벡터 저장소 통합 기능을 이용하면 이를 쉽게 구현할 수 있다.

더 나아가, 여러 뉴스 기사나 문서에서 동일한 조직에 대한 정보를 통합하여 더 포괄적인 분석을 수행할 수 있다. LangChain의 문서 로더와 체인 기능을 조합하면 이러한 다중 소스 통합이 가능하다.

이러한 방식으로 LangChain을 활용하면 뉴스 기사나 다른 텍스트 소스에서 조직에 대한 중요 정보를 자동으로 추출하고 분석할 수 있다. 이는 기업 분석, 시장 동향 파악, 경쟁사 모니터링 등 다양한 비즈니스 인텔리전스 분야에서 유용하게 활용될 수 있다.

1-9 타임라인 분석

다음 코드는 LangChain과 LLM 모델을 활용하여 뉴스 기사에서 주요 사건을 추출하고 타임라인을 생성하는 과정을 보여준다. 여기서 정의하는 프롬프트는 뉴스 기사에서 언급된 주요 사건들을 시간 순서대로 나열하여 타임라인을 생성하고, 각 사건에 대해 간단한 설명을 포함하도록 지시한다.

LLM 설정은 ChatOpenAI 클래스를 사용하여 GPT-4o-mini 모델을 초기화하며, temperature =0으로 설정하여 일관된 출력을 얻도록 한다. 출력 파서로는 StrOutputParser를 사용하여 LLM 의 출력을 문자열로 처리한다.

프롬프트, LLM, 출력 파서를 연결하여 timeline_chain을 구성하는데, 이 체인은 입력된 뉴스 기사 텍스트를 받아 타임라인을 생성한다. 체인을 실행할 때 timeline_chain.invoke() 메서드를 호출하여 뉴스 기사 본문을 입력으로 제공하고 결과를 얻는다. 마지막으로 print() 함수를 사용하여 생성된 타임라인을 출력한다.

〈예제 7-10〉 실습 파일명: LC_009_News_Summary.ipynb

```
1    # 필요한 LangChain 구성 요소 임포트
2    from langchain_core.prompts import ChatPromptTemplate
3    from langchain_core.output_parsers import StrOutputParser
4    from langchain_openai import ChatOpenAI
5
6    # 프롬프트 템플릿 정의
7    # 뉴스 기사에서 주요 사건을 추출하고 타임라인을 생성하도록 지시
8    prompt_template = """
9    다음 뉴스 기사에서 언급된 주요 사건들을 시간 순서대로 나열하여
10   타임라인을 생성하시오.
11   각 사건에 대해 간단한 설명을 포함하시오.
12
13   [뉴스 기사]
14   {text}
15
16   [타임라인]
17   1."""
18
19   # ChatPromptTemplate 객체 생성
20   prompt = ChatPromptTemplate.from_template(prompt_template)
21
22   # OpenAI 모델 초기화
23   llm = ChatOpenAI(temperature=0, model_name="gpt-4o-mini")
24
```

```
25   # 체인 구성
26   timeline_chain = prompt | llm | StrOutputParser()
27
28   # 체인 실행
29   timeline = timeline_chain.invoke({"text": article})
30
31   # 결과 출력
32   print(timeline)
```

‹실행 결과›

1. **2023년 10월 16일 - 브레인 링크 기술교류회 시작**
   - 한국과학기술총연합회 주최로 인천 그랜드쉐라톤 호텔에서 차세대 리튬이차전지 연구 공유 및 네트워킹을 주제로 국제 기술교류회가 개최됨.

2. **2023년 10월 18일 - 이OO 포항시장 강연**
   - 이OO 포항시장이 '한국 배터리 산업의 중심, 포항'이라는 주제로 특별강연을 진행하며 포항의 이차전지 산업 현황과 경제적 성과를 소개함.

3. **2023년 10월 18일 - 포항의 이차전지 산업 비전 발표**
   - 이OO 시장이 포항의 이차전지 메가 클러스터 조성 목표와 관련된 계획(오픈 이노베이션 센터 구축, 해외 연구소 유치 등)을 발표함.

4. **2023년 10월 18일 - 국제 컨벤션센터 포엑스(POEX) 계획**
   - 포항시는 2027년 준공 예정인 국제 컨벤션센터 포엑스를 통해 국제 이차전지 엑스포 및 글로벌 배터리 도시 포럼 등 글로벌 네트워크 확대 행사를 계획하고 있음을 알림.

5. **2023년 10월 18일 - 이차전지 연구 및 인재 양성 강조**
   - 이OO 시장이 포스텍과의 해외공동연구 프로젝트 및 이차전지 인재 양성을 위한 지원을 강조하며, 포항이 글로벌 이차전지 연구개발의 중심으로 자리매김할 것임을 다짐함.

6. **2023년 10월 18일 - 기술교류회 종료**
   - 이번 기술교류회가 정부출연 연구기관, 기업 부설 연구기관, 대학 및 해외 재외한인과학기술자들이 참여하여 이차전지 분야의 국제 협력을 강화하는 계기가 되었음을 언급하며 마무리됨.

실행 결과를 보면, 코드가 의도한 대로 뉴스 기사에서 주요 사건들을 추출하고 시간 순서대로 정렬하여 타임라인을 생성했다. 이 타임라인은 2023년 10월 16일부터 18일까지의 주요 사건들을 포함하고 있으며, 각 사건에 대한 간단한 설명도 함께 제공하고 있다.

이러한 접근 방식은 복잡한 뉴스 기사를 시간 순서에 따라 구조화된 형태로 요약하는 데 매우 유용하다. 이는 뉴스 분석, 사건 추적, 역사적 사건 정리 등 다양한 분야에서 활용될 수 있다.

1-10 주제 및 맥락 분석

다음 코드는 LangChain과 LLM 모델을 활용하여 뉴스 기사의 주요 주제와 더 넓은 맥락을 분석하는 과정을 보여주는 예시다. 새로운 프롬프트를 정의하는데, 이 프롬프트는 뉴스 기사와 관련된 주요 주제와 더 넓은 맥락을 분석하고, 이 기사가 어떤 큰 그림의 일부인지 설명하며, 관련된 다른 주제나 이슈를 제시하도록 지시한다.

LLM 설정은 ChatOpenAI 클래스를 사용하여 GPT-4o-mini 모델을 초기화하며, `temperature =0`으로 설정하여 일관된 출력을 얻도록 한다. 출력 파서로는 `StrOutputParser`를 사용하여 LLM 의 출력을 문자열로 처리한다.

프롬프트, LLM, 출력 파서를 연결하여 `context_chain`을 구성하는데, 이 체인은 입력된 뉴스 기사 텍스트를 받아 관련 주제 및 맥락 분석을 생성한다. 체인을 실행할 때 `context_chain. invoke()` 메서드를 호출하여 뉴스 기사 본문을 입력으로 제공하고 결과를 얻는다. 마지막으로 `print()` 함수를 사용하여 생성된 분석 결과를 출력한다.

〈예제 7-11〉 실습 파일명: LC_009_ News_ Summary. ipynb

```
1   # 필요한 LangChain 구성 요소 임포트
2   from langchain_core.prompts import ChatPromptTemplate
3   from langchain_core.output_parsers import StrOutputParser
4   from langchain_openai import ChatOpenAI
5
6   # 프롬프트 템플릿 정의
7   # 뉴스 기사의 주요 주제와 더 넓은 맥락을 분석하도록 지시
8   prompt_template = """다음 뉴스 기사와 관련된 주요 주제와 더 넓은 맥락을 분석하시오.
9   이 기사가 어떤 큰 그림의 일부인지 설명하고, 관련된 다른 주제나 이슈를 제시하시오.
10
11  [뉴스 기사]
12  {text}
13
14  [관련 주제 및 맥락 분석]"""
15
16  # ChatPromptTemplate 객체 생성
17  prompt = ChatPromptTemplate.from_template(prompt_template)
18
19  # OpenAI 모델 초기화
20  llm = ChatOpenAI(temperature=0, model_name="gpt-4o-mini")
21
22  # 체인 구성
23  context_chain = prompt | llm | StrOutputParser()
24
25  # 체인 실행
26  context = context_chain.invoke({"text": article})
27
28  # 결과 출력
29  print(context)
```

이 뉴스 기사는 포항시가 한국 이차전지 산업의 중심지로 부상하고 있다는 내용을 다루고 있습니다. 이ㅇㅇ 포항시장이 국제 기술교류회에서 포항의 이차전지 산업 현황과 미래 비전을 발표하며, 포항이 이 분야에서의 성과와 계획을 강조하고 있습니다. 이 기사는 단순히 지역 경제의 발전을 넘어, 한국의 배터리 산업 전반에 대한 중요한 맥락을 제공합니다.

주요 주제 분석
1. **이차전지 산업의 중요성**: 이차전지 산업은 전 세계적으로 전기차, 에너지 저장 시스템 등 다양한 분야에서 필수적인 요소로 자리 잡고 있습니다. 한국은 이 분야에서 세계적인 경쟁력을 갖추고 있으며, 포항시는 그 중심지로 부상하고 있습니다.

2. **지역 경제 발전**: 포항시는 이차전지 산업을 통해 경제적 성과를 거두고 있으며, 이는 지역 경제의 활성화와 일자리 창출로 이어집니다. GRDP와 수출 지표를 통해 이러한 성과를 구체적으로 보여주고 있습니다.

3. **글로벌 협력과 네트워킹**: 기술교류회와 같은 국제 행사들은 국내외 전문가들이 모여 지식을 공유하고 협력할 수 있는 기회를 제공합니다. 이는 포항이 글로벌 이차전지 연구개발의 중심으로 자리매김하는 데 중요한 역할을 합니다.

4. **인재 양성과 연구 개발**: 포항시는 이차전지 분야의 인재 양성을 위한 지원을 아끼지 않겠다고 밝혔습니다. 이는 지속 가능한 산업 발전을 위한 필수 요소로, 연구소와 대학 간의 협력도 강조되고 있습니다.

더 넓은 맥락
1. **전기차 및 친환경 에너지 전환**: 이차전지 산업의 발전은 전기차의 보급과 밀접한 관련이 있습니다. 전 세계적으로 친환경 에너지로의 전환이 이루어지고 있는 가운데, 이차전지의 수요는 더욱 증가할 것으로 예상됩니다.

2. **국제 경쟁력**: 한국은 중국, 일본 등과 같은 다른 국가들과의 경쟁 속에서 이차전지 산업의 경쟁력을 강화해야 합니다. 포항시의 노력은 이러한 경쟁에서 우위를 점하기 위한 전략의 일환으로 볼 수 있습니다.

3. **지속 가능한 발전**: 이차전지 산업의 발전은 환경 문제와도 연결되어 있습니다. 지속 가능한 배터리 기술 개발과 재활용 시스템 구축은 향후 중요한 이슈가 될 것입니다.

4. **정부 정책과 지원**: 정부의 정책과 지원이 이차전지 산업의 발전에 큰 영향을 미치고 있습니다. 포항시의 국책사업 유치와 같은 노력은 정부와의 협력이 중요한 요소임을 보여줍니다.

관련된 다른 주제나 이슈
- **배터리 재활용 및 지속 가능성**: 이차전지의 사용이 증가함에 따라, 배터리 재활용과 환경적 지속 가능성에 대한 논의가 필요합니다.
- **기술 혁신과 스타트업**: 이차전지 관련 스타트업의 성장과 혁신적인 기술 개발이 산업 발전에 미치는 영향.

- **글로벌 공급망**: 이차전지 원자재의 공급망 안정성과 관련된 이슈, 특히 리튬, 코발트 등의 자원 확보 문제.
- **정책 변화**: 각국의 배터리 산업 관련 정책 변화가 한국의 이차전지 산업에 미치는 영향.

이러한 분석을 통해, 포항시의 이차전지 산업 발전은 단순한 지역 경제의 성장을 넘어, 한국의 산업 경쟁력과 글로벌 환경 문제 해결에 기여할 수 있는 중요한 요소임을 알 수 있습니다.

실행 결과를 보면, 코드가 의도한 대로 뉴스 기사의 주요 주제와 더 넓은 맥락을 상세하게 분석했다. 이 분석은 주요 주제 분석, 더 넓은 맥락, 그리고 관련된 다른 주제나 이슈로 구분되어 있다. 각 섹션에서는 이차전지 산업의 중요성, 지역 경제 발전, 글로벌 협력과 네트워킹, 인재 양성과 연구 개발 등의 주제를 다루고 있으며, 전기차 및 친환경 에너지 전환, 국제 경쟁력, 지속 가능한 발전, 정부 정책과 지원 등의 더 넓은 맥락도 제시하고 있다.

이러한 접근 방식은 복잡한 뉴스 기사의 내용을 깊이 있게 이해하고, 그 의미를 더 넓은 맥락에서 해석하는 데 매우 유용하다. 이는 뉴스 분석, 정책 연구, 시장 동향 파악 등 다양한 분야에서 활용될 수 있으며, 대량의 뉴스 기사를 빠르게 처리하고 핵심 주제와 관련 이슈를 파악하는 데 도움을 줄 수 있다.

1-11 팩트 체크 평가

다음 코드는 LangChain과 LLM 모델을 활용하여 뉴스 기사에서 주요 주장이나 통계를 식별하고, 각각에 대해 추가적인 팩트 체크나 출처 확인이 필요한지 평가하는 과정을 보여주는 예시다.

ChatPromptTemplate을 사용하여 프롬프트를 정의하는데, 이 프롬프트는 뉴스 기사에서 주요 주장이나 통계를 식별하고, 각각에 대해 추가적인 팩트 체크나 출처 확인이 필요한지 평가하도록 지시한다. 결과는 불릿 포인트 형식으로 제시하도록 요청한다.

LLM 설정은 ChatOpenAI 클래스를 사용하여 GPT-4o-mini 모델을 초기화하며, temperature=0으로 설정하여 일관된 출력을 얻도록 한다. 출력 파서로는 StrOutputParser를 사용하여 LLM의 출력을 문자열로 처리한다.

프롬프트, LLM, 출력 파서를 연결하여 factcheck_chain을 구성하는데, 이 체인은 입력된 뉴스 기사 텍스트를 받아 팩트 체크가 필요한 항목을 식별하고 평가한다. 체인을 실행할 때 factcheck_chain.invoke() 메서드를 호출하여 뉴스 기사 본문을 입력으로 제공하고 결과를 얻는다. 마지막으로 print() 함수를 사용하여 생성된 팩트 체크 결과를 출력한다.

```python
1   # 필요한 LangChain 구성 요소 임포트
2   from langchain_core.prompts import ChatPromptTemplate
3   from langchain_core.output_parsers import StrOutputParser
4   from langchain_openai import ChatOpenAI
5
6   # 프롬프트 템플릿 정의
7   # 뉴스 기사에서 주요 주장이나 통계를 식별하고 팩트 체크가 필요한 항목을 평가
8   prompt_template = """
9   다음 뉴스 기사에서 주요 주장이나 통계를 식별하고,
10  각각에 대해 추가적인 팩트 체크나 출처 확인이 필요한지 평가하시오.
11  결과를 불릿 포인트로 제시하시오.
12
13  [뉴스 기사]
14  {text}
15
16  [팩트 체크 필요 항목]
17  - """
18
19  # ChatPromptTemplate 객체 생성
20  prompt = ChatPromptTemplate.from_template(prompt_template)
21
22  # OpenAI 모델 초기화
23  llm = ChatOpenAI(temperature=0, model_name="gpt-4o-mini")
24
25  # 체인 구성
26  factcheck_chain = prompt | llm | StrOutputParser()
27
28  # 체인 실행
29  factcheck = factcheck_chain.invoke({"text": article})
30
31  # 결과 출력
32  print(factcheck)
```

〈실행 결과〉

- **포항시가 한국 이차전지 산업의 새로운 중심지로 떠오르고 있다**
  - 추가 팩트 체크 필요: 포항시의 이차전지 산업 관련 통계나 성과에 대한 구체적인 데이터와 비교 분석이 필요하다. 다른 지역과의 비교를 통해 '중심지'라는 주장의 타당성을 평가할 수 있다.

- **이OO 시장이 지난 10년간 포항이 이차전지 산업을 통해 이룬 경제적 성과를 GRDP와 수출 지표를 들어 소개했다**
  - 추가 팩트 체크 필요: GRDP와 수출 지표의 구체적인 수치와 출처를 확인해야 한다. 이 수치들이 포항의 이차전지 산업에 특화된 것인지, 전체 경제에 대한 것인지 명확히 할 필요가 있다.

- **에코프로 등 대규모 기업 투자와 국책사업 유치로 특화단지와 기업발전특구를 조성했다**
  - 추가 팩트 체크 필요: 에코프로의 투자 규모와 국책사업의 구체적인 내용 및 성과를 확인해야 한다. 이 정보는 포항의 이차전지 산업 발전에 대한 신뢰성을 높이는 데 중요하다.

- **2030년까지 이차전지 메가 클러스터 조성을 목표로 하고 있다**
  - 추가 팩트 체크 필요: 메가 클러스터의 구체적인 계획과 예산, 참여 기업 및 기관에 대한 정보가 필요하다. 이 목표의 실현 가능성을 평가하기 위해서는 구체적인 실행 계획이 필요하다.

- **2027년 준공 예정인 국제 컨벤션센터 포엑스(POEX)**
  - 추가 팩트 체크 필요: POEX의 건설 진행 상황과 예산, 목적 및 기대 효과에 대한 정보가 필요하다. 이 센터가 포항의 이차전지 산업에 미칠 영향에 대한 분석이 필요하다.

- **포스텍과 함께 이차전지 해외공동연구 프로젝트를 추진하고 있다**
  - 추가 팩트 체크 필요: 이 연구 프로젝트의 구체적인 내용, 참여 기관, 연구 목표 및 성과에 대한 정보가 필요하다. 연구의 실질적인 기여도를 평가하기 위해서는 구체적인 데이터가 필요하다.

- **한국을 넘어 글로벌 이차전지 연구개발의 중심으로 자리매김하기 위해 행정력을 집중하겠다**
  - 추가 팩트 체크 필요: 이 목표를 달성하기 위한 구체적인 정책이나 계획이 무엇인지, 그리고 그 실행 가능성에 대한 평가가 필요하다.

실행 결과를 보면, 프롬프트에서 의도한 대로 뉴스 기사의 주요 주장과 통계를 식별하고 각각에 대해 추가적인 팩트 체크나 출처 확인이 필요한 이유를 상세히 설명하고 있다. 이 결과는 뉴스 기사의 여러 주장들에 대해 더 깊이 있는 검증이 필요한 부분을 구체적으로 지적하고 있다.

이러한 접근 방식은 뉴스 기사의 신뢰성을 평가하고, 추가적인 조사가 필요한 부분을 식별하는 데 매우 유용하다. 이는 언론사의 팩트 체크 과정, 연구자들의 자료 검증, 정책 입안자들의 정보 분석 등 다양한 분야에서 활용될 수 있다.

1-12 감성 분석(Sentiment Analysis)

다음 코드는 LangChain과 LLM 모델을 활용하여 뉴스 기사의 감정 톤을 분석하는 과정을 보여주는 예시다. 주요 구성 요소와 과정은 다음과 같다.

먼저, ChatPromptTemplate을 사용하여 뉴스 기사의 전반적인 감정 톤을 분석하도록 지시하는 프롬프트를 정의한다. 이 프롬프트는 감정 톤을 긍정적, 부정적, 중립적 중 하나로 분류하고 그 이유를 설명하도록 요청한다.

ChatOpenAI 클래스를 사용하여 GPT-4o-mini 모델을 초기화하고, temperature=0으로 설정하여 일관된 출력을 얻도록 한다. 프롬프트, LLM, StrOutputParser를 연결하여 sentiment_chain을

구성하는데, 이 체인은 입력된 뉴스 기사 텍스트를 받아 감정 분석 결과를 생성한다.

체인 실행을 위해 sentiment_chain.invoke() 메서드를 호출하고, 뉴스 기사 본문을 입력으로 제공하여 감정 분석 결과를 얻는다. print() 함수를 사용하여 생성된 감정 분석 결과를 출력한다.

〈예제 7-13〉 실습 파일명: LC_009_News_Summary.ipynb

```
1    # 필요한 LangChain 구성 요소 임포트
2    from langchain_core.prompts import ChatPromptTemplate
3    from langchain_core.output_parsers import StrOutputParser
4    from langchain_openai import ChatOpenAI
5
6    # 프롬프트 템플릿 정의
7    # 뉴스 기사의 감정 톤을 분석하도록 지시
8    prompt_template = """
9    다음 뉴스 기사의 전반적인 감정 톤을 분석하시오.
10   긍정적, 부정적, 중립적 중 하나로 분류하고, 그 이유를 간단히 설명하시오.
11
12   [뉴스 기사]
13   {text}
14
15   [감정 분석 결과]"""
16
17   # ChatPromptTemplate 객체 생성
18   prompt = ChatPromptTemplate.from_template(prompt_template)
19
20   # OpenAI 모델 초기화
21   llm = ChatOpenAI(temperature=0, model_name="gpt-4o-mini")
22
23   # 감정 분석을 위한 체인 구성
24   sentiment_chain = prompt | llm | StrOutputParser()
25
26   # 체인 실행
27   sentiment = sentiment_chain.invoke({"text": article})
28
29   # 분석 결과 출력
30   print(sentiment)
```

〈실행 결과〉

이 뉴스 기사의 전반적인 감정 톤은 **긍정적**으로 분류할 수 있습니다.

이유: 기사에서는 포항시가 한국 이차전지 산업의 중심지로 떠오르고 있다는 긍정적인 발전을 강조하고 있습니다. 이OO 시장의 강연 내용과 포항의 경제적 성과, 대규모 기업 투자 및 국책사업 유치 등의 성과가 언급되며, 포항의 미래 비전과 계획이 긍정적으로 제시되고 있습니다. 또한, 국제 기술교류회와 같은 행사들이 포항의 글로벌 네트워크 확대와 연구개발에 기여할 것이라는 기대감이 드러나 있어, 전반적으로 긍정적인 분위기를 형성하고 있습니다.

실행 결과를 보면 뉴스 기사의 감정 톤을 분석하고 그 이유를 설명하고 있다. 이 사례에서는 기사의 톤을 '긍정적'으로 분류하고, 그 이유로 포항시의 이차전지 산업 발전, 경제적 성과, 미래 비전 등이 긍정적으로 제시되고 있음을 들고 있다. 이 방법은 대량의 뉴스 기사를 빠르게 처리하고 전반적인 감정 톤을 파악하는 데 도움을 줄 수 있으며, 더 깊이 있는 내용 분석의 기초 자료로 활용될 수 있다.

> **여기서 잠깐** 감성 분석의 활용
>
> 뉴스 기사에 대한 감정 분석 접근 방식은 다음과 같은 다양한 분야에서 유용하게 활용될 수 있다.
> - **미디어 모니터링** 특정 주제나 기업에 대한 언론 보도의 전반적인 톤을 파악할 수 있다.
> - **브랜드 평판 관리** 기업이나 제품에 대한 공개적인 인식을 모니터링할 수 있다.
> - **시장 분석** 특정 산업이나 정책에 대한 언론의 태도를 분석할 수 있다.
> - **정책 효과 평가** 정부 정책에 대한 언론의 반응을 분석할 수 있다.
> - **트렌드 분석** 시간에 따른 특정 주제에 대한 감정 변화를 추적할 수 있다.

1-13 구조화된 출력 활용

이전 단계에서는 특정 주제에 대해서 개별적으로 분석을 수행하고, 그 분석 결과를 문자열 또는 쉼표로 구분하는 형태로 출력했다. 이번에는 LangChain과 LLM 모델을 활용하여 뉴스 기사를 여러 가지 관점에서 종합적으로 분석하고, 그 결과를 구조화된 형태로 출력하는 과정을 보여준다. 구조화된 출력 방식은 다음과 같은 장점을 제공한다.

- **일관성** 정해진 구조에 따라 항상 동일한 형식의 결과를 얻을 수 있다.
- **데이터 처리 용이성** 구조화된 데이터는 추후 분석이나 데이터베이스 저장 등에 용이하다.
- **종합적 분석** 하나의 프로세스로 다양한 측면의 분석을 수행할 수 있다.
- **확장성** 필요에 따라 새로운 분석 항목을 쉽게 추가할 수 있다.

코드는 다음과 같이 구성된다.

❶ Pydantic 데이터 모델 정의 `NewsAnalysis` 클래스를 정의하여 분석 결과의 구조를 지정한다. 이 모델은 요약, 키워드, 언급된 기관명, 감정 톤, 주요 인물 등의 필드를 포함한다.

❷ LLM 설정 `ChatOpenAI` 클래스를 사용하여 GPT-4o-mini 모델을 초기화한다. `with_structured_output` 메서드를 사용하여 LLM이 `NewsAnalysis` 구조에 맞는 출력을 생성하도록 설정한다.

❸ 프롬프트 템플릿 정의 `ChatPromptTemplate`을 사용하여 뉴스 기사 분석을 위한 통합 프롬프트를 정의한다.

❹ **체인 구성** 프롬프트와 구조화된 출력을 생성하는 LLM을 연결하여 analysis_chain을 구성한다.

❺ **체인 실행** analysis_chain.invoke() 메서드를 호출하여 뉴스 기사 본문을 입력으로 제공하고 구조화된 분석 결과를 얻는다.

❻ **결과 출력** print() 함수를 사용하여 생성된 구조화된 분석 결과를 출력한다.

〈예제 7-14〉 실습 파일명: LC_009_News_Summary.ipynb

```python
1   from pydantic import BaseModel, Field
2   from typing import List
3   from langchain_core.prompts import ChatPromptTemplate
4   from langchain_openai import ChatOpenAI
5   from langchain_core.output_parsers import PydanticOutputParser
6
7   # Pydantic 데이터 모델
8   class NewsAnalysis(BaseModel):
9       summary: List[str] = Field(description="뉴스 기사의 주요 요점 (3-5개의 불릿 포인트)")
10      keywords: List[str] = Field(description="핵심 키워드 (3-5개)")
11      organizations: List[str] = Field(description="언급된 기관명 목록")
12      sentiment: str = Field(description="기사의 전반적인 감정 톤 (긍정적/부정적/중립적)")
13      main_people: List[str] = Field(description="주요 인물 목록")
14
15  # LLM 설정
16  llm = ChatOpenAI(temperature=0, model_name="gpt-4o-mini")
17
18  # 구조화 출력 설정
19  news_analysis_llm = llm.with_structured_output(NewsAnalysis)
20
21  # 통합 프롬프트 템플릿
22  prompt_template = """다음 뉴스 기사를 분석하여 요청된 정보를 제공하시오.
23
24  [뉴스 기사]
25  {text}
26
27  분석 결과:"""
28
29  prompt = ChatPromptTemplate.from_template(prompt_template)
30
31  # 체인 구성
32  analysis_chain = prompt | news_analysis_llm
33
34  # 체인 실행
35  news_analysis = analysis_chain.invoke({"text": article})
36
37  # 결과 출력
38  print(news_analysis)
```

summary=['포항시가 한국 이차전지 산업의 새로운 중심지로 부상하고 있다.', '이○○ 포항시장이 국제 기술교류회에서 포항의 배터리 산업 성과와 미래 비전을 발표했다.', '2030년까지 이차전지 메가 클러스터 조성을 목표로 하고 있다.', '포항시는 국제 컨벤션센터 포엑스(POEX)를 통해 글로벌 네트워크 확대를 계획하고 있다.', '이차전지 인재 양성을 위한 지원을 아끼지 않겠다고 강조했다.'] keywords=['포항시', '이차전지', '기술교류회', '메가 클러스터', '글로벌 네트워크'] organizations=['한국과학기술총연합회', '포스텍', '정부출연 연구기관'] sentiment='긍정적' main_people=['이OO 포항시장']

실행 결과를 보면, 코드가 의도한 대로 뉴스 기사를 다각도로 분석하여 구조화된 형태로 결과를 제시하고 있다. 이 결과는 NewsAnalysis 모델의 각 필드에 해당하는 정보를 포함하고 있다.

- summary 뉴스 기사의 주요 요점을 5개의 불릿 포인트로 제시
- keywords 핵심 키워드 5개 제시
- organizations 언급된 기관명 목록
- sentiment 기사의 전반적인 감정 톤(여기서는 '긍정적')
- main_people 주요 인물 목록(이○○ 포항시장)

다음 코드는 앞에서 구조화된 출력으로 생성된 NewsAnalysis 객체의 각 필드를 개별적으로 출력하는 과정을 보여준다. pprint(pretty print) 함수를 사용하여 각 필드의 내용을 더 명확하고 읽기 쉽게 출력하고 있다. 실행 결과를 통해 다음과 같은 정보를 얻을 수 있다.

- summary 뉴스 기사의 주요 요점 5개가 리스트 형태로 제시되어 있다. 각 요점은 포항시의 이차전지 산업 발전, 시장의 발표, 미래 계획 등을 간결하게 요약하고 있다.
- keywords 기사의 핵심 키워드 5개가 리스트로 제시되어 있다. 이는 기사의 주요 주제와 관심사를 빠르게 파악할 수 있게 해준다.
- organizations 기사에서 언급된 주요 기관들의 목록이다. 이를 통해 어떤 조직들이 이 뉴스와 관련이 있는지 알 수 있다.
- sentiment 기사의 전반적인 감정 톤을 나타낸다. 여기서는 '긍정적'으로 분석되었다.
- main_people 기사에서 중요하게 다뤄진 인물의 목록이다. 이 경우 이OO 포항시장이 주요 인물로 식별되었다.

〈예제 7-15〉 실습 파일명: LC_009_News_Summary.ipynb

```
1  print("summary:")
2  pprint(news_analysis.summary)
3  print("keywords:")
4  pprint(news_analysis.keywords)
5  print("organizations:")
6  pprint(news_analysis.organizations)
7  print("sentiment:")
8  pprint(news_analysis.sentiment)
```

```
 9   print("main_people:")
10   pprint(news_analysis.main_people)
```

summary:
['포항시가 한국 이차전지 산업의 새로운 중심지로 부상하고 있다.',
 '이OO 포항시장이 국제 기술교류회에서 포항의 배터리 산업 성과와 미래 비전을 발표했다.',
 '2030년까지 이차전지 메가 클러스터 조성을 목표로 하고 있다.',
 '포항시는 국제 컨벤션센터 포엑스(POEX)를 통해 글로벌 네트워크 확대를 계획하고 있다.',
 '이차전지 인재 양성을 위한 지원을 아끼지 않겠다고 강조했다.']
keywords:
['포항시', '이차전지', '기술교류회', '메가 클러스터', '글로벌 네트워크']
organizations:
['한국과학기술총연합회', '포스텍', '정부출연 연구기관']
sentiment:
'긍정적'
main_people:
['이OO 포항시장']

1-14 여러 뉴스 기사를 수집하여 데이터 처리

다음 코드는 이전 단계에서 정리한 여러 도구들을 결합하여 웹 스크래핑과 데이터 처리를 일괄적으로 수행하기 위한 파이썬 스크립트다. LangChain 라이브러리를 활용하여 웹 페이지의 내용을 로드하고, 뉴스 기사의 본문을 추출하는 과정을 반복적으로 처리한다.

먼저, 필요한 라이브러리들을 임포트한다. pandas는 데이터 처리에 사용되고, WebBaseLoader는 LangChain에서 제공하는 웹 페이지 로더다. tqdm은 진행 상황을 시각화하기 위해 사용된다. scrape_and_combine 함수는 검색 결과 리스트를 입력받아 각 결과에 대해 웹 스크래핑을 수행한다. 이 함수는 각 URL에 접근하여 웹 페이지의 내용을 로드하고, 미리 정의된 article_chain을 사용하여 뉴스 본문을 추출한다. 추출된 정보는 딕셔너리 형태로 저장되며, 이 과정에서 발생할 수 있는 오류를 처리한다.

웹사이트에 과도한 부하를 주지 않기 위해 각 요청 사이에 1초의 지연 시간을 둔다. 이는 웹 스크래핑 시 중요한 에티켓이므로 적정한 시간 간격을 입력한다.

스크립트의 마지막 부분에서는 scrape_and_combine 함수를 호출하여 실제로 데이터를 수집한다. 이때 처리할 뉴스 기사의 수를 3개로 제한하여 테스트나 예시 목적으로 사용할 수 있게 한다. 수집된 데이터는 판다스 DataFrame으로 변환되어 구조화된 형태로 저장된다. 마지막으로, 생성된 DataFrame의 크기와 내용을 간단히 출력하여 결과를 확인할 수 있게 한다.

```python
1    import pandas as pd
2    from langchain.document_loaders import WebBaseLoader
3    from tqdm import tqdm
4    import time
5
6    def scrape_and_combine(results):
7      new_results = []
8      for result in tqdm(results):
9        try:
10         url = result['link']
11         # WebBaseLoader를 사용하여 웹 페이지 내용 로드
12         loader = WebBaseLoader(url)
13         docs = loader.load()
14         text = docs[0].page_content
15         # 뉴스 본문을 추출 (article_chain은 별도로 정의되어야 함)
16         article = article_chain.invoke({"text": text})
17
18         # 결과를 딕셔너리 형태로 저장
19         new_result = {
20           'title': result.get('title', ''),
21           'link': url,
22           'snippet': result.get('snippet', ''),
23           'source': result.get('source', ''),
24           'date': result.get('date', ''),
25           'content': article
26         }
27         new_results.append(new_result)
28       except Exception as e:
29         print(f"Error processing {url}: {str(e)}")
30
31       # 웹사이트에 부담을 주지 않기 위한 지연
32       time.sleep(1)
33
34     return new_results
35
36   # SerpAPI 결과를 사용하여 스크래핑 및 결과 결합 - 3개의 뉴스만 처리
37   combined_results = scrape_and_combine(results[:3])
38
39   # pandas DataFrame 생성
40   df = pd.DataFrame(combined_results)
41
42   # 결과 확인
43   print("DataFrame 행 수:", len(df))
44   print("\nDataFrame 미리보기:")
45   print(df.head())
```

100%|　　　| 3/3 [00:25<00:00, 8.43s/it]
DataFrame 행 수: 3

DataFrame 미리보기:
  title \
0 이OO 포항시장, 이차전지 산업 허브로 부상 특별강연
1 이OO 포항시장 "글로벌 이차전지 R&D 중심 도약"
2 과천시, LG에너지솔루션과 이차전지 산업 상생발전 협약 체결

  link snippet \
0 https://www.getnews.co.kr/news/articleView.htm...
1 https://news.dealsitetv.com/news/articleView.h...
2 https://www.joongboo.com/news/articleView.html...

  source \
0 {'name': '글로벌경제신문', 'icon': 'https://lh3.googl...
1 {'name': 'DealSite경제TV', 'icon': 'https://encr...
2 {'name': '중부일보', 'icon': 'https://encrypted-tb...

  date \
0 10/18/2024, 10:04 AM, +0000 UTC
1 10/19/2024, 12:45 AM, +0000 UTC
2 10/18/2024, 05:15 AM, +0000 UTC

  content
0 이OO 포항시장이 18일 인천 그랜드쉐라톤 호텔에서 열린 브레인 링크 기술교류회에서...
1 이OO 포항시장이 '2024 브레인 링크(Brain Link) 기술교류회'에 참석한...
2 과천시는 지난 17일 시청 상황실에서 LG에너지솔루션과 상생발전을 위한 상호 협력...

NOTE

예제에서 정의한 스크립트는 웹 스크래핑, 데이터 추출, 그리고 구조화된 데이터 저장의 전체 과정을 담고 있다. 따라서 뉴스 기사 수집과 분석을 자동화하는 데 유용하게 사용될 수 있다. 다만, 실제 사용 시에는 웹 사이트의 이용 약관을 준수하고, 필요한 경우 적절한 권한을 얻어야 한다는 점을 주의해야 한다.

이번에는 앞의 실행 결과 중에서 'source' 열의 데이터로부터 'icon'과 'name'을 분리하여 별도의 열로 추가하는 작업을 수행하는 과정을 처리한다. 이를 위해 판다스의 기능을 활용한다.
먼저, 'source' 열의 내용이 문자열 형태의 JSON이기 때문에 이를 파이썬 딕셔너리로 변환한다. 이 작업은 json.loads() 함수를 사용하여 수행된다. 변환된 딕셔너리는 임시로 'source_dict'라는 새로운 열에 저장된다.

다음으로 'source_dict' 열에서 'icon'과 'name' 값을 추출하여 각각 'source_icon'과 'source_name'이라는 새로운 열에 저장한다. 이 과정에서 apply( ) 메소드와 람다 함수를 사용하여 각 행에 대해 추출 작업을 수행한다. 추출 작업이 완료된 후에는 임시로 사용된 'source_dict' 열을 삭제하여 데이터프레임을 정리한다.

마지막으로, 결과를 확인하기 위해 데이터프레임의 행의 갯수와 열 이름을 출력하고, 'title', 'source_icon', 'source_name' 열의 내용을 미리보기 형태로 출력한다.

〈예제 7-17〉 실습 파일명: LC_009_News_Summary.ipynb

```
1   import json
2
3   # source 열에서 icon과 name 추출
4   df['source_dict'] = df['source'].apply(lambda x: json.loads(x) if isinstance(x,
    str) else x)
5   df['source_icon'] = df['source_dict'].apply(lambda x: x.get('icon') if isin-
    stance(x, dict) else None)
6   df['source_name'] = df['source_dict'].apply(lambda x: x.get('name') if isin-
    stance(x, dict) else None)
7
8   # 임시 열 삭제
9   df = df.drop('source_dict', axis=1)
10
11  # 결과 확인
12  print("DataFrame 행 수:", len(df))
13  print("\nDataFrame 열:", df.columns)
14  print("\nDataFrame 미리보기:")
15  print(df[['title', 'source_icon', 'source_name']].head())
```

〈실행 결과〉

```
DataFrame 행 수: 3

DataFrame 열: Index(['title', 'link', 'snippet', 'source', 'date', 'content', 'source_icon',
    'source_name'],
   dtype='object')

DataFrame 미리보기:
   title \
0  이OO 포항시장, 이차전지 산업 허브로 부상 특별강연
1  이OO 포항시장 "글로벌 이차전지 R&D 중심 도약"
2  과천시, LG에너지솔루션과 이차전지 산업 상생발전 협약 체결

   source_icon  source_name
0  https://lh3.googleusercontent.com/xHMaVGij8CwJ...  글로벌경제신문
1  https://encrypted-tbn2.gstatic.com/faviconV2?u...  DealSite경제TV
2  https://encrypted-tbn3.gstatic.com/faviconV2?u...  중부일보
```

이러한 방식으로 데이터를 처리하면 'source' 정보를 더 세분화하여 분석할 수 있다. 예를 들어, 특정 언론사의 뉴스만 필터링할 수 있다.

이번에는 앞에서 정리한 데이터프레임 구조의 데이터를 CSV(Comma-Separated Values) 파일 형식으로 저장한다. 이를 통해 데이터를 지속적으로 보관하고, 다른 프로그램에서 쉽게 불러올 수 있게 할 수 있다.

'to_csv()' 메소드는 데이터프레임을 CSV 파일로 변환하는 판다스의 기능이다. 이 메소드에는 몇 가지 중요한 매개변수가 사용되었다.

- **파일명** news_articles.csv로 지정되어 현재 작업 디렉토리에 이 이름으로 파일이 저장된다.
- **index=False** 이 옵션은 DataFrame의 인덱스를 CSV 파일에 포함시키지 않도록 한다. 보통 인덱스가 의미 있는 데이터가 아닌 경우 이렇게 설정한다.
- **encoding='utf-8-sig'** 이 인코딩 옵션은 유니코드 문자(한글 등)를 올바르게 저장하기 위해 사용된다. 'utf-8-sig'는 UTF-8 인코딩에 BOM(Byte Order Mark)을 추가하여 Microsoft Excel 등의 프로그램에서 한글이 깨지지 않고 제대로 표시되도록 한다.

〈예제 7-18〉 실습 파일명: LC_009_News_Summary.ipynb

```
1    # CSV 파일로 저장
2    df.to_csv('news_articles.csv', index=False, encoding='utf-8-sig')
3    print("\nCSV 파일로 저장됨: news_articles.csv")
```

〈실행 결과〉

CSV 파일로 저장됨: news_articles.csv

1-15 워드 클라우드(Word Cloud) 시각화

다음 코드는 한국어 텍스트로 구성된 뉴스 기사 내용을 분석하여 워드 클라우드를 생성하는 과정을 다룬다. 먼저, 운영체제에 따라 적절한 한글 폰트 경로를 설정한다. 윈도우에서는 맑은 고딕, macOS에서는 Apple SD Gothic Neo, 리눅스에서는 나눔고딕 폰트를 사용한다. 폰트 파일의 존재 여부를 확인하고, matplotlib의 폰트 설정을 변경하여 한글이 올바르게 표시되도록 한다.

텍스트 전처리 단계에서는 Kiwi라는 한국어 형태소 분석기를 사용한다. 이 분석기를 통해 텍스트에서 명사만을 추출하여 전처리된 텍스트를 생성한다. 불용어 목록을 정의하여 분석에 불필요한 일반적인 조사나 접속사 등을 제거한다. 이렇게 전처리된 텍스트를 바탕으로 단어의 빈도를 계산한다.

워드 클라우드 생성 단계에서는 앞서 계산된 단어 빈도를 바탕으로 WordCloud 객체를 생성한다. 이때 한글 폰트 경로, 이미지 크기, 배경색, 최대 폰트 크기 등을 지정한다. 생성된 워드 클라우드 는 matplotlib을 사용하여 시각화된다. 최종적으로 '뉴스 기사 내용 워드 클라우드'라는 제목을 가 진 이미지가 표시된다.

결과물로 생성되는 워드 클라우드는 뉴스 기사 내용에서 자주 등장하는 주요 키워드들을 시각적으 로 표현하여, 기사의 전반적인 주제나 경향을 한눈에 파악할 수 있게 해준다.

<예제 7-19> 실습 파일명: LC_009_News_Summary.ipynb

```
1   import os
2   import platform
3   import matplotlib.pyplot as plt
4   import matplotlib.font_manager as fm
5   from wordcloud import WordCloud
6   from collections import Counter
7   from kiwipiepy import Kiwi
8
9   # 운영체제별 폰트 경로 설정
10  system = platform.system()
11
12  # 윈도우의 맑은 고딕 폰트
13  if system == 'Windows':
14      font_path = 'C:/Windows/Fonts/malgun.ttf'
15
16  # macOS의 Apple SD Gothic Neo 폰트
17  elif system == 'Darwin':
18      font_path = '/System/Library/Fonts/AppleSDGothicNeo.ttc'
19
20  # Linux의 경우(우분투 기준)
21  else:
22      font_path = '/usr/share/fonts/truetype/nanum/NanumGothic.ttf'
23
24  # 폰트 파일 존재 여부 확인
25  if not os.path.exists(font_path):
26      raise FileNotFoundError(f"폰트 파일을 찾을 수 없습니다: {font_path}")
27
28  # matplotlib 폰트 설정
29  font_name = fm.FontProperties(fname=font_path).get_name()
30  plt.rc('font', family=font_name)
31
32  # Kiwi 토크나이저 초기화
33  kiwi = Kiwi()
34
35  # 한국어 텍스트 전처리 함수z(명사만 추출)
36  def preprocess_text(text):
37      tokens = kiwi.analyze(text)[0][0]
38      return ' '.join([token.form for token in tokens if token.tag.startswith('N')])
```

```
39
40   # 불용어 정의
41   stopwords = set(['을', '를', '이', '가', '은', '는', '한', '것', '있', '없', '등'])
42
43   # 텍스트 전처리
44   preprocessed_text = ' '.join(df['content'].apply(preprocess_text))
45
46   # 단어 빈도 계산
47   words = preprocessed_text.split()
48   word_count = Counter(words)
49
50   # 불용어 제거
51   for stopword in stopwords:
52     word_count.pop(stopword, None)
53
54   # 워드 클라우드 생성
55   wordcloud = WordCloud(
56     font_path=font_path,
57     width=800,
58     height=400,
59     background_color='white',
60     max_font_size=100
61   ).generate_from_frequencies(word_count)
62
63   # 워드 클라우드 표시
64   plt.figure(figsize=(10, 5))
65   plt.imshow(wordcloud, interpolation='bilinear')
66   plt.axis('off')
67   plt.title('뉴스 기사 내용 워드 클라우드')
68   plt.show()
```

＜실행 결과＞

세부적인 코드의 구조와 기능은 다음과 같다.

1~7···· 필요한 라이브러리들을 임포트한다. OS 관련 작업, 플랫폼 확인, 그래프 생성, 폰트 관리, 워드 클라우드 생성, 단어 빈도 계산, 그리고 한국어 형태소 분석을 위한 라이브러리들이다.

10····· 현재 실행 중인 운영체제를 확인한다.

13~22·· 운영체제별로 적절한 한글 폰트 경로를 설정한다. 윈도우는 맑은 고딕, macOS는 Apple SD Gothic Neo, 리눅스는 나눔고딕 폰트를 사용한다.

25~26·· 지정된 폰트 파일이 실제로 존재하는지 확인한다. 없으면 FileNotFoundError를 발생시킨다.

29~30·· matplotlib의 폰트 설정을 변경하여 한글이 올바르게 표시되도록 한다.

33····· Kiwi 한국어 형태소 분석기를 초기화한다.

36~38·· 한국어 텍스트를 전처리하는 함수를 정의한다. 이 함수는 Kiwi를 사용하여 텍스트에서 명사만 추출한다.

41····· 불용어 목록을 정의한다. 이는 분석에서 제외할 일반적인 조사나 접속사 등이다.

44····· 데이터프레임의 'content' 열에 전처리 함수를 적용하여 텍스트를 전처리한다.

47~48·· 전처리된 텍스트에서 단어 빈도를 계산한다.

51~52·· 불용어를 단어 빈도 목록에서 제거한다.

55~61·· WordCloud 객체를 생성한다. 한글 폰트 경로, 이미지 크기, 배경색, 최대 폰트 크기 등을 지정한다.

64~68·· matplotlib를 사용하여 워드 클라우드를 시각화한다. 이미지 크기를 설정하고, 워드 클라우드를 표시하며, 축을 제거하고 제목을 추가한다.

Kiwi는 한국어 자연어 처리를 위한 강력하고 효율적인 형태소 분석기다. 이 도구는 한국어의 복잡한 문법 구조와 다양한 어미 변화를 정확하게 분석할 수 있도록 설계되었다. Kiwi는 빠른 처리 속도와 높은 정확도를 자랑하며, 대규모 텍스트 데이터 처리에도 적합하다.

Kiwi의 주요 특징 중 하나는 품사 태깅 기능이다. 이 기능을 통해 문장 내 각 단어의 품사를 식별할 수 있어, 텍스트의 구조적 분석이 가능하다. 예를 들어, 명사, 동사, 형용사 등을 구분하여 추출할 수 있다. 이는 텍스트 마이닝, 감성 분석, 키워드 추출 등 다양한 자연어 처리 작업에 필수적인 요소이다.

또한, Kiwi는 사용자 사전 기능을 제공한다. 이를 통해 특정 도메인의 전문 용어나 신조어 등을 분석기에 추가할 수 있어, 분석의 정확도를 높일 수 있다. 이는 특히 특정 분야의 텍스트를 다룰 때 매우 유용하다.

Kiwi는 파이썬 환경에서 쉽게 사용할 수 있도록 설계되었다. kiwipiepy 라이브러리를 통해 간단히 설치하고 사용할 수 있어, 개발자들이 빠르게 프로젝트에 통합할 수 있다. 또한, 다양한 옵션과 설정을 통해 사용자의 필요에 맞게 분석 결과를 조정할 수 있는 유연성을 제공한다.

Kiwi의 또 다른 강점은 지속적인 업데이트와 개선이다. 개발팀은 새로운 언어 현상과 사용자 피드백을 반영하여 지속적으로 성능을 향상시키고 있다. 이는 Kiwi가 현대 한국어의 변화와 트렌드를 잘 반영할 수 있게 해준다.

002 Ollama 활용 오픈 소스 로컬 RAG 구현

Ollama를 활용한 오픈 소스 로컬 RAG(Retrieval-Augmented Generation) 시스템을 구축하는 프로젝트를 처리하고자 한다. 이를 위해 에너지경제연구원의 글로벌 EV 시장 동향 및 전망(IEA) 보고서(글로벌 EV 시장 동향 및 전망(IEA) 에너지경제연구원 2024.07.15)[21]를 활용하여 이 문서를 기반으로 질의응답(QA) 시스템을 구현하는 과정을 살펴본다.

[그림 7-5] 글로벌 EV 시장 동향 및 전망(IEA, KDI 경제정보센터)

Ollama는 로컬 환경에서 다양한 오픈 소스 대규모 언어 모델을 쉽게 실행할 수 있게 해주는 도구다. 이를 통해 우리는 개인정보 보호나 데이터 보안 문제 없이, 로컬 환경에서 강력한 AI 모델을 활용할 수 있다.

웹 URL을 통해서 글로벌 EV 시장 동향 및 전망(IEA) 보고서를 다운로드하고, 이 문서를 기반으로 RAG 시스템을 구축할 것이다. 이와 같이 RAG 시스템을 구성하면 사용자의 질문에 대해 보고서의 내용을 참조하여 정확하고 관련성 높은 답변을 제공할 수 있다는 장점이 있다.

---

21 출처: https://eiec.kdi.re.kr/policy/domesticView.do?ac=0000186196&pg=&pp=&search_txt=&issus=&type=&depth1=

2-1 PDF 문서 로드 및 처리

먼저 RAG를 수행할 지식베이스로 에너지경제연구원의 '글로벌 EV 시장 동향 및 전망'에 대한 보고서를 다운로드하고 처리한다. PyPDFLoader는 LangChain 라이브러리에서 제공하는 도구로, PDF 파일을 페이지 단위로 분할하여 처리한다. 각 페이지는 개별적인 문서 객체로 변환되며, 이 객체들은 텍스트 내용뿐만 아니라 메타데이터(예: 페이지 번호)도 포함한다.

loader.load() 메서드는 지정된 URL에서 PDF 파일을 다운로드하고, 이를 페이지별로 처리하여 문서 객체 리스트를 반환한다. len(docs)는 이 리스트의 길이를 반환하므로, 실질적으로 PDF 문서의 총 페이지 수를 나타낸다. 총 9페이지 문서로 확인된다.

〈예제 7-20〉 실습 파일명: LC_010_Ollama_Local_RAG.ipynb

```
1   # LangChain 라이브러리에서 PDF 로더 임포트
2   from langchain_community.document_loaders import PyPDFLoader
3
4   # PDF 파일의 URL을 지정하여 PyPDFLoader 객체 생성
5   loader = PyPDFLoader("https://www.keei.re.kr/boardDownload.
    es?bid=0014&list_no=123083&seq=1")
6
7   # PDF 파일을 로드하고 처리
8   docs = loader.load()
9
10  # 처리된 문서의 페이지 수 출력
11  len(docs)
```

〈실행 결과〉

```
9
```

다음 코드는 앞서 PyPDFLoader를 사용하여 로드한 PDF 문서의 첫 번째 페이지 내용을 보여준다. docs 변수는 PyPDFLoader의 load() 메서드를 통해 생성된 Document 객체들의 리스트이고, PDF의 각 페이지가 하나의 Document 객체로 변환되어 이 리스트에 저장된다.

리스트의 첫 번째 요소인 docs[0]은 PDF의 첫 페이지에 해당하는 Document 객체를 가리킨다. 이 객체는 두 가지 주요 속성을 갖는다.

- **metadata** 문서의 메타데이터를 포함하는 딕셔너리고, 문서의 출처(source)와 페이지 번호 (page)가 포함된다.
- **page_content** 실제 페이지의 텍스트 내용을 문자열로 포함하다.

〈예제 7-21〉 실습 파일명: LC_010_Ollama_Local_RAG.ipynb

```
1   # 첫 번째 문서 객체
2   docs[0]
```

```
Document(metadata={'source': 'https://www.keei.re.kr/boardDownload.
es?bid=0014&list_no=123083&seq=1', 'page': 0}, page_content='  세계 에너지시장 인사이트
제24-13 호 2024.7.1.  1글로벌 EV 시장 동향 및 전망(IEA)1)\n재생에너지정책연구실 장연재 부연구위
원 (yjchang@keei.re.kr)  \n▶2023년 전기차 판매량은 전년 대비 35% 증가한 약 1,400 만 대에 달
해, 전 세계 전기차 보유량이 2018년 \n대비 6배 이상 증가한 약 4,000 만 대에 이름.\n▶전기차 충전 인
프라는 인구 밀집 지역을 제외하면 가정용 충전이 일반적이며, 공용 충전설비 설치가 40% \n이상 증가하
고 급속 충전시설은 55% 성장한 것으로 나타남.\n▶2023년 약 4,500 만 대였던 전기차 보유량은 2035
년 5억 대를 초과할 전망이며, 전 세계 주요 지역의 \n전기차 판매 비중이 확대되어 2030년 40-60%,
2035년 50-90% 차지 예상\n▶2030년까지 전 세계 공용 충전기 숫자는 약 1,500 만 개로 증가할 것으
로 예상되며, 가정용 충전기는 \n2023년 2,700 만 기에서 2035년에 2억 7천만 기를 넘어설 것으로 전망
됨.\n1.세계 전기차 시장 현황\n■전기차 판매 비중 증가\ni2023년 세계 전기차 판매량은 약 1,400 만
대로서 전년 대비 35% 증가하였으며, \n운행 중인 전기차는 2018년 대비 6배 이상 늘어난 4,000 만 대
에 이름.\n-전기차는 2023년에 전 세계 자동차 판매의 약 18%를 차지했으며, 이는 2022년의 \n14%와
2018년의 2%에 비해 크게 증가한 수치임.\ni2023년 전기차의 자동차 판매 점유율을 지역별로 보면 중국
60%, 유럽 25%, \n미국 10% 순으로 나타남. \n-중국은 810만 대의 신규 전기차가 등록되었고, 이는
전년 대비 35% 증가한 \n수치임.\n 중국의 내연기관차 시장은 8% 축소되었으나, 전기차 판매 증가로
전체 자동차 \n시장은 5% 성장함. \n 2023년에 세계 자동차 수출국 중 중국이 1위를 차지했으며, 400
만 대 이상의 \n자동차 수출 중에서 120만 대가 전기차로, 전기차 수출량이 80% 증가\n-유럽은 독일, 프
랑스, 영국이 전기차 시장의 성장을 주도했으며, 2023년 기준 \n320만 대의 신규 전기차 등록으로 2022
년 대비 20% 증가\n-미국은 140만 대의 전기차가 신규 등록되어 전년 대비 40% 증가하였으며, 인플\n
레이션 감축법 (IRA)에 따른 세액 공제 제도와 주요 모델의 가격 인하가 성장세를 \n촉진한 것으로 파악
됨.\n1) 본고는 IEA의 "Global EV Outlook 2024" 보고서를 요약 정리한 것임. "2023 년 글로벌 \n전
기차 판매량은 \n35% 급증한 \n1,400 만 대를 \n기록했으며, 중국, \n유럽, 미국이 \n성장을 주도")
```

다음 코드는 첫 번째 문서 객체의 **page_content** 속성만을 출력하는 명령이다. **page_content**는 해당 페이지의 실제 텍스트 내용을 담고 있다. 메타데이터는 제외되고 오직 페이지의 텍스트만 볼 수 있다.

```
1    # 첫 번째 문서 객체 - page_content 속성
2    docs[0].page_content
```

' 세계 에너지시장 인사이트 제24-13 호 2024.7.1. 1글로벌 EV 시장 동향 및 전망(IEA)1)\n재생에너지정책연구실 장연재 부연구위원 (yjchang@keei.re.kr) \n▶2023년 전기차 판매량은 전년 대비 35% 증가한 약 1,400 만 대에 달해, 전 세계 전기차 보유량이 2018년 \n대비 6배 이상 증가한 약 4,000 만 대에 이름.\n▶전기차 충전 인프라는 인구 밀집 지역을 제외하면 가정용 충전이 일반적이며, 공용 충전설비 설치가 40% \n이상 증가하고 급속 충전시설은 55% 성장한 것으로 나타남.\n▶2023년 약 4,500 만 대였던 전기차 보유량은 2035년 5억 대를 초과할 전망이며, 전 세계 주요 지역의 \n전기차 판매 비중이 확대되어 2030년 40-60%, 2035년 50-90% 차지 예상\n▶2030년까지 전 세계 공용 충전기 숫자는

약 1,500 만 개로 증가할 것으로 예상되며, 가정용 충전기는 \n2023년 2,700 만 기에서 2035년에 2억 7천만 기를 넘어설 것으로 전망됨.\n1.세계 전기차 시장 현황\n■전기차 판매 비중 증가\ni2023년 세계 전기차 판매량은 약 1,400 만 대로서 전년 대비 35% 증가하였으며, \n운행 중인 전기차는 2018년 대비 6배 이상 늘어난 4,000 만 대에 이름.\n-전기차는 2023년에 전 세계 자동차 판매의 약 18%를 차지했으며, 이는 2022의 \n14%와 2018년의 2%에 비해 크게 증가한 수치임.\ni2023년 전기차의 자동차 판매 점유율을 지역별로 보면 중국 60%, 유럽 25%, \n미국 10% 순으로 나타남. \n-중국은 810만 대의 신규 전기차가 등록되었고, 이는 전년 대비 35% 증가한 \n수치임.\n 중국의 내연기관차 시장은 8% 축소되었으나, 전기차 판매 증가로 전체 자동차 \n시장은 5% 성장함. \n 2023년에 세계 자동차 수출국 중 중국이 1위를 차지했으며, 400만 대 이상의 \n자동차 수출 중에서 120만 대가 전기차로, 전기차 수출량이 80% 증가\n-유럽은 독일, 프랑스, 영국이 전기차 시장의 성장을 주도했으며, 2023년 기준 \n320만 대의 신규 전기차 등록으로 2022년 대비 20% 증가\n-미국은 140만 대의 전기차가 신규 등록되어 전년 대비 40% 증가하였으며, 인플\n레이션 감축법 (IRA)에 따른 세액 공제 제도와 주요 모델의 가격 인하가 성장세를 \n촉진한 것으로 파악됨.\n1) 본고는 IEA의 "Global EV Outlook 2024" 보고서를 요약 정리한 것임. "2023 년 글로벌 \n전기차 판매량은 \n35% 급증한 \n1,400 만 대를 \n기록했으며, 중국, \n유럽, 미국이 \n성장을 주도"

다음 코드는 첫 번째 문서 객체의 **metadata** 속성을 출력하는 명령이다. 해당 페이지의 메타데이터 정보를 담고 있다. 일반적으로 이 메타데이터에는 다음과 같은 정보가 포함된다.

- **source** PDF 파일의 출처 또는 경로
- **page** 해당 페이지의 번호

〈예제 7-23〉 실습 파일명: LC_ 010_ Ollama_ Local_ RAG. ipynb

```
1    # 첫 번째 문서 객체 - metadata 속성
2    docs[0].metadata
```

〈실행 결과〉

```
{'source': 'https://www.keei.re.kr/boardDownload.es?bid=0014&list_
no=123083&seq=1',
 'page': 0}
```

2-2 Ollama 임베딩 모델의 활용

이번 예제에서는 Ollama에서 제공하는 임베딩 모델을 적용해 본다. 임베딩은 텍스트를 고차원의 벡터 공간으로 변환하는 기술로, 자연어 처리 작업에서 중요한 역할을 한다. LangChain 라이브러리를 사용하여 Ollama를 통해 두 가지 다른 임베딩 모델을 적용하고, 각 모델의 한국어 성능을 비교하는 과정을 살펴본다. 이 방식은 Ollama를 통해 모델을 로컬에서 실행함으로써, 인터넷 연결 없이도 모델을 사용할 수 있으며 데이터 프라이버시를 보장할 수 있다는 장점이 있다.

먼저, Ollama에서 각 임베딩 모델을 다운로드해야 한다. 이는 터미널에서 다음 명령어를 실행하여 수행할 수 있다. LLM 모델을 다운로드하는 과정과 동일하다.

❶ Nomic 임베딩 모델 다운로드

```
ollama pull nomic-embed-text
```

❷ BGE 임베딩 모델 다운로드

```
ollama pull bge-m3
```

이 명령어들은 각각 'nomic-embed-text'와 'bge-m3' 모델을 Ollama를 통해 로컬 시스템에 다운로드한다. 다운로드가 완료되면 모델을 사용할 준비가 된 것이다.

'nomic-embed-text' 모델은 Nomic AI에서 개발한 텍스트 임베딩 모델로, 다양한 자연어 처리 작업에 범용적으로 사용될 수 있다. 'bge-m3' 모델은 BGE(BAAI General Embeddings)의 한 버전으로, 특히 다국어 텍스트 처리에 강점을 가질 수 있다.

다운로드 후, 코드에서 `OllamaEmbeddings` 클래스를 사용하여 각 모델을 초기화한다. `model` 파라미터에 다운로드한 모델의 이름을 지정하여 해당 모델을 사용할 수 있다.

〈예제 7-24〉 실습 파일명: LC_010_Ollama_Local_RAG.ipynb

```python
1   # LangChain의 Ollama 임베딩 모듈 임포트
2   from langchain_ollama import OllamaEmbeddings
3
4   # Nomic 임베딩 모델 초기화
5   nomic_embeddings = OllamaEmbeddings(model="nomic-embed-text")
6
7   # BGE 임베딩 모델 초기화
8   bge_embeddings = OllamaEmbeddings(model="bge-m3")
9
10  # 모델 확인
11  print(nomic_embeddings)
12  print(bge_embeddings)
```

〈실행 결과〉

```
model='nomic-embed-text' base_url=None client_kwargs={}
model='bge-m3' base_url=None client_kwargs={}
```

다음 코드에서는 앞에서 준비한 두 가지의 서로 다른 임베딩 모델(Nomic-embed-text와 BGE-M3)을 사용하여 한국어 문장들 간의 의미적 유사도를 비교하는 과정을 보여준다.

먼저, scikit-learn 라이브러리에서 코사인 유사도를 계산하는 함수를 임포트한다. 코사인 유사도는 두 벡터 간의 각도를 기반으로 유사도를 측정하는 방법으로, 텍스트 유사도 비교에 자주 사용된다.

다음으로 비교할 네 개의 한국어 문장을 정의하고, 각 임베딩 모델(Nomic-embed-text와 BGE-M3)을 사용하여 문장들의 임베딩을 생성한다. 그리고 임베딩 벡터들 간의 코사인 유사도를 계산하는 'calculate_similarities' 함수를 사용하여 각 모델의 임베딩에 대한 유사도 행렬을 계산한다.

마지막으로, 각 문장 쌍에 대해 두 모델의 유사도 점수를 비교하여 출력한다. 이를 통해 각 모델이 문장 간의 의미적 유사성을 어떻게 평가하는지 비교할 수 있다.

〈예제 7-25〉 실습 파일명: LC_010_Ollama_Local_RAG.ipynb

```python
# scikit-learn 라이브러리에서 코사인 유사도 함수 임포트
from sklearn.metrics.pairwise import cosine_similarity

# 비교할 한국어 문장 정의
sentences = [
    "안녕하세요, 오늘은 날씨가 좋습니다.",
    "날씨가 맑아서 기분이 좋아요.",
    "오늘 점심으로 김치찌개를 먹었습니다.",
    "한국의 전통 음식 중 하나는 김치입니다."
]

# 각 모델로 문장들의 임베딩 생성
nomic_embeds = [nomic_embeddings.embed_query(sent) for sent in sentences]
bge_embeds = [bge_embeddings.embed_query(sent) for sent in sentences]

# 코사인 유사도 계산 함수 정의
def calculate_similarities(embeds):
    return cosine_similarity(embeds)

# 각 모델의 임베딩에 대한 유사도 행렬 계산
nomic_similarities = calculate_similarities(nomic_embeds)
bge_similarities = calculate_similarities(bge_embeds)

# 각 문장 쌍의 유사도를 비교하여 출력
for i in range(len(sentences)):
    for j in range(i+1, len(sentences)):
        print(f"\n문장 {i+1}과 문장 {j+1}의 유사도 비교:")
        print(f"Nomic-embed-text: {nomic_similarities[i][j]:.4f}")
        print(f"BGE-M3: {bge_similarities[i][j]:.4f}")
```

문장 1과 문장 2의 유사도 비교:
Nomic-embed-text: 0.8811
BGE-M3: 0.8656

문장 1과 문장 3의 유사도 비교:
Nomic-embed-text: 0.8402
BGE-M3: 0.5945

문장 1과 문장 4의 유사도 비교:
Nomic-embed-text: 0.8051
BGE-M3: 0.4425

문장 2과 문장 3의 유사도 비교:
Nomic-embed-text: 0.8227
BGE-M3: 0.5376

문장 2과 문장 4의 유사도 비교:
Nomic-embed-text: 0.8194
BGE-M3: 0.4128

문장 3과 문장 4의 유사도 비교:
Nomic-embed-text: 0.8227
BGE-M3: 0.6682

실행 결과를 보면, Nomic-embed-text 모델은 모든 문장 쌍에 대해 0.8 이상의 높은 유사도를 보이는 반면, BGE-M3 모델은 문장의 주제에 따라 유사도를 더 뚜렷하게 구분하고 있다. 구체적인 비교 내용은 다음과 같다.

- **문장 1과 문장 2의 비교** 두 모델 모두 가장 높은 유사도를 보인다(Nomic: 0.8811, BGE: 0.8656). 이는 두 문장이 모두 날씨에 관한 내용을 다루고 있어 의미적으로 가장 유사하다는 것을 정확히 포착했음을 나타낸다.
- **문장 3과 문장 4의 비교** 두 번째로 높은 유사도를 보인다(Nomic: 0.8227, BGE: 0.6682). 이는 두 문장이 모두 '김치'라는 공통 키워드를 포함하고 있어 관련성이 높다는 것을 인식했음을 보여준다.
- **날씨 관련 문장과 음식 관련 문장의 비교** BGE-M3 모델은 날씨 관련 문장(1, 2)과 음식 관련 문장(3, 4) 사이의 유사도를 상대적으로 낮게 평가한다(0.4128~0.5945). 반면 Nomic-embed-text 모델은 이들 사이의 유사도도 비교적 높게 평가한다(0.8051~0.8402).

2-3 문서를 청크로 분할

다음은 LangChain의 SemanticChunker를 사용하여 문서를 의미론적으로 분할하는 과정을 보여준다. SemanticChunker는 단순히 문자 수나 토큰 수로 문서를 나누는 것이 아니라, 문서의 의미를 고려하여 더 지능적으로 분할한다. 이러한 방식은 문서의 내용을 더 잘 이해하고 관련성 있는 정보를 그룹화하는 데 도움이 된다.

코드의 주요 내용을 보면, 가장 먼저 SemanticChunker 인스턴스를 생성한다. 이때 embeddings 파라미터로 사전에 정의된 임베딩 모델(bge_embeddings)을 전달한다. 그리고 split_documents 메서드를 사용하여 입력 문서(docs)를 의미론적으로 분할한다. 이 메서드는 문서의 내용을 분석하고 의미 있는 단위로 나눈다. 마지막으로, 생성된 청크의 수를 출력한다. 9개의 Document 객체가 모두 17개의 청크로 분할되고 있다.

〈예제 7-26〉 실습 파일명: LC_010_Ollama_Local_RAG.ipynb

```
1   # 필요한 모듈 임포트
2   from langchain_experimental.text_splitter import SemanticChunker
3
4   # SemanticChunker 인스턴스 생성
5   semantic_splitter = SemanticChunker(embeddings=bge_embeddings)
6
7   # 문서를 의미론적으로 분할
8   semantic_chunks = semantic_splitter.split_documents(docs)
9
10  # 생성된 청크 수 출력
11  print(f"생성된 청크 수: {len(semantic_chunks)}")
```

〈실행 결과〉

생성된 청크 수: 17

이 방식은 문서의 의미를 보존하면서 효과적으로 분할하므로, 특히 긴 문서나 복잡한 내용을 다룰 때 유용하다. 다음 코드에서 첫 번째 청크의 내용을 출력해서 확인해본다.

〈예제 7-27〉 실습 파일명: LC_010_Ollama_Local_RAG.ipynb

```
1   # chunk 0
2   print(semantic_chunks[0].page_content)
```

〈실행 결과〉

세계 에너지시장 인사이트 제24-13 호 2024.7.1. 1글로벌 EV 시장 동향 및 전망(IEA)1)
재생에너지정책연구실 장연재 부연구위원(yjchang@keei.re.kr)
▶2023년 전기차 판매량은 전년 대비 35% 증가한 약 1,400 만 대에 달해, 전 세계 전기차 보유량이 2018년 대비 6배 이상 증가한 약 4,000 만 대에 이름. ▶전기차 충전 인프라는 인구 밀집 지역을 제외하면 가정용 충전이 일반적이며, 공용 충전설비 설치가 40%

이상 증가하고 급속 충전시설은 55% 성장한 것으로 나타남. ▶2023년 약 4,500만 대였던 전기차 보유량은 2035년 5억 대를 초과할 전망이며, 전 세계 주요 지역의

전기차 판매 비중이 확대되어 2030년 40-60%, 2035년 50-90% 차지 예상
▶2030년까지 전 세계 공용 충전기 숫자는 약 1,500만 개로 증가할 것으로 예상되며, 가정용 충전기는 2023년 2,700만 기에서 2035년에 2억 7천만 기를 넘어설 것으로 전망됨. 1.세계 전기차 시장 현황
■전기차 판매 비중 증가
i2023년 세계 전기차 판매량은 약 1,400만 대로서 전년 대비 35% 증가하였으며,
운행 중인 전기차는 2018년 대비 6배 이상 늘어난 4,000만 대에 이름. -전기차는 2023년에 전 세계 자동차 판매의 약 18%를 차지했으며, 이는 2022년의
14%와 2018년의 2%에 비해 크게 증가한 수치임. i2023년 전기자의 자동차 판매 점유율을 지역별로 보면 중국 60%, 유럽 25%,
미국 10% 순으로 나타남. -중국은 810만 대의 신규 전기차가 등록되었고, 이는 전년 대비 35% 증가한 수치임. 중국의 내연기관차 시장은 8% 축소되었으나, 전기차 판매 증가로 전체 자동차
시장은 5% 성장함. 2023년에 세계 자동차 수출국 중 중국이 1위를 차지했으며, 400만 대 이상의 자동차 수출 중에서 120만 대가 전기차로, 전기차 수출량이 80% 증가
-유럽은 독일, 프랑스, 영국이 전기차 시장의 성장을 주도했으며, 2023년 기준
320만 대의 신규 전기차 등록으로 2022년 대비 20% 증가
-미국은 140만 대의 전기차가 신규 등록되어 전년 대비 40% 증가하였으며, 인플레이션 감축법 (IRA)에 따른 세액 공제 제도와 주요 모델의 가격 인하가 성장세를 촉진한 것으로 파악됨. 1) 본고는 IEA의 "Global EV Outlook 2024" 보고서를 요약 정리한 것임.

2-4 Chroma 벡터 저장소 생성

다음 코드는 Chroma 벡터 저장소를 사용하여 이전에 생성한 의미론적 청크를 벡터화하고 저장하는 과정을 보여준다. Chroma는 오픈 소스 임베딩 데이터베이스로, 텍스트나 이미지 같은 비정형 데이터를 벡터로 저장하고 효율적으로 검색할 수 있게 해준다.

먼저 `langchain_chroma` 모듈에서 `Chroma` 클래스를 임포트한다. 이 클래스는 Chroma 벡터 저장소를 LangChain과 통합하여 사용할 수 있게 해준다. 그리고 `Chroma.from_documents` 메서드를 호출하여 벡터 저장소를 생성한다. 이 메서드는 두 가지 주요 인자를 받는다.

- `semantic_chunks` 이전 단계에서 `SemanticChunker`로 생성한 의미론적 문서 청크들이다.
- `bge_embeddings` 텍스트를 벡터로 변환하는 데 사용할 임베딩 모델이다.

이 과정을 통해 각 의미론적 청크는 벡터로 변환되어 Chroma 데이터베이스에 저장된다. 이렇게 생성된 벡터 저장소(vectorstore)는 이후 유사도 검색이나 기타 벡터 기반 작업에 사용될 수 있다.

```
1   # Chroma 모듈 임포트
2   from langchain_chroma import Chroma
3
4   # Chroma 벡터 저장소 생성
5   vectorstore = Chroma.from_documents(semantic_chunks, bge_embeddings)
```

2-5 벡터 저장소 검색

다음 코드는 벡터 저장소에서 특정 쿼리와 가장 유사한 문서를 검색하는 과정을 보여준다. 먼저, 검색하고자 하는 질문(query)을 정의한다. 이 경우 중국 전기차 시장의 중소형 모델 판매 비중에 대해 묻고 있다.

다음에는 vectorstore.as_retriever() 메서드를 사용하여 벡터 저장소를 검색기(retriever)로 변환한다. search_kwargs={'k': 3} 파라미터는 가장 유사도가 높은 3개의 문서를 반환하도록 지정한다. 실제 검색을 수행하려면 retriever.invoke(query) 메서드를 호출한다. 이 메서드는 쿼리와 가장 유사한 문서들을 찾아서 최대 3개의 문서를 반환한다.

마지막으로, 검색 결과의 길이를 출력하여 반환된 문서의 수를 확인하고, 검색된 각 문서의 내용(page_content)을 출력한다. 각 문서 사이에는 구분선을 추가하여 가독성을 높인다.

```
1    # 구체적인 사실 관계에 대한 질문 정의
2    query = "중국 전기차 시장에서 중형과 소형 모델의 판매 비중은 어느 정도인가요?"
3
4    # 벡터 저장소를 검색기(retriever)로 변환
5    # 가장 유사도가 높은 2개의 문서를 검색하도록 설정
6    retriever = vectorstore.as_retriever(search_kwargs={'k': 2})
7
8    # 쿼리를 사용하여 검색 수행
9    results = retriever.invoke(query)
10
11   # 검색된 문서의 수 출력
12   print(len(results))
13   print()
14
15   # 검색된 각 문서의 내용 출력
16   for doc in results:
17     print(doc.page_content)
18     print("-"*100)
```

3

2 세계 에너지시장 인사이트 제24-13 호 2024.7.1. 자료: IEA(2024), Global EV Outlook 2024〈세계 전기자동차 누적 판매 추이(2010~2023 년)〉

i2023년 시판 중인 자동차 모델 종류는 전년 대비 15% 증가한 590종에 달했으며,

그 중 60% 이상이 SUV 또는 대형 차량으로 나타남. -전기차 시장에서 소형 및 중형 모델의 비중이 감소하는 추세이며 미국에서는

소형 및 중형 전기차 모델이 전기차 판매의 25%를, 유럽에서는 40%, 중국에서는

50%를 차지한 것으로 나타남. -이와 같은 대형 EV 모델의 종류 및 구매 증가 추세는 자동차 제조업체의 수익성과 소비자의 선호 및 배출 규제 등이 반영된 것으로 분석되고 있음. -IEA는 EV 모빌리티 대중화에 있어 소형 전기자동차의 중요성을 강조하며 소형

EV시장 확대를 위한 방안 마련의 필요성을 제기

대형 차량에는 더 큰 배터리가 필요하므로 중요 광물에 대한 수요가 증가할

수 있으며, 철, 알루미늄 등 차체에 대한 자재 소요가 많아 환경 및 탄소발자국

측면에서 비효율적일 수 있고, 상대적으로 긴 충전시간으로 인해 충전인프라와

전력망에 부담이 될 수 있음. ■전기차 충전인프라 보급 확대

i가정용 충전설비 보급은 여건상 북미 지역보다 유럽에서 유리하며, 특히 노르웨이와

영국이 유럽의 가정용 충전설비 보급 증가를 견인

-가정용 충전설비는 전기차 충전의 가장 일반적인 방식이며 전력 수요가 낮은

시기에 더 저렴한 전기 요금을 이용할 수 있는 장점이 있으나 거주 형태 및

소득 수준 등에 따라 접근성이 상이함.

2023년 중국의 자동차 수출은 2022년 대비 60% 증가하여 일본과 독일을

제치고 세계 최대 자동차 수출국이 된 것으로 나타남. "2022 년 말부터

중국 내 전기차

가격은 시장

경쟁으로 인해

급격히 하락

…

의존하고 있으며,

2023 년에는 제조

능력이 증가"

이번에는 사용자의 쿼리를 '중소형 전기차 모델이 가장 많은 판매량을 차지하는 지역은 어디인가요?'와 같이 단순한 사실 확인이 아닌, 추론을 요구하는 내용으로 검색해 본다. 지역별 판매 비중을 확인하고 많고 적음을 비교하는 작업 수준을 필요로 한다. 따라서 시스템이 더 복잡한 정보 처리를 수행해야하기 때문에, 이 경우에는 단순한 키워드 매칭을 넘어, 질문의 의미와 맥락을 고려한 검색이 필요하다. 또한 벡터 검색만으로는 완전한 추론이 어려울 수 있기 때문에, 추가적인 처리 단계(예: LLM을 사용한 추론)가 필요할 수 있다.

```
1    # 추론이 필요한 질문 정의
2    query = "중소형 전기차 모델이 가장 많은 판매량을 차지하는 지역은 어디인가요?"
3
4    # 벡터 저장소를 검색기(retriever)로 변환
5    # 가장 유사도가 높은 2개의 문서를 검색하도록 설정
6    retriever = vectorstore.as_retriever(search_kwargs={'k': 2})
7
8    # 쿼리를 사용하여 검색 수행
9    results = retriever.invoke(query)
10
11   # 검색된 문서의 수 출력
12   print(len(results))
13   print()
14
15   # 검색된 각 문서의 내용 출력
16   for doc in results:
17       print(doc.page_content)
18       print("-"*100)
```

〈실행 결과〉

3

2 세계 에너지시장 인사이트 제24-13 호 2024.7.1. 자료 : IEA(2024), Global EV Outlook 2024〈 세계 전기자동차 누적 판매 추이(2010~2023 년) 〉
i2023년 시판 중인 자동차 모델 종류는 전년 대비 15% 증가한 590종에 달했으며,
그 중 60% 이상이 SUV 또는 대형 차량으로 나타남. -전기차 시장에서 소형 및 중형 모델의 비중이 감소하는 추세이며 미국에서는
소형 및 중형 전기차 모델이 전기차 판매의 25%를, 유럽에서는 40%, 중국에서는
50%를 차지한 것으로 나타남. -이와 같은 대형 EV 모델의 종류 및 구매 증가 추세는 자동차 제조업체의
수익성과 소비자의 선호 및 배출 규제 등이 반영된 것으로 분석되고 있음. -IEA는 EV 모빌리티 대중화에 있어 소형 전기자동차의 중요성을 강조하며 소형
EV시장 확대를 위한 방안 마련의 필요성을 제기
 대형 차량에는 더 큰 배터리가 필요하므로 중요 광물에 대한 수요가 증가할
수 있으며, 철, 알루미늄 등 차체에 대한 자재 소요가 많아 환경 및 탄소발자국
측면에서 비효율적일 수 있고, 상대적으로 긴 충전시간으로 인해 충전인프라와
전력망에 부담이 될 수 있음. ■전기차 충전인프라 보급 확대
i가정용 충전설비 보급은 여건상 북미 지역보다 유럽에서 유리하며, 특히 노르웨이와
영국이 유럽의 가정용 충전설비 보급 증가를 견인

-가정용 충전설비는 전기차 충전의 가장 일반적인 방식이며 전력 수요가 낮은
시기에 더 저렴한 전기 요금을 이용할 수 있는 장점이 있으나 거주 형태 및
소득 수준 등에 따라 접근성이 상이함.

"2023년 글로벌
전기차 판매량은
35% 급증한
1,400만 대를
기록했으며, 중국,
유럽, 미국이
…
작고 효율적인
EV에 대한
필요성이 부각"

2-6 Ollama 환경에서 구글 Gemma 모델 기반 RAG 체인 실행

다음 단계는 LangChain과 Ollama를 사용하여 로컬 환경에서 RAG 시스템을 구현하는 과정을 보여준다. 주요 구성 요소와 단계는 다음과 같다.

먼저 필요한 LangChain 모듈들을 임포트하고, ChatOllama를 사용하여 로컬 LLM을 설정한다. 이때 'gemma2' 모델을 선택하고, 온도(temperature) 파라미터는 0.2로, 생성 토큰 수(num_predict)는 250으로 지정한다. 따라서, 최대 250 토큰까지 생성하고 그 이상 생성하는 경우에는 해당 지점에서 중간에 멈추게 된다.

다음 단계로 시스템의 핵심 요소인 프롬프트 템플릿을 정의한다. 이 템플릿은 주어진 컨텍스트를 바탕으로 질문에 답하도록 구성되며, 특히 한국어로 답변을 생성하도록 설계된다. 검색된 여러 문서들을 효과적으로 활용하기 위해 format_docs 함수를 정의하여 이들을 하나의 통합된 문자열로 변환한다. 이러한 준비 과정을 거친 후, RAG Chain을 구성한다. 이 체인은 문서 검색, 형식화, 프롬프트 적용, LLM 추론, 결과 파싱의 단계를 포함하는 일련의 과정을 수행한다.

마지막으로, 구현된 RAG 시스템의 성능을 테스트하기 위해 '중국 전기차 시장에서 중형과 소형 모델의 판매 비중은 어느 정도인가요?'라는 구체적인 질문으로 Chain을 실행한다. 이를 통해 시스템이 관련 정보를 어떻게 검색하고 종합하여 답변을 생성하는지 확인할 수 있다.

```python
1    from langchain_core.prompts import ChatPromptTemplate
2    from langchain_core.output_parsers import StrOutputParser
3    from langchain_core.runnables import RunnablePassthrough
4    from langchain_ollama import ChatOllama
5
6    # Ollama 모델 설정
7    llm = ChatOllama(
8        model = "gemma2",
9        temperature = 0.2,
10       num_predict = 250,
11   )
12
13   # 프롬프트 템플릿 정의
14   template = '''Answer the question based only on the following context.
15
16   [Context]
17   {context}
18
19   [Question]
20   {question}
21
22   [Answer(in Korean)]
23   '''
24
25   prompt = ChatPromptTemplate.from_template(template)
26
27   # 문서 형식화 함수
28   def format_docs(docs):
29       return '\n\n'.join([d.page_content for d in docs])
30
31   # RAG Chain 구성
32   rag_chain = (
33       {'context': retriever | format_docs, 'question': RunnablePassthrough()}
34       | prompt
35       | llm
36       | StrOutputParser()
37   )
38
39   # Chain 실행
40   query = "중국 전기차 시장에서 중형과 소형 모델의 판매 비중은 어느 정도인가요?"
41   rag_chain.invoke(query)
```

〈실행 결과〉

'중국 전기차 시장에서 소형 및 중형 모델의 비중은 50%를 차지합니다. \n\n\n'

실행 결과는 '중국 전기차 시장에서 소형 및 중형 모델의 비중은 50%를 차지합니다.'라는 답변을 제공한다. 이 결과를 보면, 시스템이 중국 전기차 시장에서 소형 및 중형 모델의 비중에 대한 구체적인 수치(50%)를 제공하는 것을 볼 수 있다. 다만, 이 정보가 어느 시점의 데이터인지 명시되지 않는다는 점과 같이 시간적 맥락 등에 대한 추가 설명이 부족한 편이다.

이런 경우에 프롬프트를 조정하거나 후처리 단계를 추가하여 답변의 품질을 더욱 높일 수 있다. 더 상세한 분석이나 시간적 맥락, 추가 설명 등을 포함한 답변을 할 수 있도록 한다.

이번에는 "중소형 전기차 모델이 가장 많은 판매량을 차지하는 지역은 어디인가요?"라는 새로운 질문을 제시한다. 이 질문은 단순한 사실 확인을 넘어 여러 정보를 종합하고 추론해야 하는 복잡성을 가지고 있다.

<예제 7-32> 실습 파일명: LC_010_Ollama_Local_RAG.ipynb

```
1  query = "중소형 전기차 모델이 가장 많은 판매량을 차지하는 지역은 어디인가요?"
2  rag_chain.invoke(query)
```

<실행 결과>

'문맥에 따르면 중소형 전기차 모델이 가장 많은 판매량을 차지하는 지역은 **중국**입니다. \n\n\n'

실행 결과를 보면 '문맥에 따르면 중소형 전기차 모델이 가장 많은 판매량을 차지하는 지역은 **중국**입니다.'라는 답변을 제공한다. 시스템은 직접적인 답변이 없는 상황에서 검색된 여러 문서의 정보를 바탕으로 중국이 중소형 전기차 모델 판매량이 가장 많은 지역이라는 결론을 도출했다. 이는 RAG 시스템의 추론 능력을 보여준다고 볼 수 있다.

다만, 이런 추론 능력은 사용하는 모델에 따라 차이가 크기 때문에 다양한 테스트를 통해서 사용 목적에 맞는 최적 모델을 선정하는 과정이 중요하다.

2-7 Ollama 환경에서 알리바바 Qwen 모델 기반 RAG 체인 실행

LangChain으로 구성한 RAG 시스템은 다양한 언어 모델을 쉽게 적용할 수 있는 유연성이 장점이다. 이번 예제에서는 기존의 Gemma 모델 대신 알리바바의 Qwen 모델을 사용하여 RAG 체인을 재구성하고 실행해본다.

LLM 모델 부분만 수정한다. 이전 예제에서 'gemma2' 모델 대신 'qwen2.5' 모델을 사용한다. Qwen은 알리바바에서 개발한 대규모 언어 모델로, 중국어뿐만 아니라 한국어 등 다양한 언어에 대해서도 성능이 우수한 편이다. 이러한 모델 변경은 단순히 LLM 인스턴스 생성 부분만 수정하면 되므로, 전체 시스템의 구조를 크게 바꾸지 않고도 다양한 모델을 실험해볼 수 있다.

모델 변경 후 실행 결과를 보면, Qwen 모델은 이전 Gemma 모델과는 다른 특성을 보인다. 특히, 시간적 맥락을 제공하고 더 상세한 정보를 담은 답변을 생성했다. 이는 모델 간의 성능 차이나 학습 데이터의 차이에서 비롯된 것으로 볼 수 있다. 이러한 차이는 RAG 시스템 구축 시 모델 선택의 중요성을 잘 보여준다. 이처럼 다양한 모델을 적용해보는 과정은 특정 사용 사례에 가장 적합한 모델을 찾는 데 도움이 된다. 실제 응용에서는 여러 모델을 테스트하고 비교하여 최적의 모델을 선택하거나, 경우에 따라 여러 모델의 결과를 조합하여 사용하는 것이 효과적일 수 있다.

<예제 7-33> 실습 파일명: LC_010_Ollama_Local_RAG.ipynb

```
1   # Ollama 모델 설정 변경
2   llm = ChatOllama(
3       model = "qwen2.5",  # 모델을 qwen2.5로 변경
4       temperature = 0.2,
5       num_predict = 250,
6   )
7
8   # RAG Chain 재구성
9   rag_chain = (
10      {'context': retriever | format_docs, 'question': RunnablePassthrough()}
11      | prompt
12      | llm
13      | StrOutputParser()
14  )
15
16  # 새로운 질문으로 Chain 실행
17  query = "중국 전기차 시장에서 중형과 소형 모델의 판매 비중은 어느 정도인가요?"
18  rag_chain.invoke(query)
```

<실행 결과>

'중국에서는 2023년 소형 및 중형 전기차 모델이 전기차 판매의 50%를 차지한 것으로 나타났습니다.'

이전에 살펴봤듯이 RAG 시스템은 단순한 정보 검색을 넘어 복잡한 추론이 필요한 질문에도 대응할 수 있다. 다음 예제에서는 '중소형 전기차 모델이 가장 많은 판매량을 차지하는 지역은 어디인가요?'라는 질문에 대해서, Qwen-2.5 모델 기반의 RAG 시스템은 중국이 중소형 전기차 모델 판매량이 가장 많은 지역이라고 명시했다. 더 나아가 중국에서 소형 및 중형 전기차 모델이 전체 전기차 판매의 50%를 차지한다는 구체적인 정보도 제공했다. 이를 통해 시스템이 여러 관련 정보를 종합하여 결론을 도출했음을 알 수 있다.

이전 예제에서 구글 Gemma 모델을 사용했을 때와 비교해보면, 같은 벡터 저장소 검색기를 사용해 검색된 문서가 같기 때문에 두 언어 모델이 답변 생성에 참고한 컨텍스트 정보는 같다. 하지만, LLM 모델의 추론 능력의 특성에 따라 생성된 답변이 달라지게 된다.

```
1    query = "중소형 전기차 모델이 가장 많은 판매량을 차지하는 지역은 어디인가요?"
2    rag_chain.invoke(query)
```

〈실행 결과〉

'중소형 전기차 모델이 가장 많은 판매량을 차지하는 지역은 중국으로 나타났습니다. 중국에서는 소형 및 중형 전기차 모델이 전체 전기차 판매의 50%를 차지한 것으로 보고되었습니다.'

다음 예제는 '글로벌 전기차 산업이 어떻게 재편되고 있나요?'라는 복잡하고 광범위한 질문에 대한 모델의 응답을 통해 그 성능을 테스트하는 과정을 보여주고 있다.

```
1    query = "글로벌 전기차 산업이 어떻게 재편되고 있나요?"
2    rag_chain.invoke(query)
```

〈실행 결과〉

'글로벌 전기차 산업은 다양한 지역에서의 판매 증가와 함께 재편되고 있습니다. 특히, 중국과 유럽, 미국 등 주요 시장에서 뚜렷한 성장을 보이고 있습니다.\n\n1. **중국**: 2023년 중국의 내연기관차 시장이 8% 축소되었음에도 불구하고 전기차 판매 증가로 전체 자동차 시장은 5% 성장하였습니다. 또한, 중국은 세계 최대의 전기차 수출국으로, 400만 대 이상의 자동차 중 120만 대가 전기차였으며, 이는 전년도에 비해 80% 증가한 수치입니다.\n\n2. **유럽**: 독일, 프랑스, 영국이 주도하여 전기차 시장 성장을 촉진하였고, 2023년 기준 신규 등록된 전기차는 320만 대로 이전 해에 비해 20% 증가하였습니다.\n\n3. **미국**: 미국은 14'

실행 결과를 보면, 모델은 질문의 핵심을 정확히 파악하고 관련된 다양한 정보를 종합하여 구조화된 답변을 제공했다. 이는 모델이 고수준의 이해력과 정보 통합 능력을 갖추고 있음을 보여준다. 특히 중국, 유럽, 미국 등 주요 시장별로 정보를 구분하여 제시한 점은 모델의 뛰어난 정보 구조화 능력을 드러낸다.

데이터의 구체성 측면에서도 모델은 우수한 성능을 보인다. 중국 시장에 대해 "400만 대 이상의 자동차 중 120만 대가 전기차였으며, 이는 전년도에 비해 80% 증가한 수치"라는 구체적인 통계를 제시하는데, 이는 모델이 단순한 일반화를 넘어 정확한 수치 정보를 기억하고 적절히 활용할 수 있음을 보여준다.

또한, 모델은 시간적 맥락을 잘 파악하고 있다. 2023년이라는 구체적인 연도를 여러 차례 언급하며, 전년 대비 성장률 등을 제시했다. 이는 모델이 시간의 흐름에 따른 산업 변화를 이해하고 있음을 나타낸다.

그러나 모델의 응답이 중간에 끊긴 점은 개선이 필요한 부분이다. 이는 모델의 출력 길이를 최대 250 토큰으로 제한했기 때문에 발생한 문제다. 따라서, 질문의 수준이나 예상되는 답변의 길이를 고려하여 적절한 최대 토큰 제한을 설정하는 것이 필요하다.

2-8 Groq API 활용 구글 Gemma2 9B 모델 기반 RAG 체인 실행

다음 예제는 RAG 시스템의 핵심 엔진으로 Groq API의 'gemma2-9b-it' 모델을 적용하고, 글로벌 전기차 산업 동향 분석에 대한 질문의 응답 결과를 보여준다.

코드에서는 ChatGroq 클래스를 사용해 LLM을 초기화하고, RAG Chain을 구성한다. 이 Chain은 문서 검색, 질문 전달, 프롬프트 생성, LLM 응답 생성, 출력 파싱 등의 단계로 이루어진다. '글로벌 전기차 산업이 어떻게 재편되고 있나요?'라는 질문으로 Chain을 실행한 결과, 모델은 전기차 시장의 대형화 트렌드를 명확히 제시하고 있다.

모델의 응답은 SUV나 대형 차량이 시장의 60% 이상을 차지한다는 구체적인 수치를 제공하며, 이러한 변화의 원인을 자동차 제조업체의 수익성, 소비자 선호도, 배출 규제 등 다양한 측면에서 분석했다. 이는 모델이 정확한 통계 정보를 활용하고 복잡한 산업 동향을 여러 각도에서 이해하고 설명할 수 있는 능력을 갖추고 있음을 보여준다.

다만 시간적 맥락과 지역별 차이에 대한 상세한 정보 제공이 이루어지지 않은 점은, 프롬프트 엔지니어링 등을 통해 개선할 수 있는 영역으로 보인다.

〈예제 7-36〉 실습 파일명: LC_010_Ollama_Local_RAG.ipynb

```python
1  from langchain_groq import ChatGroq
2
3  # Groq LLM 설정
4  llm = ChatGroq(
5      model="gemma2-9b-it",
6      temperature=0.2,
7      max_retries=2,
8  )
9
10 # RAG Chain 재구성
11 rag_chain = (
12     {'context': retriever | format_docs, 'question': RunnablePassthrough()}
13     | prompt
14     | llm
15     | StrOutputParser()
16 )
17
18 # 새로운 질문으로 Chain 실행
19 query = "글로벌 전기차 산업이 어떻게 재편되고 있나요?"
20 rag_chain.invoke(query)
```

2-9 Groq API 활용 메타 Llama3.1 70B 모델 기반 RAG 체인 실행

다음 예제는 Groq API를 사용하여 'llama-3.1-70b-versatile' 모델을 적용하여 글로벌 전기차 산업의 동향을 분석한 결과를 보여준다. 코드에서는 **ChatGroq** 클래스를 사용해 Groq LLM을 초기화하고, RAG Chain을 구성한다. 이 Chain은 문서 검색, 질문 전달, 프롬프트 생성, LLM 응답 생성, 출력 파싱 등의 단계로 이루어진다.

'글로벌 전기차 산업이 어떻게 재편되고 있나요?'라는 질문에 대한 모델의 응답은 매우 포괄적이고 상세하다. 2023년 글로벌 전기차 판매량이 35% 증가한 1,400만 대를 기록했다는 구체적인 수치를 제시하며, 중국, 유럽, 미국이 성장을 주도하고 있다고 설명한다. 또한, 시판 중인 자동차 모델의 60% 이상이 SUV 또는 대형 차량이라는 점을 언급하며, 이러한 트렌드의 원인을 자동차 제조업체의 수익성, 소비자 선호, 배출 규제 등 다각도에서 분석한다.

모델은 대형 차량 증가에 따른 중요 광물 수요 증가와 환경적 비효율성 등의 우려사항도 함께 제시하여 균형 잡힌 시각을 보여준다. 더불어 IEA의 소형 전기자동차 중요성 강조와 관련 정책 필요성을 언급하며 향후 산업 방향에 대한 통찰도 제공한다.

이 모델의 성능은 정보의 포괄성, 데이터의 구체성, 시간적 맥락 제공, 인과관계 분석, 균형잡힌 시각, 정책적 제안 등 여러 측면에서 이전 모델들보다 우수하다. 특히 70B 파라미터 규모와 다재다능한(Versatile) 특성이 복잡한 주제에 대한 종합적 이해와 분석에 효과적임을 보여준다.

〈예제 7-37〉 실습 파일명: LC_010_Ollama_Local_RAG.ipynb

```
1   from langchain_groq import ChatGroq
2
3   # Groq LLM 설정
4   llm = ChatGroq(
5       model="llama-3.1-70b-versatile",
6       temperature=0.2,
7       max_retries=2,
8   )
9
10  # RAG Chain 재구성
11  rag_chain = (
12      {'context': retriever | format_docs, 'question': RunnablePassthrough()}
```

```
13    | prompt
14    | llm
15    | StrOutputParser()
16  )
17
18  # 새로운 질문으로 Chain 실행
19  query = "글로벌 전기차 산업이 어떻게 재편되고 있나요?"
20  rag_chain.invoke(query)
```

〈실행 결과〉

'글로벌 전기차 산업은 빠르게 성장하고 있으며, 2023년 글로벌 전기차 판매량은 35% 급증한 1,400만 대를 기록했습니다. 중국, 유럽, 미국이 성장을 주도하고 있습니다. 또한, 2023년 시판 중인 자동차 모델 종류는 전년 대비 15% 증가한 590종에 달했으며, 그 중 60% 이상이 SUV 또는 대형 차량으로 나타났습니다. 이는 자동차 제조업체의 수익성과 소비자의 선호 및 배출 규제 등이 반영된 것으로 분석되고 있습니다. 그러나 대형 차량에는 더 큰 배터리가 필요하므로 중요 광물에 대한 수요가 증가할 수 있으며, 환경 및 탄소발자국 측면에서 비효율적일 수 있습니다. 따라서, IEA는 EV 모빌리티 대중화에 있어 소형 전기자동차의 중요성을 강조하며 소형 EV시장 확대를 위한 방안 마련의 필요성을 제기하고 있습니다.'

결론적으로, RAG 시스템에서 LLM 모델 선택이 시스템의 전반적인 성능과 출력 품질에 큰 영향을 미친다는 점을 명확히 보여준다. 따라서 특정 사용 사례나 분야에 따라 가장 적합한 모델을 선택하는 것이 중요하며, 이를 위해서는 다양한 모델에 대한 지속적인 평가와 비교가 필요하다.

003 데이터 분석 및 코드 실행 에이전트

이번 섹션에서는 LangChain을 이용한 데이터 분석 및 코드 실행 에이전트 구현에 대해 살펴본다. 이 접근 방식은 자연어 처리 능력과 데이터 분석 기능을 결합하여 사용자가 복잡한 데이터 분석이나 코드 작업을 쉽게 수행할 수 있게 해준다.

실습을 위해서 먼저 환경 변수를 불러온다. python-dotenv 라이브러리와 load_dotenv() 함수를 사용하여 .env 파일에 저장해둔 환경 변수를 불러온다.

3-1 create_pandas_dataframe_agent 함수

먼저, pandas 라이브러리를 사용하여 Titanic 데이터셋을 로드한다. 이 데이터셋은 승객 정보와 생존 여부 등 다양한 특성을 포함하고 있다. 다음으로, OpenAI의 GPT 모델을 초기화하는데, 여기서는 'gpt-4o-mini' 모델을 사용한다. 이 모델은 자연어 이해와 생성에 뛰어난 성능을 보이며, 데이터 분석 작업에 필요한 코드를 생성할 수 있다.

핵심적인 부분은 LangChain의 create_pandas_dataframe_agent 함수를 사용하여 pandas DataFrame을 다룰 수 있는 에이전트를 생성하는 것이다. 이 에이전트는 자연어 명령을 받아 DataFrame에 대한 작업을 수행할 수 있게 해준다. 에이전트 설정에서 'openai-tools' 유형을 지정하여 OpenAI의 도구를 활용하고, 중간 단계 결과를 반환하도록 설정하여 분석 과정을 추적할 수 있게 한다.

verbose 옵션을 False로 설정하여 상세한 로그 출력을 비활성화하고, allow_dangerous_code를 True로 설정하여 잠재적으로 위험할 수 있는 코드 실행을 허용한다. 이러한 설정은 에이전트의 유연성을 높이지만, 보안 측면에서 주의가 필요하므로 신뢰할 수 있는 환경에서만 사용해야 한다.

〈예제 7-38〉 실습 파일명: LC_011_Code_Analysis_Agent.ipynb

```
1   from langchain_experimental.agents.agent_toolkits import create_pandas_
    dataframe_agent
2   from langchain_openai import ChatOpenAI
3   import pandas as pd
4
5   # Titanic 데이터셋을 GitHub에서 직접 로드
6   url = "https://raw.githubusercontent.com/pandas-dev/pandas/main/doc/data/
    titanic.csv"
7   df = pd.read_csv(url)
8
9   # OpenAI의 ChatGPT 모델 초기화
```

```
10    llm = ChatOpenAI(temperature=0, model="gpt-4o-mini")
11
12    # Pandas DataFrame을 처리할 수 있는 LangChain 에이전트 생성
13    pandas_agent = create_pandas_dataframe_agent(
14       llm,                              # 초기화된 언어 모델
15       df,                               # 분석할 DataFrame
16       agent_type="openai-tools",        # OpenAI의 도구를 사용하는 에이전트 유형 지정
17       verbose=False,                    # 상세한 출력 비활성화
18       return_intermediate_steps=True,   # 에이전트의 중간 처리 단계 결과 반환 설정
19       allow_dangerous_code=True,        # 잠재적으로 위험할 수 있는 코드 실행 허용
20    )
21
22    # 생성된 에이전트 객체 출력
23    pandas_agent
```

〈실행 결과〉

```
AgentExecutor(verbose=False, agent=RunnableMultiActionAgent(runnable=Runna-
bleAssign(mapper={
  agent_scratchpad: RunnableLambda(lambda x: format_to_openai_tool_messag-
es(x['intermediate_steps']))
})
| ChatPromptTemplate(input_variables=['agent_scratchpad', 'input'], input_
types={'agent_scratchpad': list[typing.Annotated[typing.Union[typing.
Annotated[langchain_core.messages.ai.AIMessage, Tag(tag='ai')], typing.
Annotated[langchain_core.messages.human.HumanMessage, Tag(tag='human')], typing.
Annotated[langchain_core.messages.chat.ChatMessage, Tag(tag='chat')], typing.
Annotated[langchain_core.messages.system.SystemMessage, Tag(tag='system')],
typing.Annotated[langchain_core.messages.function.FunctionMessage,
Tag(tag='function')], typing.Annotated[langchain_core.messages.tool.ToolMessage,
Tag(tag='tool')], typing.Annotated[langchain_core.messages.ai.AIMessageChunk,
Tag(tag='AIMessageChunk')], typing.Annotated[langchain_core.messages.human.
HumanMessageChunk, Tag(tag='HumanMessageChunk')], typing.Annotated[langchain_
core.messages.chat.ChatMessageChunk, Tag(tag='ChatMessageChunk')], typ-
ing.Annotated[langchain_core.messages.system.SystemMessageChunk,
Tag(tag='SystemMessageChunk')], typing.Annotated[langchain_core.mes-
sages.function.FunctionMessageChunk, Tag(tag='FunctionMessageChunk')],
typing.Annotated[langchain_core.messages.tool.ToolMessageChunk,
Tag(tag='ToolMessageChunk')]], FieldInfo(annotation=NoneType, required=True,
discriminator=Discriminator(discriminator=<function _get_type at
0x106b442c0>, custom_error_type=None, custom_error_message=None, custom_
error_context=None))]]}, partial_variables={}, messages=[SystemMessage(con-
tent='\nYou are working with a pandas dataframe in Python. The name of the
dataframe is 'df'.\nThis is the result of 'print(df.head())':\n|   |   PassengerId
```

| Survived| Pclass |Name | Sex | Age| SibSp| Parch | Ticket | Fare|Cabin | Embarked |\n|---:|--------------:|----------:|--------:|:--:|-------|------:|--------:|:-------------------|--------:|:--------|--------:|:---------|\n| 0| 1| 0| 3|Braund, Mr. Owen Harris |male | 22| 1| 0|A/5 21171 | 7.25 |nan |S |\n| 1| 2| 1| 1|Cumings, Mrs. John Bradley (Florence Briggs Thayer)|female | 38| 1| 0|PC 17599 |71.2833|C85 |C |\n| 2| 3| 1| 3|Heikkinen, Miss Laina |female | 26| 0| 0|STON/O2. 3101282|7.925 |nan |S |\n| 3| 4| 1| 1|Futrelle, Mrs. Jacques Heath (Lily May Peel) |female | 35| 1| 0|113803 |53.1 |C123 |S |\n| 4| 5| 0| 3|Allen, Mr. William Henry |male | 35| 0| 0|373450 |8.05 |nan |S |', additional_kwargs={}, response_metadata={}), HumanMessagePromptTemplate(prompt=PromptTemplate(input_variables=['input'], input_types={}, partial_variables={}, template='{input}'), additional_kwargs={}), MessagesPlaceholder(variable_name='agent_scratchpad')])
| RunnableBinding(bound=ChatOpenAI(client=<openai.resources.chat.completions.Completions object at 0x15bfbf150>, async_client=<openai.resources.chat.completions.AsyncCompletions object at 0x15c6a6c10>, root_client=<openai.OpenAI object at 0x15b5e3810>, root_async_client=<openai.AsyncOpenAI object at 0x15c345390>, model_name='gpt-4o-mini', temperature=0.0, model_kwargs={}, openai_api_key=SecretStr('**********')), kwargs={'tools': [{'type': 'function', 'function': {'name': 'python_repl_ast', 'description': 'A Python shell. Use this to execute python commands. Input should be a valid python command. When using this tool, sometimes output is abbreviated - make sure it does not look abbreviated before using it in your answer.', 'parameters': {'properties': {'query': {'description': 'code snippet to run', 'type': 'string'}}, 'required': ['query'], 'type': 'object'}}}]}, config={}, config_factories=[])
| OpenAIToolsAgentOutputParser(), input_keys_arg=['input'], return_keys_arg=['output'], stream_runnable=True), tools=[PythonAstREPLTool(globals={}, locals={'df':   PassengerId Survived Pclass \
0   1   0   3
1   2   1   1
2   3   1   3
3   4   1   1
4   5   0   3
..   ..
886   887   0   2
887   888   1   1
888   889   0   3
889   890   1   1
890   891   0   3

```
       Name                                        Sex     Age   SibSp \
0      Braund, Mr. Owen Harris                     male    22.0      1
1      Cumings, Mrs. John Bradley (Florence Briggs Th...  female  38.0      1
2      Heikkinen, Miss Laina                       female  26.0      0
3      Futrelle, Mrs. Jacques Heath (Lily May Peel)  female  35.0      1
4      Allen, Mr. William Henry                    male    35.0      0
..     ...                                         ...     ...     ...
886    Montvila, Rev. Juozas                       male    27.0      0
887    Graham, Miss Margaret Edith                 female  19.0      0
888    Johnston, Miss Catherine Helen "Carrie"     female  NaN       1
889    Behr, Mr. Karl Howell                       male    26.0      0
890    Dooley, Mr. Patrick                         male    32.0      0

       Parch          Ticket          Fare   Cabin   Embarked
0      0           A/5 21171         7.2500   NaN          S
1      0            PC 17599        71.2833   C85          C
2      0      STON/O2. 3101282       7.9250   NaN          S
3      0              113803        53.1000   C123         S
4      0              373450         8.0500   NaN          S
..     ...             ...            ...     ...         ...
886    0              211536        13.0000   NaN          S
887    0              112053        30.0000   B42          S
888    2           W./C. 6607       23.4500   NaN          S
889    0              111369        30.0000   C148         C
890    0              370376         7.7500   NaN          Q

[891 rows x 12 columns]})], return_intermediate_steps=True)
```

실행 결과를 보면 생성된 에이전트는 복잡한 구조를 가지고 있다. AgentExecutor가 전체 실행을 관리하고, RunnableMultiActionAgent가 여러 작업을 수행할 수 있게 한다. Python 코드 실행을 위한 PythonAstREPLTool이 포함되어 있어, 데이터 조작과 분석에 필요한 Python 명령을 실행할 수 있다. 또한, 시스템 메시지와 사용자 입력을 처리하기 위한 채팅 프롬프트 템플릿이 설정되어 있어 자연스러운 대화 형식의 상호작용이 가능하다.

이러한 구조를 통해 사용자는 '승객의 평균 나이는 얼마인가요?' 또는 '생존율이 가장 높은 승객 등급을 찾아주세요.'와 같은 자연어 질문을 할 수 있고, 에이전트는 이를 이해하고 적절한 Python 코드를 생성하여 Titanic 데이터셋에서 답을 찾아낼 수 있다. 이런 과정을 통해 데이터 과학자나 분석가가 아닌 사용자도 복잡한 데이터 분석 작업을 수행할 수 있다.

langchain_experimental 패키지에서 가져오는 create_pandas_dataframe_agent 함수는 아직 실험 단계에 있는 기능이다. 해당 기능이 지속적으로 개발 중이며, 향후 변경될 수 있다는 의미다. 실험적 기능을 사용할 때는 주의해야 한다. 특히 이 기능은 안정성이 완전히 보장되지 않을 수 있으므로, 중요한 프로덕션 환경에서 사용할 때는 신중해야 한다. 또한 예상치 못한 버그나 동작이 발생할 수 있으므로, 사용 시 충분한 테스트와 검증이 필요하다. 그리고 향후 업데이트에서 API가 변경될 가능성이 있으므로, 코드의 지속적인 유지보수와 업데이트가 필요할 수 있다. 실험적 기능은 향후 완전히 제거되거나 다른 방식으로 대체될 수 있으므로, 장기적인 프로젝트 계획 시 이를 고려해야 한다. 따라서 create_pandas_dataframe_agent를 사용할 때는 이러한 점들을 염두에 두고, 필요에 따라 대체 방안을 준비하거나 LangChain의 업데이트 소식을 모니터링하며 코드를 관리해야 한다.

다음 코드는 LangChain의 Pandas DataFrame 에이전트를 사용하여 데이터셋의 기본 정보를 확인하는 과정을 보여준다. pprint 모듈은 복잡한 데이터 구조를 보기 좋게 출력하기 위해 사용된다. pandas_agent.invoke() 메서드를 호출하여 '데이터셋의 행과 열의 수를 알려주세요.'라는 자연어 질문을 에이전트에 전달한다. 에이전트는 이 질문을 이해하고, 적절한 Python 코드(df.shape)를 생성하여 실행한다.

결과는 딕셔너리 형태로 반환되며, 여기에는 입력 질문, 중간 처리 단계, 그리고 최종 출력이 포함된다. 중간 처리 단계에서는 에이전트가 사용한 도구(python_repl_ast)와 실행한 코드를 확인할 수 있다. 최종 출력은 사용자가 이해하기 쉬운 형태로 변환되어 '데이터셋은 891개의 행과 12개의 열로 구성되어 있습니다.'라고 제시된다.

〈예제 7-39〉 실습 파일명: LC_011_Code_Analysis_Agent.ipynb

```
1  from pprint import pprint
2
3  # Pandas 에이전트를 사용한 기본 정보 확인
4  result = pandas_agent.invoke("데이터셋의 행과 열의 수를 알려주세요.")
5  pprint(result)
```

〈실행 결과〉

{'input': '데이터셋의 행과 열의 수를 알려주세요.',
 'intermediate_steps': [(ToolAgentAction(tool='python_repl_ast', tool_input={'query': 'df.shape'}, log="\nInvoking: 'python_repl_ast' with '{'query': 'df.shape'}'\n\n\n", message_log=[AIMessageChunk(content='', additional_kwargs={'tool_calls': [{'index': 0, 'id': 'call_roc6Z2rPmyK9InSmaDxWdG5A', 'function': {'arguments': '{"query":"df.shape"}', 'name': 'python_repl_ast'}, 'type': 'function'}]}, response_metadata={'finish_reason': 'tool_calls', 'model_name': 'gpt-4o-mini-2024-07-18', 'system_fingerprint': 'fp_482c22a7bc'}, id='run-a089ad4b-90b0-4cba-96cc-b0019eff45ff', tool_calls=[{'name': 'python_repl_ast', 'args': {'query': 'df.shape'}, 'id': 'call_roc6Z2rP-

```
myK9InSmaDxWdG5A', 'type': 'tool_call'}], tool_call_chunks=[{'name': 'python_repl_ast',
'args': '{"query":"df.shape"}', 'id': 'call_roc6Z2rPmyK9InSmaDxWdG5A', 'index': 0, 'type':
'tool_call_chunk'}])], tool_call_id='call_roc6Z2rPmyK9InSmaDxWdG5A'),
                (891, 12))],
'output': '데이터셋은 891개의 행과 12개의 열로 구성되어 있습니다.'}
```

다음 코드는 LangChain의 Pandas DataFrame 에이전트를 사용하여 Titanic 데이터셋에서 생존
자 수를 계산하는 과정을 보여준다. pandas_agent.invoke() 메서드에 '생존자의 수를 계산해주세
요.'라는 자연어 질문을 전달하여 에이전트를 실행한다. 에이전트는 이 질문을 이해하고, 적절한
Python 코드를 생성하여 실행한다.

생성된 코드는 'df['Survived'].sum()'으로, 'Survived' 열의 값들을 합산하는 방식으로 생존자 수
를 계산한다. Titanic 데이터셋에서 'Survived' 열은 1(생존)과 0(사망)으로 구성되어 있어, 이 값
들의 합이 곧 생존자의 총 수가 된다.

결과는 딕셔너리 형태로 반환되며, 'intermediate_steps' 키에서 에이전트가 실행한 구체적인 코
드와 그 결과(342)를 확인할 수 있다. 'output' 키에는 사용자가 이해하기 쉬운 형태로 변환된 최종
결과 '생존자의 수는 342명입니다.'가 저장되어 있다.

〈예제 7-40〉 실습 파일명: LC_011_Code_Analysis_Agent.ipynb

```
1   # 생존자 수 계산
2   result = pandas_agent.invoke("생존자의 수를 계산해주세요.")
3   pprint(result)
```

〈실행 결과〉

```
{'input': '생존자의 수를 계산해주세요.',
'intermediate_steps': [(ToolAgentAction(tool='python_repl_ast', tool_input={'que-
ry': "survivors_count = df['Survived'].sum() \nsurvivors_count"}, log='\nInvok-
ing: 'python_repl_ast' with '{\'query\': "survivors_count = df[\'Survived\'].sum() \\
nsurvivors_count"}'\n\n\n', message_log=[AIMessageChunk(content='', addition-
al_kwargs={'tool_calls': [{'index': 0, 'id': 'call_BgmS1MVQpyJ5c3awT5dBC4X5', 'func-
tion': {'arguments': '{"query":"survivors_count = df[\'Survived\'].sum() \\nsurvivors_
count"}', 'name': 'python_repl_ast'}, 'type': 'function'}]}, response_metadata={'fin-
ish_reason': 'tool_calls', 'model_name': 'gpt-4o-mini-2024-07-18', 'system_fingerprint':
'fp_482c22a7bc'}, id='run-ebce2896-aa0d-4cd7-aea5-18474fe93755', tool_calls=[{'name':
'python_repl_ast', 'args': {'query': "survivors_count = df['Survived'].sum() \nsurvi-
vors_count"}, 'id': 'call_BgmS1MVQpyJ5c3awT5dBC4X5', 'type': 'tool_call'}], tool_call_
```

```
chunks=[{'name': 'python_repl_ast', 'args': '{"query":"survivors_count = df[\'Sur-
vived\'].sum() \\nsurvivors_count"}', 'id': 'call_BgmS1MVQpyJ5c3awT5dBC4X5', 'index':
0, 'type': 'tool_call_chunk'}])], tool_call_id='call_BgmS1MVQpyJ5c3awT5dBC4X5'),
            342)],
 'output': '생존자의 수는 342명입니다.'}
```

3-2 PythonREPL(Read-Eval-Print Loop) 도구

PythonREPL(Read-Eval-Print Loop) 유틸리티는 LangChain 라이브러리의 실험적 기능 중 하나
로, 대화형 Python 환경을 시뮬레이션하는 강력한 도구다. 이 도구를 통해 에이전트는 Python 코
드를 동적으로 실행하고 그 결과를 즉시 얻을 수 있다.

PythonREPL 객체를 초기화하면 에이전트는 격리된 환경에서 안전하게 Python 코드를 실행할 수
있게 된다. 이는 특히 데이터 분석, 복잡한 계산, 또는 동적 코드 생성이 필요한 작업에서 매우 유
용하다.

이전에 살펴본 pandas_agent가 내부적으로 사용하는 기능과 유사하지만, PythonREPL을 직접 초
기화하고 사용함으로써 개발자는 더 세밀한 제어와 커스터마이징이 가능해진다. 예를 들어, 특정
라이브러리나 함수만 사용 가능하도록 제한하거나, 실행 시간에 제한을 두는 등의 추가적인 보안
설정을 구현할 수 있다.

실행 결과를 보면, 초기화된 PythonREPL 객체는 빈 전역 변수(globals)와 지역 변수(locals) 딕
셔너리를 가지고 있다. 이는 완전히 새로운, 격리된 Python 환경이 생성되었음을 의미한다. 필요
에 따라 이 환경에 변수나 함수를 추가하여 에이전트가 사용할 수 있는 기능을 확장할 수 있다.

주의할 점은 이 기능이 experimental 패키지에 속해 있다는 것이다. 이는 향후 변경될 수 있으며,
때문에 프로덕션 환경에서 사용할 때는 신중을 기해야 한다. 또한, 보안상의 이유로 사용자 입력을
직접 이 환경에서 실행하는 것은 피해야 하며, 항상 입력을 검증하고 제한된 범위 내에서만 코드를
실행하도록 해야 한다.

〈예제 7-41〉 실습 파일명: LC_ 011_ Code_ Analysis_ Agent. ipynb

```
1   # LangChain의 실험적 기능에서 PythonREPL 유틸리티를 임포트
2   from langchain_experimental.utilities import PythonREPL
3
4   # PythonREPL 객체 초기화
5   python_repl = PythonREPL()
6
7   # 생성된 PythonREPL 객체 출력
8   python_repl
```

```
PythonREPL(globals={}, locals={})
```

다음 예제에서는 `python_repl.run("print(2+10)")` 명령을 통해 간단한 덧셈 연산을 수행하고 그 결과를 출력하는 코드를 실행한다.

실행 결과를 보면 먼저 `PythonREPL can execute arbitrary code. Use with caution.`이라는 경고 메시지가 표시되는데, 이는 PythonREPL이 임의의 Python 코드를 실행할 수 있는 강력한 기능을 가지고 있어 사용 시 주의가 필요하다는 것을 알려준다. 그 다음 줄에는 실제 코드 실행 결과인 **12**가 출력된다.

```
1    # PythonREPL 도구 실행
2    result = python_repl.run("print(2+10)")
3
4    print(result)
```

```
PythonREPL can execute arbitrary code. Use with caution.
12
```

> **NOTE**
>
> 이 예제는 PythonREPL의 기본적인 사용법을 보여주지만, 동시에 이 도구의 잠재적인 위험성도 강조한다. PythonREPL은 문자열로 주어진 어떤 Python 코드도 실행할 수 있기 때문에, 악의적이거나 위험한 코드가 실행될 가능성이 있다. 따라서 이 도구를 사용할 때는 입력 검증, 권한 제한, 샌드박싱, 실행 시간 제한 등의 안전 조치를 고려해야 한다. 이러한 조치들은 PythonREPL을 활용한 시스템의 보안과 안정성을 높이는 데 도움이 된다. 항상 보안을 최우선으로 고려하여 사용해야 한다는 점을 명심해야 한다.

3-3 ReAct 에이전트 구현

다음 코드에서는 타이타닉 데이터셋을 분석하는 ReAct 에이전트를 구현한다. 이 에이전트는 사용자의 질문을 이해하고, 적절한 도구를 선택하여 타이타닉 데이터셋을 분석하며, 결과에 대한 설명을 제공할 수 있다.

이를 위해 먼저 필요한 도구들을 정의한다. `pandas_tool`은 타이타닉 데이터프레임을 조작하는 데 사용되며, `repl_tool`은 복잡한 Python 명령을 실행하는 데 활용된다. 이 두 도구는 `Tool` 클래스를 사용하여 생성되며, 각각의 기능과 설명을 포함해 지정해야 한다.

다음으로 ChatOpenAI 모델 인스턴스를 생성한다. 여기서는 'gpt-4o-mini' 모델을 사용한다. 시스템 프롬프트를 통해 에이전트의 역할과 작업 방식을 정의한다.

create_react_agent 함수를 사용하여 ReAct 에이전트를 생성한다. 이 함수에 LLM 모델, 도구목록, 그리고 시스템 프롬프트를 전달한다. 생성된 에이전트는 사용자 쿼리에 대해 추론하고, 필요한 도구를 선택하여 작업을 수행할 수 있다. 그리고 에이전트의 그래프 구조를 시각화한다.

〈예제 7-43〉 실습 파일명: LC_ 011_ Code_ Analysis_ Agent. ipynb

```
1   from langchain_core.tools import Tool
2   from langchain_openai import ChatOpenAI
3   from langgraph.prebuilt import create_react_agent
4   from IPython.display import Image, display
5
6   # Pandas 도구 생성
7   pandas_tool = Tool(
8     name="pandas_agent",
9     func=pandas_agent.invoke,
10    description="""타이타닉 데이터가 저장된 데이터프레임 df에 대한 조작 도구.
11    데이터 분석, 필터링, 그룹화 등의 작업에 사용합니다."""
12  )
13
14  # PythonREPL 도구 생성
15  python_repl = PythonREPL()
16  repl_tool = Tool(
17    name="python_repl",
18    func=python_repl.run,
19    description="""Python 명령을 실행하는 Python 셀.
20    복잡한 계산이나 pandas_agent로 처리하기 어려운 작업에 사용합니다."""
21  )
22
23  # 도구 목록 생성
24  tools = [pandas_tool, repl_tool]
25
26  # LLM 모델 인스턴스를 생성
27  model = ChatOpenAI(model="gpt-4o-mini")
28
29  # 시스템 프롬프트 정의
30  prompt = """
31  타이타닉 데이터셋을 분석하는 데이터 과학자 도우미입니다.
32  답변에 대한 추론 과정과 근거에 대해서 설명하고 최종 답변을 출력합니다.
33  """
34
35  # LLM에 도구 바인딩하여 ReAct 에이전트 생성
36  agent = create_react_agent(model, tools=tools, state_modifier=prompt)
37
38  # 에이전트 그래프 구조 시각화
39  display(Image(agent.get_graph().draw_mermaid_png()))
```

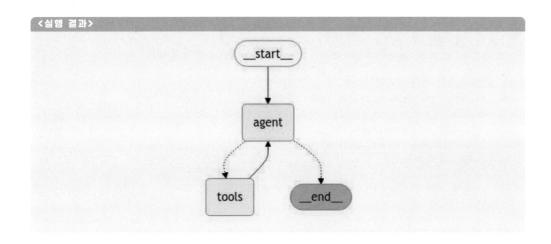

3-4 ReAct 에이전트 실행

다음 코드는 앞에서 구현한 ReAct 에이전트를 사용하여 타이타닉 데이터셋을 분석하는 과정을 보여준다. 여기서는 '데이터셋의 행과 열의 수를 알려주세요.'라는 질문을 에이전트에 전달한다.

에이전트의 응답을 스트리밍 방식으로 출력하기 위해 agent.stream() 메서드를 사용한다. config 매개변수로 재귀 제한을 설정하고, stream_mode를 'values'로 지정하여 값들을 순차적으로 출력한다.

실행 결과를 살펴보면, ReAct 에이전트는 다음과 같은 과정을 거친다. 에이전트가 어떻게 사용자의 질문을 이해하고, 적절한 도구를 선택하여 데이터를 분석하며, 결과를 해석하여 사용자에게 제공하는지 볼 수 있다.

❶ 사용자의 질문을 이해하고 적절한 도구를 선택한다. 여기서는 pandas_agent를 호출한다.

❷ pandas_agent는 내부적으로 PythonREPL을 사용하여 'df.shape' 명령을 실행한다.

❸ 실행 결과로 데이터프레임의 shape인 (891, 12)를 얻는다.

❹ 이 결과를 바탕으로 에이전트는 최종 응답을 생성한다. 데이터셋이 891개의 행과 12개의 열로 구성되어 있다는 것을 명확하게 설명한다.

```
1    # 입력 값 정의
2    inputs = {"messages": [("user", "데이터셋의 행과 열의 수를 알려주세요.")]}
3
4    # 에이전트의 응답을 스트리밍 방식으로 출력
5    config = {"recursion_limit": 10}
6    for s in agent.stream(inputs, config=config, stream_mode="values"):
7      message = s["messages"][-1]
8      if isinstance(message, tuple):
9        print(message)
10     else:
11       message.pretty_print()
```

〈실행 결과〉

========================== Human Message ==========================

데이터셋의 행과 열의 수를 알려주세요.
===========================Ai Message ==========================
Tool Calls:
 pandas_agent (call_yZQkXP8Kfewck877DIw3RiVd)
 Call ID: call_yZQkXP8Kfewck877DIw3RiVd
 Args:
   __arg1: df.shape
========================== Tool Message ==========================
Name: pandas_agent

{'input': 'df.shape', 'output': 'The shape of the dataframe 'df' is (891, 12), which means it
has 891 rows and 12 columns.', 'intermediate_steps': [(ToolAgentAction(tool='python_
repl_ast', tool_input={'query': 'df.shape'}, log="\nInvoking: 'python_repl_ast' with
'{'query': 'df.shape'}'\n\n\n", message_log=[AIMessageChunk(content='', additional_
kwargs={'tool_calls': [{'index': 0, 'id': 'call_nk8PWsTKI5TEL2UPvvr6u1n6', 'function':
{'arguments': '{"query":"df.shape"}', 'name': 'python_repl_ast'}, 'type': 'function'}]}, response_
metadata={'finish_reason': 'tool_calls', 'model_name': 'gpt-4o-mini-2024-07-18', 'sys-
tem_fingerprint': 'fp_482c22a7bc'}, id='run-b154c9e6-3845-42fd-9c48-a5c78ff61687',
tool_calls=[{'name': 'python_repl_ast', 'args': {'query': 'df.shape'}, 'id': 'call_nk8PWsT-
KI5TEL2UPvvr6u1n6', 'type': 'tool_call'}], tool_call_chunks=[{'name': 'python_repl_ast',
'args': '{"query":"df.shape"}', 'id': 'call_nk8PWsTKI5TEL2UPvvr6u1n6', 'index': 0, 'type': 'tool_
call_chunk'}])], tool_call_id='call_nk8PWsTKI5TEL2UPvvr6u1n6'), (891, 12))]}
========================== Ai Message ==========================

타이타닉 데이터셋의 행과 열의 수는 다음과 같습니다:

- **행 (Rows)**: 891
- **열 (Columns)**: 12

따라서 데이터프레임은 891개의 행과 12개의 열로 구성되어 있습니다.

다음 코드에서는 ReAct 에이전트를 사용하여 타이타닉 데이터셋의 생존자 수와 생존율을 계산하는 과정을 보여준다. 이 과정을 통해 ReAct 에이전트가 어떻게 여러 도구를 조합하여 복잡한 데이터 분석 작업을 수행하는지 볼 수 있다.

먼저 사용자 입력을 정의한다. 여기서는 '생존자의 수와 생존율을 계산해주세요.'와 '생존율은 소수점 둘째 자리까지 표시해주세요.' 라는 두 개의 연속된 질문을 에이전트에 전달한다. 그리고, `agent.stream()` 메서드를 사용하여 에이전트의 응답을 스트리밍 방식으로 출력한다.

실행 결과를 살펴보면, 에이전트는 `pandas_agent`를 사용하여 기본적인 데이터 조회를 수행하고, `python_repl`을 사용하여 추가적인 계산을 수행한다. 또한 사용자의 요구사항(소수점 둘째 자리까지 표시)을 정확히 반영하여 결과를 제시한다. 구체적으로 에이전트는 다음과 같은 과정을 거친다.

❶ `pandas_agent`를 호출하여 생존자 수(df['Survived'].sum())와 전체 승객 수(len(df))를 계산한다.

❷ `python_repl`을 사용하여 생존율을 계산하고 소수점 둘째 자리까지 반올림한다.

❸ 최종적으로 에이전트는 계산 결과를 정리하여 다음과 같이 응답한다.
- 생존자의 수: 342명
- 생존율: 38.39%

〈예제 7-45〉 실습 파일명: LC_011_Code_Analysis_Agent.ipynb

```
1   # 입력 값 정의
2   inputs = {
3     "messages": [
4       ("user", "생존자의 수와 생존율을 계산해주세요."),
5       ("user", "생존율은 소수점 둘째 자리까지 표시해주세요.")
6     ]
7   }
8
9   # 에이전트의 응답을 스트리밍 방식으로 출력
10  config = {"recursion_limit": 10}
11  for s in agent.stream(inputs, config=config, stream_mode="values"):
12    message = s["messages"][-1]
13    if isinstance(message, tuple):
14      print(message)
15    else:
16      message.pretty_print()
```

〈실행 결과〉

```
=========================== Human Message ===========================

생존율은 소수점 둘째 자리까지 표시해주세요.
============================Ai Message ===========================
Tool Calls:
```

pandas_agent (call_IOnPF6HxxMjxxxKZk5ptQtDG)
Call ID: call_IOnPF6HxxMjxxxKZk5ptQtDG
 Args:
  __arg1: df['Survived'].sum()
 pandas_agent (call_WXbVOujBupK9kJ7Ca92IJ8Dd)
Call ID: call_WXbVOujBupK9kJ7Ca92IJ8Dd
 Args:
  __arg1: len(df)
========================= Tool Message =========================
Name: pandas_agent

{'input': 'len(df)', 'output': 'The length of the dataframe 'df' is 891, meaning it contains 891 rows.', 'intermediate_steps': [(ToolAgentAction(tool='python_repl_ast', tool_input={'query': 'len(df)'}, log="\nInvoking: 'python_repl_ast' with '{'query': 'len(df)'}'\n\n\n", message_log=[AIMessageChunk(content='', additional_kwargs={'tool_calls': [{'index': 0, 'id': 'call_CMGuwjxBEIDRilcqXCXPLEns', 'function': {'arguments': '{"query":"len(df)"}', 'name': 'python_repl_ast'}, 'type': 'function'}]}, response_metadata={'finish_reason': 'tool_calls', 'model_name': 'gpt-4o-mini-2024-07-18', 'system_fingerprint': 'fp_482c22a7bc'}, id='run-b7122876-342b-488f-9543-0cf736a133fc', tool_calls=[{'name': 'python_repl_ast', 'args': {'query': 'len(df)'}, 'id': 'call_CMGuwjxBEIDRilcqXCXPLEns', 'type': 'tool_call'}], tool_call_chunks=[{'name': 'python_repl_ast', 'args': '{"query":"len(df)"}', 'id': 'call_CMGuwjxBEIDRilcqXCXPLEns', 'index': 0, 'type': 'tool_call_chunk'}])], tool_call_id='call_CMGuwjxBEIDRilcqXCXPLEns'), 891)]}
========================= Ai Message =========================
Tool Calls:
 python_repl (call_xGF1fLkAjgyMNlz8Vdv0TLdR)
Call ID: call_xGF1fLkAjgyMNlz8Vdv0TLdR
 Args:
  __arg1: survivors = 342
passengers = 891
survival_rate = (survivors / passengers) * 100
round(survival_rate, 2)
========================= Tool Message =========================
Name: python_repl

=========================Ai Message =========================

생존자의 수는 342명이고, 전체 승객 수는 891명입니다. 이를 바탕으로 생존율을 계산하면, 생존율은 약 38.39%입니다.

최종 답변:
- 생존자의 수: 342명
- 생존율: 38.39%

다음 예제는 ReAct 에이전트를 사용하여 타이타닉 데이터셋의 승객 클래스별 생존율을 비교 분석하는 과정을 보여준다. 이 과정을 통해 ReAct 에이전트가 어떻게 데이터를 분석하고 결과를 해석하는지 볼 수 있다.

먼저 사용자 입력을 정의하고, 두 개의 연속된 질문을 에이전트에게 전달한다. 각각의 질문은 '각 승객 클래스(Pclass)별 생존율을 계산하고,'와 '어떤 클래스의 생존율이 가장 높은지 분석해주세요.' 라는 내용이다. 이어서 에이전트의 응답을 스트리밍 방식으로 출력하기 위해 agent.stream() 메서드를 사용한다.

실행 결과를 살펴보면, 에이전트는 pandas_agent를 사용하여 데이터를 그룹화하고 평균을 계산한 후, 이 결과를 바탕으로 의미 있는 분석 결과를 도출한다. 구체적으로 에이전트는 다음과 같은 과정을 거친다.

❶ pandas_agent를 호출하여 각 승객 클래스별 생존율을 계산한다. 이를 위해 df.groupby ('Pclass')['Survived'].mean() 명령을 사용한다.

❷ 계산 결과를 해석하여 각 클래스별 생존율을 백분율로 표시한다.

- Pclass 1: 약 63%
- Pclass 2: 약 47%
- Pclass 3: 약 24%

❸ 이 결과를 바탕으로 에이전트는 분석 결과를 제시한다.

- Pclass 1의 승객이 가장 높은 생존율(약 63%)을 보였다.
- Pclass 3의 승객이 가장 낮은 생존율(약 24%)을 보였다.
- 승객 클래스가 생존율에 큰 영향을 미쳤으며, 고급 클래스인 Pclass 1의 승객들이 상대적으로 더 높은 생존 가능성을 가졌다.

〈예제 7-46〉 실습 파일명: LC_011_Code_Analysis_Agent.ipynb

```
1   # 입력 값 정의
2   inputs = {
3     "messages": [
4       ("user", "각 승객 클래스(Pclass)별 생존율을 계산하고,"),
5       ("user", "어떤 클래스의 생존율이 가장 높은지 분석해주세요.")
6       ]
7     }
8
9   # 에이전트의 응답을 스트리밍 방식으로 출력
10  config = {"recursion_limit": 10}
11  for s in agent.stream(inputs, config=config, stream_mode="values"):
12    message = s["messages"][-1]
13    if isinstance(message, tuple):
14      print(message)
15    else:
16      message.pretty_print()
```

```
========================= Human Message =============================
```

어떤 클래스의 생존율이 가장 높은지 분석해주세요.

```
==============================Ai Message =============================
Tool Calls:
 pandas_agent (call_bfHbJyBP82HwmbspiGewpFps)
 Call ID: call_bfHbJyBP82HwmbspiGewpFps
 Args:
   __arg1: df.groupby('Pclass')['Survived'].mean()
============================= Tool Message ===========================
Name: pandas_agent
```

{'input': "df.groupby('Pclass')['Survived'].mean()", 'output': 'The mean survival rates by passenger class (Pclass) are as follows:\n\n- Pclass 1: 0.629630 (approximately 63%)\n- Pclass 2: 0.472826 (approximately 47%)\n- Pclass 3: 0.242363 (approximately 24%)', 'intermediate_steps': [(ToolAgentAction(tool='python_repl_ast', tool_input={'query': "df.groupby('Pclass')['Survived'].mean()"}, log='\nInvoking: 'python_repl_ast' with '{\'query\': "df.groupby(\'Pclass\')[\'Survived\'].mean()"}\n\n\n', message_log=[AIMessageChunk(content='', additional_kwargs={'tool_calls': [{'index': 0, 'id': 'call_trkl8wTJ5tBJYD3fXHNLcid2', 'function': {'arguments': '{"query":"df.groupby(\'Pclass\')[\'Survived\'].mean()"}', 'name': 'python_repl_ast'}, 'type': 'function'}]}, response_metadata={'finish_reason': 'tool_calls', 'model_name': 'gpt-4o-mini-2024-07-18', 'system_fingerprint': 'fp_482c22a7bc'}, id='run-54458b27-f5e2-4c73-bcc1-65cca850749c', tool_calls=[{'name': 'python_repl_ast', 'args': {'query': "df.groupby('Pclass')['Survived'].mean()"}, 'id': 'call_trkl8wTJ5tBJYD3fXHNLcid2', 'type': 'tool_call'}], tool_call_chunks=[{'name': 'python_repl_ast', 'args': '{"query":"df.groupby(\'Pclass\')[\'Survived\'].mean()"}', 'id': 'call_trkl8wTJ5tBJYD3fXHNLcid2', 'index': 0, 'type': 'tool_call_chunk'}])], tool_call_id='call_trkl8wTJ5tBJYD3fXHNLcid2'), Pclass
1   0.629630
2   0.472826
3   0.242363
Name: Survived, dtype: float64)]}

```
==============================Ai Message =============================
```

각 승객 클래스(Pclass)별 생존율은 다음과 같습니다:

- **Pclass 1**: 0.629630(약 63%)
- **Pclass 2**: 0.472826(약 47%)
- **Pclass 3**: 0.242363(약 24%)

이를 통해 분석해보면, **Pclass 1**의 승객이 가장 높은 생존율(약 63%)을 보였고, **Pclass 3**의 승객은 가장 낮은 생존율(약 24%)을 보였습니다.

결론적으로, 타이타닉에서 승객 클래스가 생존율에 큰 영향을 미쳤으며, 고급 클래스인 Pclass 1의 승객들이 상대적으로 더 높은 생존 가능성을 가졌음을 알 수 있습니다.

3-5 에이전트를 이용한 데이터 시각화

다음 예제에서는 타이타닉 데이터셋의 승객 클래스(Pclass)별 생존율을 시각화하는 ReAct 에이전
트의 구현을 보여준다. 먼저 필요한 라이브러리인 matplotlib과 seaborn을 임포트한다. 그 다음 사
용자 입력을 정의하는데, 여기서는 seaborn을 사용하여 Pclass별 생존율을 막대 그래프로 시각화
해달라는 요청이 포함되어 있다.

에이전트의 응답은 스트리밍 방식으로 출력되며, 이를 위해 agent.stream() 메서드를 사용한다.
에이전트는 pandas_agent 도구를 호출하여 시각화 코드를 생성한다. 생성된 코드는 데이터프레
임에서 Pclass별 생존율을 계산하고, 이를 seaborn의 barplot 함수를 사용하여 막대 그래프로 표
현한다.

실행 결과를 보면 에이전트는 생성된 코드와 그 결과를 설명하며, 그래프가 Pclass별 평균 생존율
을 보여주고 있다고 말한다. 또한, 사용자가 추가 질문이나 요청이 있으면 물어볼 수 있다고 안내
한다.

〈예제 7-47〉 실습 파일명: LC_ 011_ Code_ Analysis_ Agent. ipynb

```
1   import matplotlib.pyplot as plt
2   import seaborn as sns
3
4   # 입력 값 정의
5   inputs = {
6       "messages": [
7           ("user", "seaborn을 사용하여 승객 클래스(Pclass)별 생존율을 시각화해주세요."),
8           ("user", "막대 그래프를 사용하고, x축은 Pclass, y축은 생존율로 설정해주세요."),
9       ]
10  }
11
12  # 에이전트의 응답을 스트리밍 방식으로 출력
13  config = {"recursion_limit": 10}
14  for s in agent.stream(inputs, config=config, stream_mode="values"):
15      message = s["messages"][-1]
16      if isinstance(message, tuple):
17          print(message)
18      else:
19          message.pretty_print()
```

```
========================= Human Message =========================
```

막대 그래프를 사용하고, x축은 Pclass, y축은 생존율로 설정해주세요.

```
==========================Ai Message =========================
Tool Calls:
 pandas_agent (call_m3kWTwuU9Lb8QSCtp8eoJGl9)
 Call ID: call_m3kWTwuU9Lb8QSCtp8eoJGl9
 Args:
   __arg1: import seaborn as sns
import matplotlib.pyplot as plt

# 생존율 계산
survival_rate = df.groupby('Pclass')['Survived'].mean().reset_index()

# 막대 그래프 그리기
plt.figure(figsize=(8, 5))
sns.barplot(x='Pclass', y='Survived', data=survival_rate, palette='viridis')
plt.title('Pclass별 생존율')
plt.xlabel('Pclass')
plt.ylabel('생존율')
plt.ylim(0, 1)
plt.show()
<string>:5: FutureWarning:

Passing 'palette' without assigning 'hue' is deprecated and will be removed in
v0.14.0. Assign the 'x' variable to 'hue' and set 'legend=False' for the same effect.

/Users/steve2/Library/Caches/pypoetry/virtualenvs/langchain-book-AlsLlHcI-py3.11/
lib/python3.11/site-packages/IPython/core/pylabtools.py:170: UserWarning: Glyph
49373 (\N{HANGUL SYLLABLE SAENG}) missing from font(s) DejaVu Sans.
  fig.canvas.print_figure(bytes_io, **kw)
/Users/steve2/Library/Caches/pypoetry/virtualenvs/langchain-book-AlsLlHcI-py3.11/
lib/python3.11/site-packages/IPython/core/pylabtools.py:170: UserWarning: Glyph
51316 (\N{HANGUL SYLLABLE JON}) missing from font(s) DejaVu Sans.
  fig.canvas.print_figure(bytes_io, **kw)
/Users/steve2/Library/Caches/pypoetry/virtualenvs/langchain-book-AlsLlHcI-py3.11/
lib/python3.11/site-packages/IPython/core/pylabtools.py:170: UserWarning: Glyph
50984 (\N{HANGUL SYLLABLE YUL}) missing from font(s) DejaVu Sans.
  fig.canvas.print_figure(bytes_io, **kw)
/Users/steve2/Library/Caches/pypoetry/virtualenvs/langchain-book-AlsLlHcI-py3.11/
```

lib/python3.11/site-packages/IPython/core/pylabtools.py:170: UserWarning: Glyph 48324 (\N{HANGUL SYLLABLE BYEOL}) missing from font(s) DejaVu Sans.
  fig.canvas.print_figure(bytes_io, **kw)

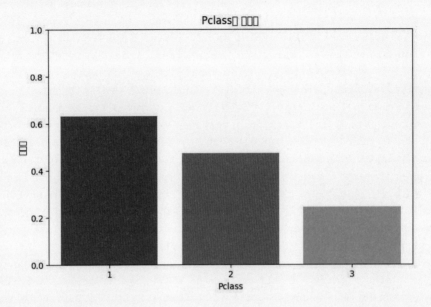

============================= Tool Message =============================
Name: pandas_agent
{'input': "import seaborn as sns\nimport matplotlib.pyplot as plt\n\n# 생존율 계산\nsurvival_rate = df.groupby('Pclass')['Survived'].mean().reset_index()\n\n# 막대 그래프 그리기\nplt.figure(figsize=(8, 5))\nsns.barplot(x='Pclass', y='Survived', data=survival_rate, palette='viridis')\nplt.title('Pclass별 생존율')\nplt.xlabel('Pclass')\nplt.ylabel('생존율')\nplt.ylim(0, 1)\nplt.show()", 'output': 'The code you provided calculates the survival rate based on passenger class (Pclass) and then visualizes it using a bar plot. The plot shows the average survival rate for each class, with the y-axis ranging from 0 to 1. \n\nIf you have any specific questions or need further assistance with this code or its output, feel free to ask!', 'intermediate_steps': [(ToolAgentAction(tool='python_repl_ast', tool_input={'query': "import seaborn as sns\nimport matplotlib.pyplot as plt\n\n# 생존율 계산\nsurvival_rate = df.groupby('Pclass')['Survived'].mean().reset_index()\n\n# 막대 그래프 그리기\nplt.figure(figsize=(8, 5))\nsns.barplot(x='Pclass', y='Survived', data=survival_rate, palette='viridis')\nplt.title('Pclass별 생존율')\nplt.xlabel('Pclass')\nplt.ylabel('생존율')\nplt.ylim(0, 1)\nplt.show()"}, log='\nInvoking: `python_repl_ast` with `{\'query\': "import seaborn as sns\\nimport matplotlib.pyplot as plt\\n\\n# 생존율 계산\\nsurvival_rate = df.groupby(\'Pclass\')[\'Survived\'].mean().reset_index()\\n\\n# 막대 그래프 그리기\\nplt.figure(fig-

size=(8, 5))\\nsns.barplot(x=\'Pclass\', y=\'Survived\', data=survival_rate, palette=\'viridis\')\\nplt.title(\'Pclass별 생존율\')\\nplt.xlabel(\'Pclass\')\\nplt.ylabel(\'생존율\')\\nplt.ylim(0, 1)\\nplt.show()"}\'\n\n\n', message_log=[AIMessageChunk(content='', additional_kwargs={'tool_calls': [{'index': 0, 'id': 'call_JimkMzXTGJBcR4wVKY9ne7N6', 'function': {'arguments': '{"query": "import seaborn as sns\\nimport matplotlib.pyplot as plt\\n\n# 생존율 계산\\nsurvival_rate = df.groupby(\'Pclass\')[\'Survived\'].mean().reset_index()\\n\n# 막대 그래프 그리기\\nplt.figure(figsize=(8, 5))\\nsns.barplot(x=\'Pclass\', y=\'Survived\', data=survival_rate, palette=\'viridis\')\\nplt.title(\'Pclass별 생존율\')\\nplt.xlabel(\'Pclass\')\\nplt.ylabel(\'생존율\')\\nplt.ylim(0, 1)\\nplt.show()"}', 'name': 'python_repl_ast'}, 'type': 'function'}]}, response_metadata={'finish_reason': 'tool_calls', 'model_name': 'gpt-4o-mini-2024-07-18', 'system_fingerprint': 'fp_482c22a7bc'}, id='run-a6aa0fc7-915e-41ac-aed3-a25577b45d35', tool_calls=[{'name': 'python_repl_ast', 'args': {'query': "import seaborn as sns\nimport matplotlib.pyplot as plt\n\n# 생존율 계산\nsurvival_rate = df.groupby('Pclass')['Survived'].mean().reset_index()\n\n# 막대 그래프 그리기\nplt.figure(figsize=(8, 5))\nsns.barplot(x='Pclass', y='Survived', data=survival_rate, palette='viridis')\nplt.title('Pclass별 생존율')\nplt.xlabel('Pclass')\nplt.ylabel('생존율')\nplt.ylim(0, 1)\nplt.show()"}, 'id': 'call_JimkMzXTGJBcR4wVKY9ne7N6', 'type': 'tool_call'}], tool_call_chunks=[{'name': 'python_repl_ast', 'args': '{"query": "import seaborn as sns\\nimport matplotlib.pyplot as plt\\n\n# 생존율 계산\\nsurvival_rate = df.groupby(\'Pclass\')[\'Survived\'].mean().reset_index()\\n\n# 막대 그래프 그리기\\nplt.figure(figsize=(8, 5))\\nsns.barplot(x=\'Pclass\', y=\'Survived\', data=survival_rate, palette=\'viridis\')\\nplt.title(\'Pclass별 생존율\')\\nplt.xlabel(\'Pclass\')\\nplt.ylabel(\'생존율\')\\nplt.ylim(0, 1)\\nplt.show()"}', 'id': 'call_JimkMzXTGJBcR4wVKY9ne7N6', 'index': 0, 'type': 'tool_call_chunk'}])], tool_call_id='call_JimkMzXTGJBcR4wVKY9ne7N6'), '')]]
============================== Ai Message ==============================
위 코드는 타이타닉 데이터셋에서 승객 클래스(Pclass)별 생존율을 계산하고, 이를 막대 그래프로 시각화하는 방법을 보여줍니다.
코드 설명:
1. **생존율 계산**: 'df.groupby('Pclass')['Survived'].mean().reset_index()'를 사용하여 각 승객 클래스별로 생존율을 계산합니다. 이때 'Survived' 열은 1이면 생존, 0이면 사망을 의미하므로 평균을 구하면 생존율이 됩니다.

2. **그래프 그리기**:
  - 'plt.figure(figsize=(8, 5))'로 그래프의 크기를 설정합니다.
  - 'sns.barplot()'을 사용하여 X축에 Pclass, Y축에 생존율을 설정한 막대 그래프를 생성합니다.
  - 그래프의 제목과 축 레이블을 설정하고, Y축의 범위를 0부터 1로 설정합니다.
3. **그래프 출력**: 'plt.show()'를 호출하여 그래프를 출력합니다.
이 코드를 실행하면 Pclass별 생존율을 나타내는 막대 그래프가 생성됩니다. 각 클래스의 생존율이 어떻게 다른지를 시각적으로 확인할 수 있습니다.
추가 질문이나 요청이 있으시면 말씀해 주세요!

코드 실행 결과, 몇 가지 경고 메시지가 출력되는데, 주로 한글 폰트와 관련된 문제로 보인다. Glyph 49373 (HANGUL SYLLABLE SAENG) missing from font(s) DejaVu Sans 등의 메시지는 그래프의 한글 제목이나 레이블에 사용된 한글 글자가 현재 시스템의 폰트에서 지원되지 않아 발생한 것이다. 각자 운영 체제에 맞는 한글 폰트를 설정하면 경고 메시지가 표시되지 않는다. 구체적인 설정 방법은 〈예제 7-19〉를 참조한다.

이어지는 예제에서는 시각화와 관련된 도구의 기능을 명확하게 정의하고, 시스템 프롬프트에도 각 도구의 용도를 구분하여 상세하게 기술한다. 이를 통해 이전보다 시각화 기능이 강화된 ReAct 에 이전트를 구성할 수 있다. pandas를 사용한 데이터 분석뿐만 아니라 Matplotlib이나 Seaborn을 사용한 복잡한 시각화 작업도 무난하게 수행할 수 있게 된다.

먼저 'python_repl_with_visualization'이라는 새로운 도구를 정의하여 Python 명령 실행과 데이터 시각화를 가능하게 한다. 이 도구와 기존의 'pandas_tool'을 포함하는 도구 목록을 생성한다. 그 다음, ChatOpenAI 모델을 'gpt-4o-mini'로 설정하여 LLM 모델 인스턴스를 생성한다. 시스템 프롬프트를 통해 에이전트의 역할과 각 도구의 사용 목적을 명확히 정의한다. 이후 create_react_agent 함수를 사용하여 LLM 모델, 도구 목록, 시스템 프롬프트를 결합한 ReAct 에이전트를 생성한다. 마지막으로, 생성된 에이전트의 그래프 구조를 Mermaid를 이용해 PNG 이미지로 시 각화한다. 이러한 과정을 통해 데이터 분석과 시각화 능력이 향상된 대화형 에이전트가 구축된다.

〈예제 7-48〉 실습 파일명: LC_011_Code_Analysis_Agent.ipynb

```
1   # Tool 정의
2   repl_tool = Tool(
3     name="python_repl_with_visualization",
4     func=python_repl.run,
5     description="""Python 명령을 실행하고 시각화하는 도구입니다.
6   복잡한 계산, pandas로 처리하기 어려운 작업,
7   또는 데이터 시각화에 사용합니다.
8   Matplotlib이나 Seaborn을 사용한 시각화 코드를 실행하면 이미지가 생성됩니다."""
9   )
10
11  # 도구 목록 생성
12  tools = [pandas_tool, repl_tool]
13
14  # LLM 모델 인스턴스 생성
15  model = ChatOpenAI(model="gpt-4o-mini")
16
17  # 시스템 프롬프트 정의
18  prompt = """
19  데이터셋을 분석하는 데이터 과학자 도우미입니다.
```

```
20    데이터를 가져오는 작업과 분석 작업은 pandas_agent 도구를 사용합니다.
21    파이썬 코드 실행과 시각화 작업은 python_repl_with_visualization 도구를 사용합니다.
22    답변에 대한 추론 과정과 근거에 대해서 설명하고 최종 답변을 출력합니다.
23    """
24
25    # LLM에 도구를 바인딩하여 ReAct 에이전트 생성
26    agent = create_react_agent(model, tools=tools, state_modifier=prompt)
27
28    # 에이전트 그래프 구조 시각화
29    display(Image(agent.get_graph().draw_mermaid_png()))
```

< 실행 결과 >

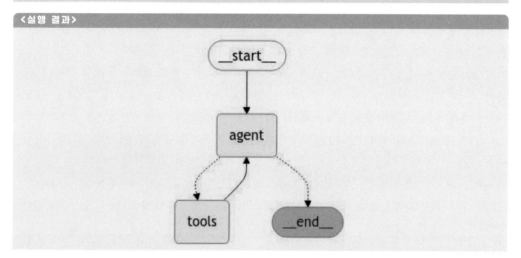

다음 코드는 타이타닉 데이터셋의 승객 클래스(Pclass)별 생존율을 시각화하는 과정을 보여준다.
사용자 입력에는 승객 클래스별 생존율을 막대 그래프로 시각화하라는 요청이 포함되어 있다.
에이전트의 응답은 스트리밍 방식으로 출력되며, agent.stream() 메서드를 사용한다. 에이전
트는 먼저 pandas_agent 도구를 호출하여 각 클래스별 생존율을 계산한다. 그 결과, 1등급은 약
63%, 2등급은 약 47%, 3등급은 약 24%의 생존율을 보인다.
이후 에이전트는 python_repl_with_visualization 도구를 사용하여 시각화 코드를 생성한다.
이 코드는 matplotlib을 사용하여 막대 그래프를 생성한다. 그래프의 x축은 Pclass, y축은 생존율로
설정되며, 각 클래스별로 다른 색상의 막대로 표현된다.
마지막으로 에이전트는 생성된 그래프를 해석하여 설명한다. 1등급 승객의 생존율이 가장 높고,
3등급 승객의 생존율이 가장 낮다는 점을 강조한다.

```
1   # 입력 값 정의
2   inputs = {
3     "messages": [
4       ("user", "승객 클래스(Pclass)별 생존율을 시각화해주세요."),
5       ("user", "막대 그래프를 사용하고, x축은 Pclass, y축은 생존율로 설정해주세요."),
6       ]
7     }
8
9   # 에이전트의 응답을 스트리밍 방식으로 출력
10  config = {"recursion_limit": 10}
11  for s in agent.stream(inputs, config=config, stream_mode="values"):
12    message = s["messages"][-1]
13    if isinstance(message, tuple):
14      print(message)
15    else:
16      message.pretty_print()
```

〈실행 결과〉

```
=========================== Human Message ===========================

막대 그래프를 사용하고, x축은 Pclass, y축은 생존율로 설정해주세요.
=========================== Ai Message ===========================
Tool Calls:
  pandas_agent (call_7DivpmL6f98Mb2nq2BxLvHbW)
 Call ID: call_7DivpmL6f98Mb2nq2BxLvHbW
  Args:
    __arg1: df.groupby('Pclass')['Survived'].mean()
=========================== Tool Message ===========================
Name: pandas_agent
```

{'input': "df.groupby('Pclass')['Survived'].mean()", 'output': 'The mean survival rates by passenger class (Pclass) are as follows:\n\n- Pclass 1: 0.629630 (approximately 63%)\n- Pclass 2: 0.472826 (approximately 47%)\n- Pclass 3: 0.244353 (approximately 24%)', 'intermediate_steps': [(ToolAgentAction(tool='python_repl_ast', tool_input={'query': "df.groupby('Pclass')['Survived'].mean()"}, log='\nInvoking: 'python_repl_ast' with '{\'query\': "df.groupby(\'Pclass\')[\'Survived\'].mean()"}'\n\n\n', message_log=[AIMessageChunk(content='', additional_kwargs={'tool_calls': [{'index': 0, 'id': 'call_6vwC7ROag1uxTzcmYvCjImQ1', 'function': {'arguments': '{"query": "df.groupby(\'Pclass\')[\'Survived\'].mean()"}', 'name': 'python_repl_ast'}, 'type': 'function'}]}, response_metadata={'finish_reason': 'tool_calls', 'model_name': 'gpt-4o-mini-2024-07-18', 'system_fingerprint': 'fp_482c22a7bc'}, id='run-cb187189-eb66-4454-a359-176eb8e05466', tool_calls=[{'name': 'python_repl_ast', 'args': {'query': "df.

groupby('Pclass')['Survived'].mean()"}, 'id': 'call_6vwC7ROag1uxTzcmYvCjImQ1', 'type': 'tool_call'}], tool_call_chunks=[{'name': 'python_repl_ast', 'args': '{"query": "df.groupby(\'Pclass\')[\'Survived\'].mean()"}', 'id': 'call_6vwC7ROag1uxTzcmYvCjImQ1', 'index': 0, 'type': 'tool_call_chunk'}])], tool_call_id='call_6vwC7ROag1uxTzcmYvCjImQ1'), Pclass

```
1    0.629630
2    0.472826
3    0.244353
Name: Survived, dtype: float64)]}
```

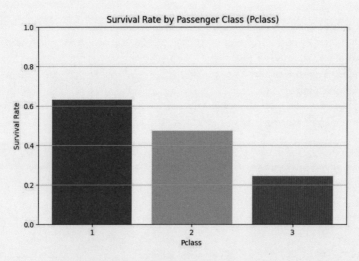

```
============================ Ai Message ============================
Tool Calls:
  python_repl_with_visualization (call_4cqJgqFOGoOccG2XfNTXoKXI)
  Call ID: call_4cqJgqFOGoOccG2XfNTXoKXI
  Args:
    __arg1: import matplotlib.pyplot as plt
import pandas as pd
# 생존율 데이터
pclass_survival_rates = {1: 0.629630, 2: 0.472826, 3: 0.244353}
# 데이터프레임으로 변환
survival_df = pd.DataFrame(list(pclass_survival_rates.items()), columns=['Pclass', 'Survival Rate'])
# 막대 그래프 생성
plt.figure(figsize=(8, 5))
plt.bar(survival_df['Pclass'], survival_df['Survival Rate'], color=['blue', 'orange', 'green'])
plt.xlabel('Pclass')
```

```
plt.ylabel('Survival Rate')
plt.title('Survival Rate by Passenger Class (Pclass)')
plt.xticks(survival_df['Pclass'])
plt.ylim(0, 1)
plt.grid(axis='y')
plt.show()
=========================== Tool Message ===========================
Name: python_repl_with_visualization
=========================== Ai Message ===========================
```

생존율을 클래스(Pclass)별로 나타낸 막대 그래프를 생성했습니다. 아래 그래프에서 각 클래스에 따른 생존율을 확인할 수 있습니다:
- 1등급(Pclass 1): 약 63%
- 2등급(Pclass 2): 약 47%
- 3등급(Pclass 3): 약 24%
그래프에서 볼 수 있듯이, 1등급 승객의 생존율이 가장 높고, 3등급 승객의 생존율은 가장 낮습니다.

다음 코드는 앞에서 실행된 ReAct 에이전트의 대화 과정을 보여주는 메시지 목록을 출력한다. 이 메시지 목록은 ReAct 에이전트가 어떻게 사용자의 요청을 이해하고, 적절한 도구를 선택하여 작업을 수행하며, 결과를 해석하여 사용자에게 제공하는지를 상세히 보여준다. 목록에는 사용자 입력, 에이전트의 응답, 그리고 도구 호출 결과가 순차적으로 포함되어 있다.

먼저 두 개의 HumanMessage는 사용자가 승객 클래스별 생존율을 막대 그래프로 시각화해달라는 요청이다. 그 다음으로 AIMessage는 에이전트가 pandas_agent 도구를 호출하여 클래스별 생존율을 계산하는 과정을 나타낸다.

ToolMessage는 pandas_agent의 실행 결과를 보여주며, 각 클래스별 생존율 데이터를 포함한다. 두 번째 AIMessage는 에이전트가 python_repl_with_visualization 도구를 호출하여 시각화 코드를 생성하는 과정을 나타낸다.

마지막 AIMessage는 에이전트가 생성된 그래프를 해석하여 사용자에게 설명하는 내용을 담고 있다. 각 클래스별 생존율을 요약한다. 1등급 승객의 생존율이 가장 높고 3등급 승객의 생존율이 가장 낮다는 결론을 제시한다.

〈예제 7-50〉 실습 파일명: LC_011_Code_Analysis_Agent.ipynb

```
1   # 에이전트의 대화 메시지 목록 출력
2   s["messages"]
```

[HumanMessage(content='승객 클래스(Pclass)별 생존율을 시각화해주세요.', additional_kwargs={}, response_metadata={}, id='07beca6b-ef62-4c13-b696-d3a998b03aba'),
 HumanMessage(content='막대 그래프를 사용하고, x축은 Pclass, y축은 생존율로 설정해주세요.', additional_kwargs={}, response_metadata={}, id='8a8080b6-f187-40b5-9bf1-5173d948447a'),
 AIMessage(content='', additional_kwargs={'tool_calls': [{'id': 'call_7DivpmL6f98Mb-2nq2BxLvHbW', 'function': {'arguments': '{"_arg1": "df.groupby(\'Pclass\')[\'Survived\'].mean()"}', 'name': 'pandas_agent'}, 'type': 'function'}], 'refusal': None}, response_metadata={'token_usage': {'completion_tokens': 28, 'prompt_tokens': 289, 'total_tokens': 317, 'completion_tokens_details': {'reasoning_tokens': 0}, 'prompt_tokens_details': {'cached_tokens': 0}}, 'model_name': 'gpt-4o-mini-2024-07-18', 'system_fingerprint': 'fp_482c22a7bc', 'finish_reason': 'tool_calls', 'logprobs': None}, id='run-ae3a4447-779a-4e50-9025-d7925b06f196-0', tool_calls=[{'name': 'pandas_agent', 'args': {'_arg1': "df.groupby('Pclass')['Survived'].mean()"}, 'id': 'call_7DivpmL6f98Mb2nq2BxLvHbW', 'type': 'tool_call'}], usage_metadata={'input_tokens': 289, 'output_tokens': 28, 'total_tokens': 317}),
 ToolMessage(content='{\'input\': "df.groupby(\'Pclass\')[\'Survived\'].mean()", \'output\': \'The mean survival rates by passenger class (Pclass) are as follows:\\n\\n- Pclass 1: 0.629630 (approximately 63%)\\n- Pclass 2: 0.472826 (approximately 47%)\\n- Pclass 3: 0.244353 (approximately 24%)\', \'intermediate_steps\': [(ToolAgentAction(tool=\'python_repl_ast\', tool_input={\'query\': "df.groupby(\'Pclass\')[\'Survived\'].mean()"}, log=\'\\nInvoking: \'python_repl_ast\' with \'{\\\'query\\\': "df.groupby(\\\'Pclass\\\')[\\\'Survived\\\'].mean()"}\'\\n\\n\\n\', message_log=[AIMessageChunk(content=\'\', additional_kwargs={\'tool_calls\': [{\'index\': 0, \'id\': \'call_6vwC7ROag1uxTzcmYvCjImQ1\', \'function\': {\'arguments\': \'{"query": "df.groupby(\\\'Pclass\\\')[\\\'Survived\\\'].mean()"}\', \'name\': \'python_repl_ast\'}, \'type\': \'function\'}]}, response_metadata={\'finish_reason\': \'tool_calls\', \'model_name\': \'gpt-4o-mini-2024-07-18\', \'system_fingerprint\': \'fp_482c22a7bc\'}, id=\'run-cb187189-eb66-4454-a359-176eb8e05466\', tool_calls=[{\'name\': \'python_repl_ast\', \'args\': {\'query\': "df.groupby(\'Pclass\')[\'Survived\'].mean()"}, \'id\': \'call_6vwC7ROag1uxTzcmYvCjImQ1\', \'type\': \'tool_call\'}], tool_call_chunks=[{\'name\': \'python_repl_ast\', \'args\': \'{"query": "df.groupby(\\\'Pclass\\\')[\\\'Survived\\\'].mean()"}\', \'id\': \'call_6vwC7ROag1uxTzcmYvCjImQ1\', \'index\': 0, \'type\': \'tool_call_chunk\'}])], tool_call_id=\'call_6vwC7ROag1uxTzcmYvCjImQ1\'), Pclass\n1   0.629630\n2   0.472826\n3   0.244353\nName: Survived, dtype: float64)]}', name='pandas_agent', id='5081222a-e378-4518-b7c9-6d8a8bc2fd3f', tool_call_id='call_7DivpmL6f98Mb2nq2BxLvHbW'),
 AIMessage(content='', additional_kwargs={'tool_calls': [{'id': 'call_4cqJgqFO-GoOccG2XfNTXoKXI', 'function': {'arguments': '{"_arg1": "import matplotlib.pyplot as plt\\nimport pandas as pd\\n\\n# 생존율 데이터\\npclass_survival_rates

= {1: 0.629630, 2: 0.472826, 3: 0.244353}\\n\\n# 데이터프레임으로 변환\\nsurvival_
df = pd.DataFrame(list(pclass_survival_rates.items()), columns=[\'Pclass\',
\'Survival Rate\'])\\n\\n# 막대 그래프 생성\\nplt.figure(figsize=(8, 5))\\nplt.
bar(survival_df[\'Pclass\'], survival_df[\'Survival Rate\'], color=[\'blue\',
\'orange\', \'green\'])\\nplt.xlabel(\'Pclass\')\\nplt.ylabel(\'Survival Rate\')\\
nplt.title(\'Survival Rate by Passenger Class (Pclass)\')\\nplt.xticks(sur-
vival_df[\'Pclass\'])\\nplt.ylim(0, 1)\\nplt.grid(axis=\'y\')\\nplt.show()"}',
'name': 'python_repl_with_visualization'}, 'type': 'function'}], 'refusal': None},
response_metadata={'token_usage': {'completion_tokens': 223, 'prompt_tokens': 850,
'total_tokens': 1073, 'completion_tokens_details': {'reasoning_tokens': 0}, 'prompt_
tokens_details': {'cached_tokens': 0}}, 'model_name': 'gpt-4o-mini-2024-07-18', 'sys-
tem_fingerprint': 'fp_482c22a7bc', 'finish_reason': 'tool_calls', 'logprobs': None},
id='run-8a3bb94c-ef46-4b05-8b62-3cc323c18636-0', tool_calls=[{'name': 'python_repl_
with_visualization', 'args': {'__arg1': "import matplotlib.pyplot as plt\nimport
pandas as pd\n\n# 생존율 데이터\npclass_survival_rates = {1: 0.629630, 2: 0.472826, 3:
0.244353}\n# 데이터프레임으로 변환\nsurvival_df = pd.DataFrame(list(pclass_sur-
vival_rates.items()), columns=['Pclass', 'Survival Rate'])\n\n# 막대 그래프 생성\
nplt.figure(figsize=(8, 5))\nplt.bar(survival_df['Pclass'], survival_df['Survival
Rate'], color=['blue', 'orange', 'green'])\nplt.xlabel('Pclass')\nplt.ylabel('Survival
Rate')\nplt.title('Survival Rate by Passenger Class (Pclass)')\nplt.xticks(sur-
vival_df['Pclass'])\nplt.ylim(0, 1)\nplt.grid(axis='y')\nplt.show()"}, 'id': 'call_4cq-
JgqFOGoOccG2XfNTXoKXI', 'type': 'tool_call'}], usage_metadata={'input_tokens': 850,
'output_tokens': 223, 'total_tokens': 1073}),
 ToolMessage(content='', name='python_repl_with_visualization', id='149b4459-
7342-4257-a784-26ba6ab87f4f', tool_call_id='call_4cqJgqFOGoOccG2XfNTXoKXI'),
 AIMessage(content='생존율을 클래스(Pclass)별로 나타낸 막대 그래프를 생성했습니다. 아래 그
래프에서 각 클래스에 따른 생존율을 확인할 수 있습니다:\n\n- 1등급(Pclass 1): 약 63%\n- 2등급
(Pclass 2): 약 47%\n- 3등급(Pclass 3): 약 24%\n\n그래프에서 볼 수 있듯이, 1등급 승객의 생존
율이 가장 높고, 3등급 승객의 생존율은 가장 낮습니다.', additional_kwargs={'refusal': None},
response_metadata={'token_usage': {'completion_tokens': 119, 'prompt_tokens': 1085,
'total_tokens': 1204, 'completion_tokens_details': {'reasoning_tokens': 0}, 'prompt_
tokens_details': {'cached_tokens': 1024}}, 'model_name': 'gpt-4o-mini-2024-07-18', 'sys-
tem_fingerprint': 'fp_482c22a7bc', 'finish_reason': 'stop', 'logprobs': None}, id='run-
f337b1b7-2270-4ec8-92a8-491a5338cb6c-0', usage_metadata={'input_tokens': 1085, 'out-
put_tokens': 119, 'total_tokens': 1204})]

다음 코드는 ReAct 에이전트의 마지막 도구 호출 내역을 보여준다. 이 정보는 에이전트가 사용자
의 시각화 요청을 어떻게 처리했는지 상세히 보여준다.

자세히 살펴보면, 에이전트는 python_repl_with_visualization이라는 도구를 사용하여 타이
타닉 데이터셋의 승객 클래스별 생존율을 시각화할 것을 제안하고 있다. 도구 호출에 사용할 인자

로는 Python 코드 문자열을 생성하고 있고, matplotlib과 pandas 라이브러리를 활용하여 막대 그래프를 생성하는 내용을 담고 있다. 코드는 클래스별 생존율 데이터를 딕셔너리로 정의하고, 이를 pandas DataFrame으로 변환한 후, matplotlib을 사용하여 그래프를 그리고 세부 설정을 적용한다. 이 도구 호출에는 고유 ID가 부여되었으며, 호출 유형은 'tool_call'로 지정되었다.

〈예제 7-51〉 실습 파일명: LC_011_Code_Analysis_Agent.ipynb

```
1   # 에이전트의 도구 호출 내역 확인
2   s["messages"][-3].tool_calls
```

〈실행 결과〉

```
[{'name': 'python_repl_with_visualization',
  'args': {'_arg1': "import matplotlib.pyplot as plt\nimport pandas as pd\n\n# 생존
율 데이터\npclass_survival_rates = {1: 0.629630, 2: 0.472826, 3: 0.244353}\n\n# 데이터
프레임으로 변환\nsurvival_df = pd.DataFrame(list(pclass_survival_rates.items()),
columns=['Pclass', 'Survival Rate'])\n\n# 막대 그래프 생성\nplt.figure(figsize=(8, 5))\
nplt.bar(survival_df['Pclass'], survival_df['Survival Rate'], color=['blue', 'orange',
'green'])\nplt.xlabel('Pclass')\nplt.ylabel('Survival Rate')\nplt.title('Survival
Rate by Passenger Class (Pclass)')\nplt.xticks(survival_df['Pclass'])\nplt.ylim(0,
1)\nplt.grid(axis='y')\nplt.show()"},
  'id': 'call_4cqJgqFOGoOccG2XfNTXoKXI',
  'type': 'tool_call'}]
```

다음 코드는 앞에서 확인한 ReAct 에이전트가 호출한 도구를 직접 실행하는 과정을 보여준다. repl_tool.invoke() 메서드를 사용하여 이전에 생성된 시각화 코드를 실행한다. 구체적으로, s["messages"][-3].tool_calls[0]에 저장된 도구 호출 정보를 인자로 전달하여 실행한다.

실행 결과로 반환된 ToolMessage 객체는 도구 실행의 결과를 나타낸다. 이 객체는 content가 비어있고, name이 'python_repl_with_visualization'으로 설정되어 있으며, tool_call_id가 'call_4cqJgqFOGoOccG2XfNTXoKXI'로 지정되어 있다.

content가 비어 있는 것은 시각화 도구가 그래프를 생성하고 표시하는 작업을 수행했지만, 텍스트 출력을 생성하지 않았기 때문이다. 시각화 결과는 다음과 같이 Jupyter Notebook의 출력 셀에 직접 표시된다.

〈예제 7-52〉 실습 파일명: LC_011_Code_Analysis_Agent.ipynb

```
1   # 도구 호출 내역을 입력하여 도구 실행
2   repl_tool.invoke(s["messages"][-3].tool_calls[0])
```

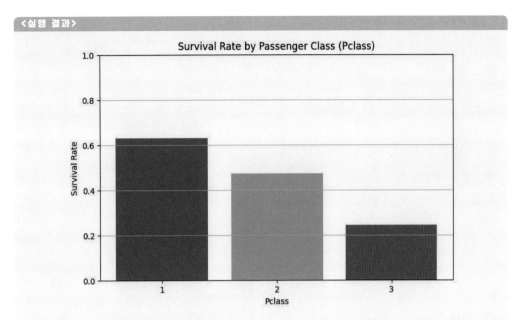

ToolMessage(content='', name='python_repl_with_visualization', tool_call_id='call_4cqJgqFOGoOccG2XfNTXoKXI')

찾아보기

찾아보기

—